房地产开发新兵入门丛书

养老地产新兵入门

刘丽娟　主编

天火同人工作室　策划

中国建筑工业出版社

图书在版编目（CIP）数据

养老地产新兵入门/刘丽娟主编．—北京：中国建筑工业出版社，2014.9
（房地产开发新兵入门丛书）
ISBN 978-7-112-17171-2

Ⅰ.①养… Ⅱ.①刘… Ⅲ.①老年人住宅—房地产开发—研究—中国 Ⅳ.①F299.233

中国版本图书馆CIP数据核字（2014）第189199号

中国人口老龄化问题加剧，庞大的养老需求催生养老地产新兴市场。越来越多的房地产企业转型进行养老地产开发。鉴于我国目前尚处于养老地产初步探索阶段，没有成熟的项目操作模式可以参考。本书根据我国养老地产发展现状，结合国内外典型案例，系统介绍了养老地产整个操盘流程，内容涉及养老地产投资模式、养老地产项目策划、养老地产开发运营模式、养老地产项目规划设计等多方面。

责任编辑：封　毅　周方圆
责任校对：姜小莲　张　颖

房地产开发新兵入门丛书
养老地产新兵入门
刘丽娟　主编
天火同人工作室　策划

*

中国建筑工业出版社出版、发行（北京西郊百万庄）
各地新华书店、建筑书店经销
北京京点设计公司制版
北京云浩印刷有限责任公司印刷

*

开本：787×1092毫米　1/16　印张：18¼　字数：377千字
2015年1月第一版　2015年1月第一次印刷
定价：68.00元
ISBN 978-7-112-17171-2
（25320）

版权所有　翻印必究
如有印装质量问题，可寄本社退换
（邮政编码 100037）

本书编委会

策划

天火同人工作室

专业技术支持
易中居地产培训机构

主编
刘丽娟

编委

龙镇	肖鹏	张连杰	成文冠	孙权辉	金毅	周国伟
吴仲津	曾庆伟	樊娟	叶雯枞	饶金军	杨莹	卜鲲鹏
曾艳	刘丽伟	王丽君	卜华伟	张墨菊	朱青茹	欧倩怡
林德才	林燕贞	陈越海	冯墨	董丽	张展飞	

执行主编： 曾庆伟

美术编辑： 杨春烨

特约校审： 樊娟

前言 ▶ preface

养老地产概念始于20世纪七八十年代，由率先进入老龄化社会的经济发达国家提出。我国养老地产的发展，直到20世纪九十年代才开始起步，由于缺乏相关政策制度扶持，发展相对缓慢及滞后。

随着我国人口老龄化趋势的加剧，现有养老模式已不能满足庞大的老年人群需求。传统的居家型养老、养老院、敬老院、老年公寓等养老设施极不完善，养老居住环境更加不尽人意。从观念趋势上看，老年人生活观念和态度已发生很大转变，越来越多高收入高学历老年人希望自理自立地安度晚年。政策制度保障方面，政府逐步出台政策鼓励并扶持其他企业发展养老产业。近两年来，我国大批房地产企业转而进入养老地产开发。

由于国内并无丰富、成熟的开发运营模式可借用，开发养老地产项目的房企都是"一边借鉴一边摸索"。国外成熟的开发运营模式难以本土化，国内老年人对新鲜时尚的异地养老、以房养老还存在戒备心，国内缺乏专业养老产业管理服务人才等一系列问题使开发企业步履艰难。

较之于传统住宅地产，养老地产的投资模式与运营模式都有着很大的差异。从客户的消费需求来看，养老地产在规划设计方面与传统的住宅地产又有很大区别。建立在研读大量国内外典型项目的基础上，本书梳理出一套养老地产开发运营的系统化理论，剖析了各项目的开发运营模式。对于养老地产的投资模式、运营模式、规划设计细节，本书采用单独的章节，从投资者、运营者以及如何满足消费者需求的角度进行分析。

考虑到本书的读者群体与内容定位，本书追求内容结构的条理性，尽量以清晰的逻辑，以通俗的语言，循序渐进，提高读者阅读的愉悦感。另外，在基础的理论部分，本书还穿插有导航式的结构配图，增加版面的美感，降低读者的阅读疲劳。

希望编者的用心之处，能为读者带来更多阅读的欢乐。

目录 CONTENTS

01 养老地产的基本概念详解　　007
第一、目前中国市场的养老方式 …………………………………… 008
第二、养老地产与传统住宅地产的区别 …………………………… 018
第三、养老地产的分类 ……………………………………………… 021
第四、国外老年住宅开发类型解读 ………………………………… 027
第五、养老地产基本开发流程 ……………………………………… 045
第六、养老地产目标客户分析及发展趋势 ………………………… 047

02 养老地产的投资模式　　053
第一、养老地产产业链结构 ………………………………………… 054
第二、养老地产的融资方式 ………………………………………… 063
第三、养老地产的投资方式 ………………………………………… 073

03 养老地产前期策划阶段　　079
第一、养老地产项目策划的8个注意事项 ………………………… 080
第二、养老地产项目策划内容 ……………………………………… 083
第三、养老地产项目选址考虑因素 ………………………………… 108

04 养老地产开发运营模式　　　　　　　　　**111**

- 第一、养老地产开发模式创新方式 …… 112
- 第二、养老地产的开发运营策略 …… 132
- 第三、养老地产盈利模式解析 …… 146

05 养老地产项目规划设计　　　　　　　　　**159**

- 第一、养老地产项目规划设计要素 …… 160
- 第二、养老地产的产品设计重点 …… 169
- 第三、养老地产项目装修要求及策略 …… 186
- 第四、国外养老地产项目设计借鉴 …… 194

06 养老地产典型项目借鉴　　　　　　　　　**213**

- 案例01：北京东方太阳城——成功复制美国太阳城中心模式 …… 214
- 案例02：上海亲和源——中、高档会员制养老社区 …… 223
- 案例03：保利·西塘越——保利首个养生型养老服务项目 …… 229
- 案例04：上海复星星堡中环——外资联合打造持续照料退休社区模式 …… 234
- 案例05：杭州万科随园嘉树——当代中国高端养老里程碑式作品 …… 238
- 案例06：北京万科幸福汇——万科首个试点养老地产项目 …… 247
- 案例07：沈阳蔚蓝听雨观澜林溪公馆——私人医生服务养老社区 …… 252
- 案例08：青岛新华锦国际颐养中心——国内首家日式服务高端养老项目 …… 257
- 案例09：北京燕达国际健康城——集医、护、养、学、研一体高端养老项目 …… 263
- 案例10：宜兴中大九如城——国内首个养老综合体项目 …… 270
- 案例12：长沙康乃馨国际老年生活示范区——湖南综合性高端养老社区 …… 273
- 案例13：天津永泰红磡阳光幸福村——中国式CCRC养老社区 …… 281
- 案例14：天津滨海云杉镇——分时度假养老公寓项目 …… 283

养老地产新兵入门 01

养老地产的基本概念详解

操作程序

第一、目前中国市场的养老方式
第二、养老地产与传统住宅地产的区别
第三、养老地产的分类
第四、国外老年住宅开发类型解读
第五、养老地产基本开发流程
第六、养老地产目标客户分析及发展趋势

本章使用指南

2013年后中国经济遇到两个大瓶颈，一是总劳动力开始出现负增长，二是老龄化程度不断加速，中国步入老龄化社会。养老金负债已经成为制约中长期中国经济增长的第一重负，国家通过加大金融支持力度、支持养老机构建设、落实税费优惠政策等手段扶植养老产业。养老的多样化需求催生出的养老产业在中国迅速发展，这就是中国地产行业中的养老地产。

我国养老地产目前尚处于初级发展阶段。在这个领域做项目开发，在模式搭建和利润实现方面，还有很长的实践之路要走。

养老地产是"养老+地产"的一种复合地产开发模式。它将两个第三产业,即养老服务业和老年房地产业结合在一起,既提供养老住宅,也提供老年养老服务,并根据老年人的需要,在居住、餐饮、护理、医疗、康复等方面满足老年人的需要。

在这里需要区别两个概念,那就是养老服务业和老年房地产业,它们是两个不同的行业,投资主体和盈利模式也都不尽相同(表1-1)。

养老服务业与老年房地产业投资主体和盈利模式区别表　　表1-1

	养老服务业	老年房地产业
投资主体	民营非企业或者民营养老公司	房地产开发公司
盈利来源	会员费和服务费	房屋销售和房屋出租

养老地产的主要产品表现形式是老年公寓,它是居家养老与社区服务相结合的一种养老模式,即城市的老年社区。在这样的老年社区里,会为老年人建造专门的、齐全的生活设施,完善好共用的配套设施。老年公寓是民办民营式的经营模式,其含义包括两个方面:①一种新的老年人生活方式;②一种新型城市老年人聚居形式。

操 作 程 序

第一、目前中国市场的养老方式

2010年前后,第一代独生子女的父母逐渐步入老龄阶段,组成的家庭要赡养四个老人和一个小孩已成为中国城市主流的家庭模式,即所谓的"4+2+1"供养关系。老人的子女是这一供养关系的中坚力量。在这种关系中,有三个核心矛盾:一,子女事业、家庭等压力过大;二,子女没有足够时间去照顾年迈的父母;三,中国大部分老年人得不到有效赡养。这些矛盾随时都有激化的可能。在中国,也确实出现独居老人和空巢老人数量上升的现象,这种"4+2+1"的供养关系刺激出养老地产市场需求的增长,引发出养老产品如何做等专业问题。

1. 中国老年人养老的问题

中国老年人养老问题主要表现在"一个弱化","一个激增"以及"一个滞后"三个方面（图1-1）：

图1-1　我国养老现状

问题1. 家庭养老功能逐渐弱化

中国的社会家庭已经逐步出现小型化，家庭养老的功能日渐弱化。造成这一趋势的主要原因有以下三个：

一，中国长期推行独生子女政策，最终致使社会普遍出现了"4+2+1"家庭结构。即一对年轻夫妇同时赡养四位老人，家庭养老压力剧增；

二，中国近几年城市化、工业化、现代化快速发展，其特点是：中青年人群生存竞争进一步加剧；城市大量人群跨地域求职；大量剩余劳动力向城市转移；"空巢家庭"越来越多。结果就是子女不在老人身边，老人生活照料、生病护理等问题变成社会矛盾；

三，随着家庭结构变动，年轻人赡养观念发生了变化，对如何赡养老人开始有了不同理解，趋向于借助金钱孝敬父母，往往只在父母生病时才会短期回到老人身边。

以上说明现代社会的家庭养老功能逐渐趋于弱化，这相应地增加了老年人对社会养老服务的依赖。

问题2. 社会养老服务需求倍增

老年人养老护理需求倍增主要表现在生理需求和心理需求两个方面（图1-2）：

图1-2　老年人的养老护理需求

1）生理需求

目前在我国 60 岁以上老年人口的余寿中，平均有 1/4 时间处于肌体功能受损状态，需要不同程度的照料、护理，需要社会为他们提供专门的医疗保健、护理以及完善的老年医疗服务。

2）心理需求

社会在进步、生活水平在提高，老年人的养老观念也发生了变化，他们不再满足于生活的温饱，而是越来越注重生活质量和生命质量，他们迫切需要发展老年教育、文化、体育、娱乐等活动来丰富他们的老年生活，体现他们的生命价值和意义。

问题 3. 社会养老服务发展滞后

我国养老事业社会化改革起步晚，相对于庞大的老年群体和快速发展的老龄化，社会养老服务的发展存在明显的滞后。

我国把社会养老服务列为社会福利事业的一部分，走的是一种高度集中的福利供给模式。早在 20 世纪 80 年代我国就开始着手改革社会养老福利制度，推进养老福利事业的社会化，积极鼓励社会力量兴办养老服务机构。

据 2010 年民政部统计，目前全国 60 岁以上的老人达 1.67 亿，养老床位 250 万张，仅占老年人口的 1.5%，较之于国际社会通行的 5%~7% 的比率相差甚远。不仅如此，大多数养老机构服务内容单一，专业服务人员缺乏，很难满足老年人日益增长的养老需求。

2. 我国五种养老方式

我国传统的养老方式有五种：家庭养老、社会养老、机构养老、社区养老、以房养老（图 1-3）。

图1-3 我国五种养老方式

方式1. 家庭养老

据调查，在我国有95%的老年人不愿住养老机构，而我国大多数老年人集中在农村，除了东部沿海发达地区老年人享有养老金以外，大多数地区的老年人只能依靠家庭养老。据民政部统计数据，20世纪末，我国农村97.6%的老人靠家庭赡养，只有2.4%的老人依靠退休金生活、集体供养以及入住养老院养老。我国几千年文化传统观念以及老年人对家庭亲情和环境的眷恋，使绝大多数老年人趋向于家庭养老。

家庭养老是我国传统养老模式。这个模式的核心是：经济上的供养、生活上照料、精神上慰藉三个方面。也是最具生命力的养老方式，是我国主要的养老方式之一。

家庭养老的基本形式有三种：共居型家庭养老、流动型家庭养老和分居型家庭养老。其中，分居型家庭养老是空巢老人（特别是城市里）养老的真实状况。

方式2. 社会养老

社会养老是指老年人的赡养方式由家庭向社会的转化，这种养老方式有两种表现形式：一，当劳动者达到国家规定年龄界限，由国家和社会提供养老金，保障老年人晚年基本生活；二，由政府兴建养老院，为老年人提供长期的食宿和医疗服务。后者主要针对社会福利人士，前者为我国社会目前主要养老方式。

方式3. 机构养老

机构养老是指由专门的养老机构（包括福利院、养老院、托老所、老年公寓、临终关怀医院等）将老人集中起来，进行全方位的照顾。管理正规的养老机构，对日常工作行为要求均很严格。

链接

机构养老的3个不足之处：

第一，资源浪费。
老人进到养老院后，原来自己的住所和完善的生活设施将闲置，养老院要重新占用土地资源和水电资源，造成浪费。
第二，收费相对较高，无法提供足够多的生活及居住空间。
第三，老年人在心态上抵触机构养老，甚至是产生老年人心理疾病的隐患。
老年人离开自己熟悉的家庭环境，来到相对陌生的地方，和原来并不熟知的人朝夕相处，将增加他们的失落感。

方式 4. 社区养老

社区养老是指在城市各社区建立养老护理服务中心，老人仍居住在自己家里，享受服务中心提供的营养和医疗护理以及心理咨询，并由服务中心派出经过训练的养老护理员按约定时间到老人家中为老人提供做饭、清扫、整理房间等家务服务和陪护老人、倾听老人诉说的亲情服务。这种服务方式不仅让老年人能继续生活在自己所熟悉的环境中，减少了因环境改变给他们带来的压力，更有利于培养老年人生活自理的能力，延缓他们的衰老过程。社区养老优劣势见表 1-2。

社区养老优劣势分析　　　　　　　　表 1-2

优势	社会成本低	不需要太大的基建投资，一个社区只要有几间房屋略加改造即可成为养老护理服务中心
	大量资源将得到充分利用	老人居住在自己的家里，饮食起居的一切物品都会继续发挥作用，在一定意义上可以说是通过社区服务的方式把家居住房设施变成一个老年公寓
	所需费用较低，服务方式灵活，可自由选择	养老护理服务中心提供的服务价格比较低廉，而且，可以根据自己的经济承受能力选择服务方式，经济条件好的可以选更多一些的服务，条件差的可以选最基本的服务
	老年人能适应	老人不离开自己熟悉的社区，不离开自己多年居住的住所，又能得到充满亲情的养老护理服务，非常受老人欢迎，因为他们不会有失落感和压抑感
劣势	人员专业化程度不高	具有医学或护理学专业知识背景的高层次护养人员奇缺。一些社区仅能配备一名专职医生，这显然不利于保证老年人日常保健目标的实现
	所提供的服务内容有限	以简单的家务劳动和情感沟通为主
	自身缺乏资金积累	资金来源上过度依赖社会力量和慈善捐助
	服务对象的覆盖面不广	很多有需求的老人得不到相应的服务。只有符合了一定标准的老年人（如困难老人、空巢老人等）才能成为居家养老院的成员，享受相应的服务，而由于资金和人员的限制，普通的老年人并未纳入到服务目标人群中

01 养老地产的基本概念详解

方式5. 以房养老

"以房养老"也称"住房反向抵押贷款"或者"倒按揭",是指老人将自己的产权房抵押或出租出去,从而定期取得一定数额养老金或者接受老年公寓服务的一种养老方式。在老人去世后,银行或保险公司收回住房使用权。该理念是2003年被引入中国的,几年前曾在多地进行过试点,但最后都因市场反应寥寥而终止。2013年国务院印发的《关于加快发展养老服务业的若干意见》再次明确提出"开展老年人住房反向抵押养老保险试点",引发舆论广泛关注,按计划"以房养老"政策于2014年上半年试行推广。

目前"以房养老"在我国推行还面临传统观念的禁锢、政策法规的局限、商品房转让租赁市场不成熟等因素的限制,没有适合中国国情的开发模式,还有待相关政策扶持和法律法规的不断完善。

3. 国外以房养老模式发展借鉴

以房养老在美国、欧洲等发达国家已经比较成熟,模式就是老人将房屋抵押给有政府背景的养老机构,由这些机构负责老人的养老开销。直到老人去世,房屋才由养老机构收走并处置。老人能在没有后顾之忧的情况下,安度晚年。

(1)荷兰:以房养老的起源国,但市场发展缓慢

荷兰是"以房养老"模式的起源国,但实际上,荷兰养老制度完善,人们对这种养老方式并不感兴趣,"倒按揭"在荷兰基本没有市场。荷兰难以实现"以房养老"的原因主要有两个(图1-4):

图1-4 荷兰难以实现"以房养老"的原因

1)荷兰的传统房产观念认为房产必须自己拥有

荷兰人通常比较"爱财",认为拥有房产是成功的最直观体现。受传统观念影响,他们觉得房子是一辈子为之经营的窝,必须自己拥有。另外,荷兰人还喜欢把房产传给子女。

只有在特别紧急、实在没办法时才会考虑卖掉房子或者倒按揭。

2）荷兰养老金制度完善无须以房养老

荷兰人一般是65岁退休，退休时可以拿到工作时收入的70%以上。有了很好的生活保障，他们一般不需要、也不会考虑用"以房养老"这种方式度过退休后的生活。

（2）美国：诞生了最健全的以房养老保障体制

美国有最健全的"以房养老"保障体制，是"以房养老"模式的鼻祖，其模式发展得最成熟、最具代表性。

美国"以房养老"模式也被称为"倒按揭"贷款，发放对象为62岁以上的老年人，分三种，前两种与政府行为相关，后一种则由金融机构办理。

1）经美国国会认可，联邦政府保险的"倒按揭"贷款

美国大约90%的"倒按揭"贷款属于此种类型。模式大致是：62岁以上老年人将房子抵押给银行或专门的倒按揭公司，每月领取生活费。具体数值同房产价值和该机构对此人的寿命预期相关，一旦确定就不可更改，双方要承担中间风险。用户可以尽可能长地生活在自己的住房内，但只在一定期限内按月分期获得贷款。

2）由政府担保的"倒按揭"贷款

该贷款由美国联邦全国抵押协会办理，有固定期限，而且老年住户须搬移住房及实施还贷计划后才能获得贷款。

3）专有"倒按揭"贷款

此"倒按揭"贷款模式由不同公司推出，根据客户群分类而有一定的差异性，贷款对象资格无需政府认可，属于个人理财产品。此方式可让发放贷款机构与住户共同享有住房增值收益，但放贷款机构要求保留住房资产的25%~30%作为偿还贷款的保证。这虽然减少了放贷额度，但有利于住户对住房增值部分的收益。

（3）英国：以房养老是英国人退休后的选择

英国养老金体系主要由三部分构成：一是按比例缴纳的国家基本养老金，所有人退休后所获养老金数额一致；二是雇主为雇员提供的职业养老金，这部分目前不属于强制性缴纳；三是个人购买的养老储蓄或保险等（图1-5）。

但英国35%的在职者没有建立私人养老金。因为国家养老金数额太低，多数英国人退休后只得选择以房养老。

01 养老地产的基本概念详解

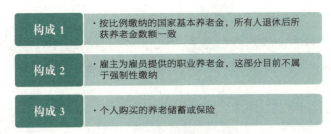

图1-5 英国养老金体系构成

1）英国"以房养老"能实现的原因

由于英国房子不存在使用年限问题,而且相关金融服务机构在这一领域运作多年,操作流程非常规范,老年人的权益能够得到确定的保障。

2）英国"以房养老"的实现形式

英国国内的"以房养老"主要有两种形式:一是把房产抵押给银行、保险公司等机构,每月取得贷款作为养老金,老人继续在原房屋居住,直至去世或搬进养老院后用该住房归还贷款。大约有20%左右50岁以上的老年人打算采用这种方式;另一种方式就是出售大房,换购小房,用差价款养老(图1-6)。

此外,还有老人将房产出售后搬到其他物价水平较低的国家去养老。

图1-6 英国两种养老方式

(4) 加拿大:"倒按揭"贷款业务发展比较快、比较成功

加拿大的"以房养老"模式主要也表现为"倒按揭",且是"倒按揭"贷款业务发展比较快比较成功的国家之一。

1）加拿大"倒按揭"贷款能实现的原因

加拿大以房养老制度成功的关键就在于可根据贷款人的不同需求，制定不同的贷款方案。一个充分考虑了客户需求与银行利益的倒按揭方案一般会为市场各方所接受。

2）加拿大"倒按揭"贷款的实现形式

在加拿大，超过 62 岁的老人可将居住房屋抵押给银行，贷款数额在 1.5 万到 30 万加元之间，只要房产主权不变，可以一直住到享尽天年，由后人处理房产时折还贷款。

（5）日本：靠融资方式实现以房养老制度

日本从 1981 引进"以房养老"概念，2002 年正式设立这一制度，主要针对一些退休后想继续住在自己的老房子里的低收入老人。核心是老人可以用自己的住房作为抵押来预支贷款。靠各地方政府参与的直接融资方式和通过银行等金融机构参与的间接融资方式来实现。

1）申请条件（以东京为例）

第一，申请人年龄必须在 65 岁以上，要居住在自己持有产权的住宅中，且不能有子女同住；

第二，申请人家庭的人均收入要在当地的低收入标准之下，已经申请低保等福利政策的家庭不能享受这项政策；

第三，申请人持有产权的房屋必须是土地价值在 1500 万日元（约合人民币 120 万元）以上的独门独户建筑，集体住宅是不可以申请的。

2）执行细则

审核获得通过后，申请人每月可以领到 30 万日元（约合人民币 2.4 万元）以下的生活费，但总额度不能超过抵押房屋土地价值的 70%，借贷期限到贷款额度到达总额度上限为止。

生活费每 3 个月发放一次，贷款的利率比较低，每年 3% 左右。

贷款偿还期限是申请人去世后 3 个月内，由担保人负责一次性偿还。

（6）新加坡：实施"以房养老"模式比较成功

新加坡实施"以房养老"模式比较成功。新加坡政府规定"倒按揭"只限于私人建造的商品住房，组屋不能参加"倒按揭"。组屋是指由新加坡政府出资为普通收入居民建造的公共房屋，类似于我国的经济适用住房。

新加坡"以房养老"模式具体情况有以下三种：

其一，允许符合条件的组屋拥有者出租全部或者部分居室来换取养老收入。

其二，对于一些居住在原来较大面积的已退休老年夫妇，可以将现有住房置换成面积较小的住房，以大换小后获得的净收入用作老年日常开支。允许当事人根据经济状况选择一次性或者分步地完成住房的以大换小。

其三，"倒按揭"。退休者将自己的住房抵押给金融机构，按月从该金融机构获得现金收入，退休者仍居住在自己的住房内。当该退休者死亡、出售该住房、搬出或原先商定的贷款期限到期时，抵押变现并结算利息。

4. 我国老年建筑的四种形态

当前中国老年建筑的常见形态有如表1-3所示的四种：

● 当前国内老年建筑形态　　　　　　　　　　　　　表1-3

项目	居住对象	自理程度	护理方式	功能组成
老年公寓	在一定帮助下能独立生活的健康老人	自理	最低帮助	管理、医护、公共空间（门厅、餐厅、娱乐、健身）服务用房
福利院	无亲戚、子女赡养及无生活来源的老人	自理或半自理	最低帮助半护理	管理、医护、公共空间（门厅、餐厅、娱乐、健身）服务用房、医疗保健
托老所	白天家中无人照顾，而生活又不能自理的老人	半自理或不能自理	半护理	居住单元（卧室、活动室、卫生间、盥洗室）、医护、餐厅、管理、接待、活动及服务用房
护理院	生活不能自理、需要半护理或全护理的老人	半自理或不能自理	半护理或全护理	护理单元（老人居室、卫生间、走廊、活动空间、标准层设集中厨房）、医疗、护理、康复、管理以及服务用房等

国际制定老年人居住建筑分类标准

老年人居住建筑模式划分的依据是老年人所需社会服务支援的程度。1986年，国际慈善机构（HTA）制定了老年人居住建筑的分类标准（表1-4）：

● 老年人居住建筑的分类标准　　　　　　表1-4

类别	说明
a类	非老年专用或用作富有活力的退休和退休前老人居住的住宅。他们有生活自理能力，因而可独立生活在自己的寓所中
b类	可供富有活力，生活基本自理，仅需要某种程度监护和少许帮助的健康老人居住的住宅
c类	专为健康而富有活力的老人建造的住所，附有帮助老人基本独立生活的设施，提供全天监护和最低限度的服务和公用设施
d类	专为体力衰弱而智力健全的老人建造的住所。入住者不需要医院护理，但可能偶然需要个人生活的帮助和照料，提供监护和膳食供应
e类	专为体力尚健而智力衰退的老年人所建的住所。入住者可能需要某些个人生活的监护和照料。公用设施同d类，但可按需另增护理人员
f类	专为体力和智力都衰退，并需要个人监护的老人所设。入住者中很多人生活不能自理，因而住所不可能是独立的，可为住者提供进餐、助浴、清洁和穿衣等服务
g类	入住者除同f类外，还有患病、受伤的，临时或永久的病人，这类建筑中所提供医疗和护理的应是注册医护机构，住房几乎全部应为单床间

链接

操作程序

第二、养老地产与传统住宅地产的区别

在家庭养老和社会养老无法有效解决中国养老问题的情况下，政府鼓励开发商积极开

发养老地产。养老地产不同于传统住宅地产,主要体现在开发目的、销售对象、户型、功能、设计特点、运营与服务等方面的操作差异(图1-7)。

图1-7 养老地产与传统住宅地产的区别

区别1. 开发目的不同

养老地产的创造核心有四点:一是要有特色;二是要有为老年服务的生活环境;三是有长远的规划设计,具有可持续发展的微利经济效益;四是经济效益和社会效益能统一结合。而传统住宅地产是以开发商品房为目的,注重的是经济效益。

区别2. 销售对象不同

养老地产适用人群主要是老年人,部分老年住宅如适老化住宅也会针对年轻人。传统住宅销售对象面广,不设定主要的对象。

区别3. 面积及户型不同

养老地产居住面积跟传统住宅相比略小,基本户型为一房一厅、一房两厅、两房一厅、两房两厅这几种房型。传统住宅地产都是以中大户型为主。

区别4. 产品功能不同

养老地产基本上要具备五大功能,分别是居住功能、医疗服务功能、学习休闲功能、交流功能、商业功能(表1-5)。传统住宅地产以满足人们居住需求为主。

养老地产必须具备的五个功能　　　　　　　　　　　　　　　表1-5

居住功能	最基本的功能，老年人居所需临近菜场和医院，老年人体力有限，从住所步行到菜场就增加了生活的便利性；而且老年人患病几率较高，万一有急事，可以及时就医
医疗服务功能	老年社区的医疗要比一般公寓社区规格高。对于亚健康状态的老人，要有常见疾病的中西医门诊；对于有老年慢性病的老人，要有跟踪档案，对其定期进行体检，确保老人日常生活的安全；社区还要有专业的医疗服务机构，可以为老年人提供专业治疗和护理，护理人员可以为老年人上门服务
学习休闲功能	提供文化体育活动场所及相关文化学习培训
交流功能	举办某些交流活动或设置某些交流区域，以缓解老年人孤独之感
商业功能	满足基本购物、日常品采购等需求

区别 5. 设计特点不同

养老地产的设计要完全以满足老年人生活需求为设计出发点：

紧急按钮

老年人居住的社区和房屋里，需随处设计"紧急按钮"和医院联网，这是考虑到老年人如果突发身体不适，能得到及时快速的救助。

电梯设计

楼宇中设有可平展担架的医护电梯，走廊要宽，楼梯踏步要比一般踏步低；房屋由外至内，要完全采用无障碍设计；室内地面应采用防滑材料。

装饰材料

应符合老年人的心情，注重简洁、典雅，不求华丽；此外，墙面、地面除了注意安全外，要便于清洗。

家私家具

家具应从实用出发，宜少不宜多。家具外露部分应尽量减少棱角；老人用的双人床应两面上下，有条件的应有手扶之处；室内灯光有强有弱；家用电器设备要智能型；橱卫高度要适宜，干净又安全。

环境功能

养老地产注重环境的美化、绿化,除此之外更多地注重齐全的功能,无障碍设施和智能化服务等方面,能让老人生活方便。

传统住宅地产主要追求住房和自然景观方面的品质。

区别6. 运营与服务不同

养老地产和传统住宅地产的区别还体现为能持续地为老年服务和社区文化建设。老年住宅不仅有物业服务公司,对房地产设施设备维修、环境绿化、保洁保安等日常服务,还要有医院、购物中心、文化中心、家政服务中心等为老人提供膳食、医疗、购物、娱乐等全方位的温馨服务。

传统住宅地产运营与服务阶段性强,建完、售完商品房就表示基本完成。

第三、养老地产的分类

中国的养老地产还在起步阶段,发展较慢,养老产品住宅类型、表现形式较之西方国家比较单一,配套设施及相关服务内容也不够丰富。

目前中国市场上的养老地产可以按建设经营者、地段区位、功能、横向产品结构等四个方面来划分(图1-8)。

图1-8 养老地产分类标准

1. 按建设经营者划分

养老地产的建设主体主要有政府和企业。以政府为主导的养老地产分为收益型和福利型；而以企业为主导的养老地产只有盈利型（图1-9）。

图1-9　按建设经营者划分养老地产

（1）政府收益型

主要是由政府相关部门联合组织开发和经营，以出租的形式收取一定的费用。

如：北京香山老年公寓，由四季青乡香山公司主办（乡镇单位）、海淀区民政局直接领导和管辖，最低收费约1000元/（月·人）。

（2）政府福利型

主要由政府组织开发和经营管理的社会福利性老年机构，即属于传统的养老院与福利院。

如：威海老年公寓是目前山东省标准最高、规模最大的集老年人生活、居住、疗养、医疗保健、娱乐、度假为一体的、新型的社会福利服务机构。

（3）企业盈利型

由企业投资开发建设及运营的初级大型老年综合社区，拥有基本的老年社区设计配套设施，但并不成熟。这种模式的主要产品形式是老年公寓和老年社区（图1-10）。

如：东方太阳城。

图1-10　企业盈利型养老地产表现形式

1）老年公寓

老年公寓是由社会投资按照市场化运作的商品住宅，多数是在住宅小区内，专门规划出一两栋楼，按照适于老年人居住的要求来设计和建造。

如：上海亲和源老年公寓、北京东方太阳城银龄老年公寓。

2）老年社区

老年社区类似于一般的住宅小区，主要入住人群为老年人，允许老年人带亲人（如子女）住在一起。

如：北京东方太阳城、北京太阳城、燕达国际健康城。

2. 按地段区位划分

不同区位地段，土地价值差别很大，所建的养老地产形式也不相同，一般会分为四种类型：城区型、郊区型、景区型、气候区域型（图1-11）。

图1-11 按地段区位划分养老地产类型

（1）城区型

城区配套齐全，但用地紧张。多为集中的高层公寓，以提供互利为主。

（2）郊区型

郊区用地较为宽松，租金或房价较低，易建设大型低密度老年社区或提供混合居住。

（3）景区型

景区景观环境好，多以度假养生型养老公寓为主，强调良好的自然生态与休闲娱乐。

（4）气候区域型

气候区域是指利用南北方季节差异，充分享受各地最舒适的季节，实现候鸟式养老。

3. 按功能划分

根据养老产品在社区中所占的功能比重，可以划分为专门型、混合型、嵌入型。

（1）专门型

专门面向老年群体的老年社区。

（2）混合型

适应各年龄层群体的社区，尤其考虑老年人和子女家庭的就近和混合居住。

（3）嵌入型

在普通社区中配套插入多种老年设施，如老年公寓、老年专用户型、日间照料中心、老年活动中心等。

4. 按横向产品结构划分

老年房地产的横向产品结构大致分为以下五类：成本型老年地产、康复型老年地产、交流型老年地产、富豪型老年地产、休闲型老年地产（图1-12）。

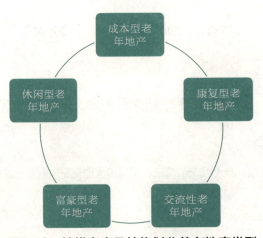

图1-12　按横向产品结构划分养老地产类型

01 养老地产的基本概念详解

养老地产的产品结构特点与产品价值链的关系如图1-13所示。

图1-13 养老地产横向产品产业价值链

（1）成本型

成本型养老地产核心是成本优势与环境基础，在最好的环境下，距离老年人所需要的城市配套设施比较近，但价格又不是很昂贵。环境好、成本低，很受老年人子女和老年人自身的喜爱。一般情况下由子女买给老年人以示孝敬，或者老年人自己购买。

这类老年住宅适用于非老年专用或富有活力的退休和退休前老人。他们的特点是有生活自理能力，可独立生活在寓所中。

开发的关键是需要既有好的环境条件支持，又有政府给予的政策优惠保证拿到价格便宜的土地，才能实现低成本、高品质的老年地产开发。归纳起来主要影响因素有3点：①配套与条件；②策划与政策；③土地与信贷（图1-14）。

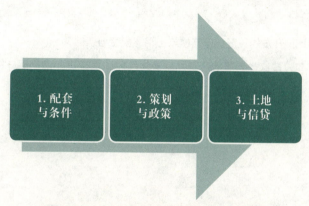

图1-14 影响成本型老年地产开发因素

（2）康复型

康复型老年地产即在康复中心或医院附近修建老年住宅，主要针对富有活力，生活基本自理，但有一定医疗和康复需求的老人。

开发的关键在于配套与条件、策划与政策，即功能嫁接与市场开发。

比如：北京康复医院附近的老年公寓。开发商用康复医院建分院的名义在北京拿到一片土地，部分用于建康复医院的分院，旁边的大部分土地都用于建老年公寓。因为建在康复医院旁边，大量需要一定医疗或康复服务的老年人都愿意来，老年公寓因此非常火爆。

（3）交流型

交流型老年地产即老年社区，主要针对老年人想要教育、交际等活动的心理。

开发的关键在于策划与政策、运营与管理，即分类开发、聚焦服务。

比如：坐落于北京市顺义区潮白河畔的大型老年社区东方太阳城就是一个很好的案例。为了丰富社区生活，东方太阳城成立了乒乓球、太极拳、棋牌、钓鱼等俱乐部，为业主们创造相互交流的平台。社区内还拥有一所老年大学，课程设置形式多样，涵盖陶艺、绘画、摄影、雕刻、京剧、酒类品鉴、文学、地理学等内容。

（4）富豪型

富豪型老年地产主要针对企业家等上层人士自身或其家人。购买富豪型老年住宅的人注重生活的品质与身份的彰显。

这类老年地产开发的关键在于设计与工程、运营与管理，核心是住宅的品质与品牌。

（5）休闲型

休闲型老年地产即用于度假、休闲、娱乐的老年住宅，一般位于风景优美、设施完善的旅游区。

休闲型老年地产开发的关键在于售楼与出租、配套与条件。

比如：海南有较多这类老年地产，尤其是北京301医院进驻海南后，很多外地尤其是东北的老人买下海南的休闲住宅用于度假。

01 养老地产的基本概念详解

操作程序

第四、国外老年住宅开发类型解读

19世纪70年代,老年住宅初创于北欧,目前在发达国家已盛行,如美国、加拿大、瑞典、荷兰、日本都有不少规模的老年住宅(图1-15)。从国外的情况来看,老年人住宅是一些社会老龄化程度比较高的先进国家,解决社会老龄化问题的一种方式,在这种特定状况下的老年人的居住养老形态。

美国	英国	瑞典	日本	新加坡
·老年社区和老年公寓	·老年公寓、老年人之家和救济院	·普通住宅、年老者专用公寓、服务住宅和家庭旅馆、老人之家和公立养老院、老人慢性病房	·无障碍设施的老龄人住宅、具有看护性质的老龄人住宅、与家人共同生活的(二代居)住宅	·乐龄公寓

图1-15 国外老年住宅形式

1. 国外老年住宅的共性

发达国家老年住宅发展较早,由于各国国情不同,老年住宅的发展形式充满多样性。究其共性有图1-16所示的5点:

- 完善的社会养老保障体系为发展前提
- 主要面向人群为中低收入老人
- 住宅设计以人为本
- 注重住宅的舒适性与服务水平
- 租金与服务性收费合理

图1-16 国外老年住宅模式共性

（1）政府有完善的社会养老保障体系

国外的老年住宅模式，是在完善的社会养老保障体系下发展成熟起来的。老年住宅与社会养老机构或社区服务密切配合。同时，多采取出租形式，仅部分出售。

（2）老年住宅的主要客群为中低收入老人

老年住宅的主流是面向中低收入者的老年公寓，而且根据老人的实际需求，细分为不同服务形态的住宅模式。

（3）住宅设计符合老年人的需求特征

老年住宅规划设计原则以老年人为核心，充分地考虑老人的生理、心理和行为特点，达到安全、方便、舒适，使老人感到亲切。特别重视室内公共活动空间的设计，以利于老人交往和进行集体性的活动，且多为无障碍设计等。

独立形式的老年住宅比较多，注重保护老人的隐私，同时着力从整体规划与设计、社区活动方面使老人感到与他人融洽相处，并丰富老年人生活。

（4）注重住宅的舒适性与服务水平

提供高质量的服务或完善的配套设施及机构，这主要有两种模式：一种是被动式的，为老年人的日常生活如就医、购物、健身等提供便利；另一种是主动式的，可为他们提供饮食、洗澡、打扫、购物与医疗服务。

（5）租金与服务性收费合理

老年人基本都能够住得起，某些收入少的老人，只要加上适当的社会保障，完全能住得起。

2. 国外老年住宅类型

国外老年住宅有三种：普通自住型老年住宅、老年社区、老年公寓（图1-17）。

01 养老地产的基本概念详解

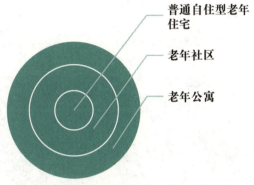

图1-17 国外老年住宅的三种类型

（1）普通自住型老年住宅

在西方国家老年人也占到总人口近20%，数量很大。由于这些国家的经济水平较高，老年人的条件居中等偏上水平，多数老年人都能拥有自己的私宅和租房。所以，大多数老年人，特别是夫妇俩人仍健在的，他们仍然会住在自己家里。

居住普通住宅的老人是由社会福利委员会提供看护、帮助和其他服务，这种服务商业主要包括保健服务、家庭生活服务、老年活动服务3种（表1-6）。

● 普通自住型老人能享受到的商业服务内容　　　　　　　　　　表1-6

保健服务	有人员定期上门检查身体和提供其他保健服务，包括小病或不严重的慢性病上门治疗等，有重病可以及时送医院
家庭生活服务	帮助老年人解决年老体弱造成的生活困难，如室内外的清洁卫生、代购生活用品等
老年活动服务	西方国家城市里许多街道都有健身俱乐部，白天主要是老年人来活动

有了以上比较全面的安排，老年人有了特殊问题又能及时处理，就能使多数老人放心地住在家里，安享晚年。

（2）老年社区

老年社区是指大规模的老年居住区或老人村，包括别墅、公寓（多种）、一般老人住宅等多种建筑形态，还有一应俱全的相关配套：邮局、超市、护理机构、银行等。这种社区由于规模大、配套设施完善而备受一些国家老年人的青睐。

案例：美国太阳城

项目位置：太阳城中心坐落于佛罗里达州坦帕市郊（图1-18）。

图1-18　美国太阳城

项目面积：10km^2。

户型种类：有许多种住宅类型，以独栋和双拼为主，还有多层公寓、独立居住中心、生活救助中心、生活照料社区、复合公寓住宅等。

项目特色：建筑类型多样，设施完善。

美国的太阳城从1961年开发建设，目前中心有来自全美及世界各地住户约1.7万人，且一直处于持续增长状态。

太阳城的三个特点（图1-19）

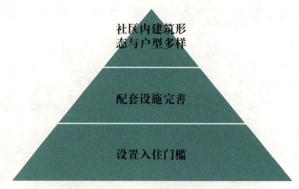

图1-19　美国太阳城的三大特点

01 养老地产的基本概念详解

特点 1. 社区内建筑形态与户型多样

太阳城共有六大居住社区：太阳城中心（独立家庭别墅）、国主之殿（联体别墅）、湖中之塔（辅助照料住宅和家庭护理机构）、庭院、阿斯顿花园（出租的独立居住公寓）以及自由广场（辅助照料式住宅和家庭护理机构）（图1-20）。

太阳城的售价标准是，一套联体别墅住宅价位从9万美金到20万美元不等，可以选择部分、全部或不需要公共维护保养的住宅。因此，老人在太阳城总能找到适合自己的户型与可接受的价款。

图1-20 美国太阳城六大居住社区

各社区均有自己严格的机构、组织和规划，但许多娱乐性和社会性节日活动对六个社区的所有成员均开放。

特点 2. 配套设施完善

太阳城拥有大量的生活设施，是一个综合型会所。包括7个娱乐中心，2个图书馆，2个保龄球馆，8个高尔夫场，3个乡村俱乐部，一间美术馆和一个交响乐演奏厅。

综合会所提供室内外游泳池、网球的推圆盘游戏场、草地保龄球场、健身与娱乐中心、和一个1万平方英尺的剧场，126个洞的高尔夫球场等活动空间，有邮局、超市、医疗机构、银行和教堂等配套设施。社区开设各式各样的俱乐部，组织的活动超过80种以上，可使老人们彼此建立、保持密切的联系和交流。

特点 3. 设置入住门槛

中心里的居民必须是55岁以上的老人，18岁以下的陪同人士一年居住时间不能超过30天。

（3）老年公寓

老年公寓在西方国家中比较流行，形式多样，情况比较复杂。主要有如图1-21所示的3种类型：

图1-21　西方老年公寓的三种类型

1）独立型老年公寓

独立型老年公寓主要提供给有自理能力的老人居住，造价较低，与城市社区服务设施距离较近，交通便捷。

这种型老年公寓的特点是，比较注意将老人住宅群布置在社区中心附近，结合社区服务设施、社交场所、医疗中心及交通设施。它与普通居民公寓之间的区别见表1-7。

独立型老年公寓一般分为普通型和专用型。专用型多数是带厨卫的一室户，平面紧凑，采用标准构件，造价经济。

独立型老年公寓与普通居民公寓区别　　　　表1-7

	独立型老年公寓	普通居民公寓
共同点	每个老人有一套房，一般为一室一厨一卫	
不同点	没有大量室内外劳动，室内外清洁可由公寓或委托公寓来管	住房面积较小
	做饭方便，公寓管理中心负责采购生活必需品	
	医护规范，公寓的医护人员，定期上门做保健，小病随时上门医疗，大病及时送医院	

2）集合型老年公寓

集合型老年公寓有专门的服务人员为老年人提供除医疗、护理外所需的服务，住宅内有方便、安全的社交娱乐场所和公共食堂等各类设施，并有完备的保卫和报警系统。

3）护理型老年公寓

护理型老年公寓提供全日制的护理和医疗服务，建筑按无障碍设计，卧室卫生独立出来，起居室和厨房共用。人均居住10m² 左右，大部分活动在公共、半公共场所里进行，几位老人可组成一个小集体互相照应。

按照所提供护理程度的高低，可把护理型老年公寓分为养老院型与医护型两种（表1-8）：

护理型老年公寓分类及特点 表1-8

	养老院型老年公寓	医护型老年公寓
住房配置	一人一套房，内有一室一厅一厨一卫	每个老人住一间类似旅馆的房间，卧室与卫生间连在一起，不带客厅和厨房
特点	一般不设置门或门不上锁，有的养老院除外室安有门外，卧室、卫生间都没有门，有的养老院则是室内房间有门但无锁； 各个房间设置警铃绳，有的养老院每个房间墙上两面或三面悬有警铃绳，老人感到不适，就可以抓住警铃绳，老人昏厥倒下，就会带响警铃	较养老院的护理服务设施更加完善，但该模式不太受欢迎

3. 美国老年住宅

美国在60年代末已进入老年型社会，到1980年，美国65岁及以上的老年人占人口比重的11%。老年住宅的建设时间比较长，并形成了比较成熟的模式。

在美国，老年社区或公寓十分普遍，它们分为赢利性和非赢利性两类，前者大多为私人公司所办，后者主要由教会兴办，由美国政府给予部分津贴。在美国环境好、规模大的老年社区一般都坐落于大城市的郊外，大多为私人投资并进行商业化运作，社区中包括各种专门为老年人服务的配套设施，形成老年产业的发展基地。

美国的老年住宅划分为两类。每个类别下还有自己的细分产品。

类型1. 美国老年社区

美国绝大多数老年人社区都采取典型的社区自理模式，即政府不直接干预或只提供协助，主要有社区主导、居民主动参与、由下而上实施等三种社区发展模式。不同机构和设施与具体的居住模式有机配合，形成一个完善的老年人居住服务体系。

美国老年人社区的照顾模式大体可分为如图1-22所示的五类：

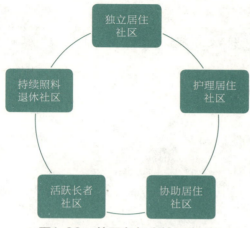

图1-22 美国老年人社区类别

1）独立居住社区

居住者是年龄在 55～64 岁之间的活跃长者（Active Adult），即老年人们能够保持自己独立的生活习惯，很少或基本不需要其他帮助。

例如福克斯·希尔社区（Sunrise Senior Living, Fox Hill Community）。

它是一所集现代化设施和安逸典雅居住环境于一体，能提供老年人独立生活的大型社区。该社区尽量维持有需要的老年人在社区内的独立生活，直至他们必须接受住院照顾。社区能提供合适的支援，让老年人可以在自己的生活上获得最大的自我独立性，让老年人最大程度地拥有独立自主的生活，发挥其退休后的自身价值。

2）护理居住社区

护理居住社区旨在为需要持续医疗康复护理、明显丧失日常生活活动能力的老年人提供服务。护理居住社区有三类：专业护理中心，康复之家，长期照料社区等。

护理居住社区资金支付来源三个渠道：私人资金、医疗补助、长期照料保险。它是为康复期病人以及慢性和长期患病的人们提供24小时护理照料社区。能提供常规的医药监督和康复治疗，不同护理居住社区各有专长（图1-23）。

图1-23 护理居住社区资金来源及提供服务内容

01 养老地产的基本概念详解

护理居住社区要受美国联邦、州政府的规定管辖，因此护理居住社区必须满足美国联邦、各州政府的标准。如在人员配置方面规定有专业的管理人员，注册护士、有执照的护士、心理医生、护工和其他人员。

3）协助居住社区

协助居住是介于独立居住和护理居住二者之间的一种老年人社区照顾方式。协助居住社区适合那些需要提供日常生活活动协助（Activities of Daily Living），同时希望能继续独立居住，但不需要持续、固定的医疗照顾的老年人。这类协助型居住社区有别于独立居住的模式，它们只提供房屋租赁，居住者不能购买相关物业。

一般这种生活方式的资金来源有四类：个人资金、社会保险收入补充、长期照料保险以及美国部分州政府提供的医疗补助。其服务内容包括：就餐、洗衣、清理房间、医药管理、日常生活活动帮助（洗澡、进食、穿衣、行走、上厕所等）（图1-24）。

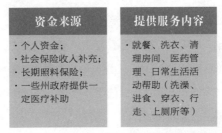

图1-24 协助居住社区资金来源及提供服务内容

福克斯·希尔社区（Sunrise Senior Living, Fox Hill Community）也会提供协助居住的相关服务，但同样也不提供销售物业服务。主要原因为：一，协助居住模式中会使用到一些有助于老年人身体康复治疗的专业的设施配套，这些设施设备的价格一般比较昂贵，并不是每一位老年人或家庭能够支付得起；二，这些设施设备需要在具有专业资格证书的工作人员指引下才能操作及使用。

4）活跃长者社区

活跃长者社区是一个有年龄限制的社区，专门为那些喜欢参加体育和社会活动的老年人建立的。这类老人特点是，一般年龄在55岁左右，较活跃，他们大多希望住在一个有很多娱乐活动场所的社区环境中。

位于弗吉利亚道明山谷的Regency社区就是以活跃长者为消费群体的典型社区。该项目由美国著名的房地产开发商托尔兄弟公司（Toll Brothers Inc.）开发并管理。Regency社区被评为"2009年全美最适合老年人居住社区"。通常类似Regency的社区是由一些能够出售给老年人居住的独栋房子、联排公寓或别墅构成。社区的面积较大，建有俱乐部、湖泊、游泳池、图书馆、高尔夫球场、散步和自行车路径、网球场、饭馆、礼堂等设施及场所供社区居住者使用。老年人还可以参与到由社区提供的一系列教育课程、艺术、手工、演出等社区活动。

外国人眼中最适宜老年住宅的标准

老年人住宅是社区照顾的重要组成部分。理想的老年人居住建筑应该是允许老年人自由且独立的生活,并提供必要的协助,但不一定一切包办,否则会降低老年人的活动能力、加速老化过程。因此,大小合适、坚固耐用、温暖舒适、交通方便、价格合适的住房有助于增加老年人生活独立自理的能力,而不适合的住房则将加重老年人对护理的需求。

5)持续照料退休社区

持续照料退休社区(CCRC)的英文全称是 Continuous care retirement communities。CCRC 起源于美国教会创办的组织,至今已经有 100 多年的历史。模式的核心是集娱乐、酒店式服务、生活护理和医疗护理为一体,提供自最初的退休享乐到最后的临终关怀一站式的终生退休养老服务。CCRC 是一种复合式的老年社区,适合身体健康、现在可以独立生活且希望今后每一个阶段都得到照料的老人。

通常一个典型的 CCRC 由三部分组成:独立生活住宅、辅助生活住宅以及护理之家(图1-25)。一般说来,社区有一个游泳池、网球场、文化娱乐中心和学校项目。

这种类型社区开发周期不长,容易形成连锁经营的格局,实现规模效应。

图1-25　持续照料退休社区三大组成部分

在这类居住社区里,老年人根据自身的需求和经济条件,可以选择一退休就入住不同的居住形态(包括独立居住、协助居住和护理居住等),只要每月支付一定的服务费用,就不必再为护理、家政担忧。

这些社区不仅提供了持续性的生活照顾,包括住房、社交活动支持、健康照顾、住户环境安全,同时还满足了老年人生理和心理等各方面的需求,并在日常生活及家事方面予以协助。

01 养老地产的基本概念详解

CCRC模式特点

CCRC以持续护理社区(CCRC)模式为代表的现代养老社区,将健康、医疗及护理服务与养老保险结合,以规模化、人性化的社区为中心,形成一个解决养老筹资和专业医疗、护理服务问题,体现退休人群现代生活方式的完整服务体系。

CCRC模式有如下四个特点:

(1)CCRC社区彻底颠覆了传统养老院,创造了体现人文关怀的老年生活方式。

(2)共享模式大幅降低社区入住成本,创造了多数人可承受的服务模式。

(3)通过规模经济和流程创新,降低社区运营和医疗成本,保证服务品质。

(4)市场化运作,创新经营模式。

类型2. 美国老年公寓

美国老年公寓市场情况比较复杂,一度出现过度开发的现象,市场竞争非常激烈。在美国老年公寓有两种划分方式(图1-26):

按建筑形态不同,可以划分为五类:健康老年人住宅、多户老年人住宅、无医疗设施的老年人住宅、可调换居住的老年人住宅小区、综合老年人住宅小区;

按老年人的护理程度可以划分为三类:自住型老年公寓、陪助型老年公寓、特护型老年公寓三类。美国目前的老年公寓多数按护理程度划分。

图1-26 美国老年公寓的划分形式

1）按建筑形态划分

按老年公寓的建筑形态划分，大致可分为如表 1-9 所示的五类：

美国老年公寓模式的五种类型　　　　　　　　　　　表1-9

健康老年人住宅	专供身体健康、生活自理的老年人居住，同时提供最简单的家务服务。例如，一天一次饮食服务、一周换一次床单和打扫一次卫生等
多户老年人住宅	多户老年人住宅是由政府出资建设的住宅，同时为老年人提供必要的家务与护理服务
无医疗设施的老年人住宅	一种专供身体略为衰弱的老年人居住的住宅。除医疗之外，每天都要向老年人提供一日三餐，家务劳动以及穿衣、洗澡等24小时护理服务
可调换居住的老年人住宅小区	一种综合性的老年人住宅小区，可保证入住者终身在小区里居住。可调换居住的老年人住宅小区包括健康老年人住宅、无医疗设施的老年人住宅以及特别看护养老院等，老年人在小区内可以调换居住
综合老年人住宅小区	由数千户老年人住宅和大规模体育设施、文化娱乐设施构成的住宅小区

2）按照老年的护理程度划分

根据为老年人提供帮助、护理与医疗服务类型与数量的不同，美国老年公寓可以分为如表 1-10 所示的三类：

按照老年不同护理程度划分的老年公寓　　　　　　表1-10

自住型老年公寓	自住型老年公寓不为居住者提供任何与日常生活、药物服务有关的协助，只是提供一个环境优美、舒适的居住社区，但包括所有的生活配套设施，甚至可以完全容纳一个高尔夫球场
陪助型老年公寓	陪助型老年公寓向居民提供与日常生活有关的各种服务，包括做饭、帮助洗澡、喂饭、洗衣、体检、喂药和其他个人生活方面的需求
特护型老年公寓	特护型老年公寓除了上面两种类型所提到的服务外，还提供全面的医疗服务，包括从传统的医护房间到特别为老年癌症患者提供治疗的房间

现在，美国特护型老年公寓已饱和，陪助型老年公寓投资已呈现下降趋势，只有自住型老年公寓尚具有较好的投资回报。

01 养老地产的基本概念详解

美国老年公寓开发营销策略

开发策略：小规模开发。

开发规模较小，不易受一些类似美国残疾人法等法律的限制，采取特许经营方式，易成功。较有代表性的是专门从事小规模陪助型公寓的开发商BeeHive Homes。他们远离土地价格昂贵的大都市，选择居住人口仅有5000人左右的小镇，建造一般只容纳12户左右的陪助型公寓。

而在营销方面，为了吸收消费者，开发商往往聘有全天候的市场经理负责协调客户从获得宣传材料开始到去老年公寓社区参观的所有事情，并且经常组织各种适合老年人的活动中以吸引潜在客户的注意力。

4. 英国老年住宅

英国老年人的住所一般都是按照特殊需要设计建造而成，室内温度、窗户、楼梯、浴室、卫生间、灶具等都有特殊的标准和安全要求，以适应老年人的特点。

英国老年人住宅主要有如图 1-27 所示的三种类型：

图1-27 英国老年住宅三种类型

类型 1. 老年公寓

这是专门为老年人设计的组合式单元住房，每一老年公寓均有 30 个单元，公寓内部为无障碍设计。每一个单元包括 1～2 个卧室、厨房、浴室，整幢公寓中都有供暖系统，使各个部位都保持温暖。楼梯、走廊上都设有扶手，电器开关安装在容易触及的部位，卫生间、浴室采用防滑地板，浴缸、抽水马桶都设有扶手。

每一个单元内都有紧急呼叫系统，只需按一下按钮，管理员就会来提供服务。在公共走廊和其他部位也都设有紧急呼叫按键。凡不设电梯的公寓，均不超过两层。公寓的附近有商店和邮局等设施。老年公寓中还设有公共活动的房间、洗衣间和供来客住宿的房间。

老年公寓是老年住宅里最有代表性的产品品类，又分为三种形式：

一是对于可以独立生活的老年人，提供内部无障碍设计的老年人住宅；

二是在前者的基础上增设了常驻的特别管理人员，通过紧急联络用的通信系统，把特别管理人员和各老年人住户联系起来。管理人员不仅要应付住户老年人的突发事件，同时对老年人发生的某些问题，负责与有关单位联系或进行调节；

三是在上一住宅和服务的基础上，最少每天再提供一次饮食服务，服务对象扩大到了身体衰弱、行动不便的老年人。

类型 2. 老年人之家

老年人之家建立的目的是为老人们创造一个适宜的居住环境，并能提供多方面照顾。那些已经无法在家独立生活的老人，不论其经济能力如何，都具有进入老年人之家的权利，享受良好的照顾和服务。

目前老年人之家发展很快，每一个老年人之家的规模有所缩小，新的老年人之家一般住有 40 位左右的老人。老年人之家收取的费用是按成本标准计划的，如有老人支付不起，则仅需交纳基本退休金的 3/5~4/5，其余至少 1/5 以上的退休金仍可留作个人零用钱。现在的趋势是更多的老年人愿意选择在老年人之家度过余生。

类型 3. 救济院

具有慈善性质的老人救济院，老人生活是免费的或至多交纳很少的象征性费用。由慈善机构、地方政府、私人捐款给这些救济院用于改造房屋，增添设施。

5. 瑞典老年住宅

瑞典老年人住宅主要是服务型住宅，目的是为老年人统一提供住宅和服务。这种住宅一般规模在 40 ~ 70 户左右。选址在各方面都比较方便的地方，同时又有一般市民常用的公共设施，如食堂、咖啡馆、图书馆、幼儿园、学校等等；每个住户独立，必要时可以任意选择生活服务项目，生活服务点一般都设在服务住宅里，住宅里的老年人使用方便，同时附属设施里的工作人员也可以随便利用。

其老年住宅主要有如图 1-28 所示的 5 种形式：

01 养老地产的基本概念详解

图1-28 瑞典老年住宅类别

类型1. 普通住宅

瑞典88%的老年人拥有自己的私宅或租房。居住普通住宅的老人由社会福利委员会提供看护、帮助和其他服务。

类型2. 年老者专用公寓

年老者专用公寓是设立在普遍公寓中的老年人专用住宅单元，室内设备为适应老年人专用而设计，还配备管理人员，老人生活可依靠社会服务机构上门服务。

类型3. 服务住宅及家庭旅馆

服务住宅和家庭旅馆内设多套居住单元，每套单元都有厨房、浴室，住宅内还有公共食堂，老人可集体用餐，此外还有医务室和各种报警系统。

类型4. 老人之家

这类住宅典型的单元是一个单人房间，带一个盥洗室。许多还建有公共餐厅、公共休息室、图书馆和健身室。在20世纪60、70年代，老人之家曾大量发展，居室多为双人甚至多人。

类型5. 公立养老院、老人慢性病房

公立养老院、老人慢性病房由地方政府提供，原来的老人慢性病房以医疗为目的，1979年后，出现以康复为中心的、单人房化的新型慢性病房。

6. 日本老年住宅

　　日本良好的社会保险体系为日本老年人生活提供了非常好的保障。日本设计以人性实用著称，老年人住宅设计也不例外。日本老年住宅最大的特点是在日本成熟住宅技术和高电器化程度下实现了老年人在生活中最大程度的自助和自理。

　　日本老年住宅可以分为三种类型，分别是"两代居"住宅、长寿型住宅和老年公寓。

类型 1. "两代居"住宅

　　"两代居"住宅，是指老年家庭同他们的子女同住在一栋楼里或一个街区，即老少两代分开居住，但相距不远。这是日本针对家庭核心化趋势，而研发创造的一种新型居住模式，即老少两代在生活上适度分离。这类住宅两代家庭的独立性较强，且亲子居室和辅助使用空间独立成套程度很高，适合于不同年龄和健康状况的老年家庭。

　　这种"两代居"形态的亲子家庭住房既保留东方家庭模式，又适应现代人的需求，依据其不同空间独立形式，大致可以分为如图 1-29 所示的四种类型：

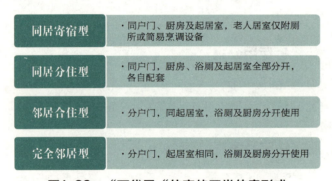

图1-29　"两代居"住宅的四类住房形式

类型 2. 长寿型住宅

　　长寿型住宅，又称"通用住宅"，即是在设计和建造时，就把将人一生的经历——从幼年、青壮年到老年人的需要考虑进去，为实现人的独立生活提供条件。这种居住形式在日本相当普遍，那是因为人们对居住过的地方怀有一定的情感，并不愿意总是搬家。

　　长寿型住宅要通过设计让房屋满足人一生各个阶段的要求，这种要求满足并不是一步到位的，而是逐步实现的。当人到老年的时候，就会根据老年人身心变化，进行适老化建设，如增加扶手、增加门或过道的宽度以便于轮椅通过等。

　　长寿型住宅比普通房屋造价要高，如果要实现人生所有需求，需要额外增加房屋造价 10% 左右的费用，如只考虑基本要求，则所增费用不会超过房屋造价的 1%。

类型 3. 老年公寓

老年公寓又称老人之家,有公立、私立和低费之分。老年人可根据自己各方面的条件和经济情况进行选择。

这类居住模式可以分为四大种类,细分为九个品类(表 1-11)。

◈ 日本老年公寓类型　　　　　　　　　　　　　　　　　　　　表 1-11

老年公寓种类	细分品类	入住要求	服务特色
保健型老人住宅	护理型老人福利设施	这是日本法律规定的老人福利设施,主要接受需要护理的65岁以上的老人入住	提供饮食、洗浴等必要的生活服务
	老人保健设施	主要接受处于病情安定期、没有必要住院治疗、需要康复训练的和护理的65岁以上老人	老人提供医疗护理和生活服务
	介护疗养型医疗设施	以需要长期疗养的患者作为对象	经医疗机构确认后,提供适用于介护保险的,以治疗为主的设施服务
租赁型老人住宅	面向高龄者的优良租赁住宅	以60岁以上的高龄者为对象,规定每户的使用面积不少于25平方米,每栋内不少于5户	根据高龄者的身体特征建设的住宅,并实施紧急时的对应措施
护理院		主要接受因身体机能衰退而无法独立生活,家庭照料又有困难的60岁以上的老人	入住护理院需要个人承担入住费用,但收费较低; 护理员属于老人居住设施; 护理院一般设有谈话、娱乐、集会以及餐厅等共同活动的空间
老人之家	养护老人之家	养护老人之家只接收65岁以上,由于身体上、精神上、环境上或者经济上的理由居家生活有困难的老人	属于社会福利型老年公寓; 只收取较低的服务费,但提供日常生活上必需的服务
	生活援助小规模老人之家	高龄者	这是一种与老人日间服务结合的小规模、多功能的高龄者设施
	全自费收费老人之家	入住对象没有限制,但要求支付高额入住费用,所以多为富裕阶层	全自费老人之家不同于以上几种,没有国家的补贴金,以具有社会信用的民间企业为经营主体。 根据老人需要护理的程度,又分为健康型、住宅型、介护专用型三种
	认知症老人之家	以认知症(老年痴呆症)老人作为对象	入住者自行洗衣、打扫卫生、帮厨等

7. 新加坡老年住宅

新加坡的社会保障制度以强制储蓄模式为特色,称为公积金制度,这种制度对老年人具有较好的社会保障职能。政府通过各种优惠政策鼓励多代同居或父母与已婚女子近邻居住。

新加坡老年住宅分为两种:

一种是多种类型的"多代同类组屋",其空间格局基本相同,分为主体房和单房公寓,以起居室连通,两户既分又合,适应两代和谐共处。这种模式延续了亚洲人两代以至多代同居的文化传统;

另一种是"乐龄公寓",是新加坡建屋局于1998年推出的老年人住宅,主要是针对60岁以上老人。

(1) 乐龄公寓的产权特征

乐龄公寓的产权一般是30年,之后可延长10年,但不可以转售,只能卖回给建屋局。乐龄公寓的申请者必须是55岁或以上的组屋屋主,必须是新加坡人,夫妇可以一起申请购买,单身人士、离婚者或丧偶组屋屋主也可以申请。

(2) 乐龄公寓的建筑设计特征

乐龄公寓一般兴建在成熟的社区中,多为高12至14层的板式高层,整幢楼只有乐龄单元,没有其他户型。公寓户型一般分为35m² 和45m²,是仅为一位或两位乐龄人士提供生活空间。

这种住宅的户型结构设计特点是:

住宅入口处面积适当增大;地面平坦;门的宽度适当增加,便于轮椅通过;在老人经过处预设安装扶手的埋件;开关、门铃和门窗把手等设施的位置会适当降低;

厨房和卫生间的面积适当加大,便于坐凳或坐轮椅使用;煤气等各种开关上的字很大,利于老人辨识;厨房洗涤台和灶台以及卫生间洗面台等下面凹进,以便老人可坐下把腿伸进去操作;

老人容易失禁,厕所都靠近卧室,并设长明灯,厕所用了推拉门,不用平开门;地面和浴池底都防滑,浴池、厕所、楼梯和走廊两侧都设扶手,浴池也设有音响传感器,改变方向和高矮的地方用了显眼色彩;

房间照度提高2倍以上,老人不适应眩光,增加亮度能抑制眩光,针对老人听力降低的特点,屋内提高了报警器的声响。

01 养老地产的基本概念详解

第五、养老地产基本开发流程

养老地产的开发流程很重要，跟普通住宅的开发流程有很大区别。

首先，在设计任务书之前要预先准备一个养老服务框架方案，要明确对不同住宅类型采用一个服务团队还是不同服务团队，这些都是需要考虑的细节。

其次，要对养老服务体系进行分析规划。

最后，要根据小区的规模确定居家、社区、机构的配比。

这三步做清楚之后，才能出设计任务规划书。

还有四个方面的问题要提请注意：

一，老年住宅的市场开发，必须有专业经营管理和建筑设计人才，这是项目顺利操盘的必备要素。

二，操作一个老年地产的项目，建议在规划设计阶段，聘请一个专业的顾问团队来把关建筑规划的问题。

三，在规划设计完成以后，还要同时进行工程建设、市场开发和人才培养。

四，正式开业之前要做好运营管理方案，然后再通过试营业进行后期调整。

以上这四点是操盘老年地产项目的重要步骤。

在解决完以上大流程的前提，养老地产可以进入细致的项目开发环节，有如图1-30所示的8个基础流程必须要掌握：

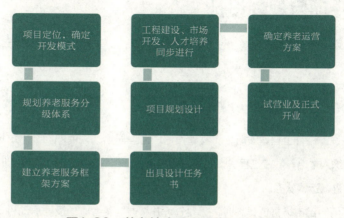

图1-30　养老地产项目开发八大流程

步骤1. 项目定位阶段要定开发模式

通过区域市场调研了解项目所处的外部环境，细分客群，理清目标客群生活模式需求，进行社区运营模式和项目主要盈利模式研究，形成完整的项目定位报告，找相关机构进行项目可行性验证和取得项目开发相关建议。

步骤2. 规划项目的养老服务分级体系

确定项目住宅组合形态及住房数量，如居住区、小区、组团区、楼栋区各形态住户数量；确定项目养老形式，是以居家养老、社区养老、机构养老为主，还是建立复合体系。

步骤3. 建立养老服务形式的框架方案

掌握不同形式（养护院、日间照顾中心、老年公寓、适老住宅）养老设施运营管理基本要求。

步骤4. 出具设计任务书

根据《项目定位报告》以及各类养老设施的《养老服务框架方案》，分别制定出各类养老设施设计任务书，包含功能划分、流程关系、面积分配及特殊要求等内容。

步骤5. 项目规划设计

项目规划设计要从概念性规划设计落实到建筑设计、室内设计、景观设计。

步骤6. 工程建设、市场开发、人才培养同步进行

在选定设备进行工程建设时，工程建设部门监理质量；营销部门制定市场营销计划；运营部门组织人才培养。在工程建设之时，公司各大部门提前进入计划及培训阶段，完工之后，能很快进入运营状态。

营销部门制定市场营销计划时，需要分析并掌握购买者心理及购房动机，这样更容易主动促成销售。

01　养老地产的基本概念详解

人才的培养要依靠当地的人才，对国外先进理念、成熟模式和合适的管理方法进行本土化。

步骤 7. 确定项目的养老运营方案

确定养老运营方案指的是明确服务内容、服务流程、服务标准，规划组织架构，制订管理制度，统一收费标准，拟定法务标准合同。

步骤 8. 试营业及正式开业

试营业阶段工作内容为实施流程要求，进行现场辅导，改进相关制度流程，修订执行标准，调整组织架构，完善制度条款，试行收费，敲定合同定稿。

正式开业，跟踪辅导计划的实施。

第六、养老地产目标客户分析及发展趋势

购买老年房产的人群可以大致分为三类（图1-31）：

第一类购买者是老年人，他们购买的目的是自用；

第二类购买者是中青年人，购买的目的是为了尽孝；

第三类购买者是投资者，他们购买的目的是为了升值。

相对于中青年人和投资者，老年购房者这类人群购买因素考虑更多，这类人群购房动机及购买心理是销售必须了解掌握的。

图1-31　购买老年房产人群分类

1. 老年房地产购房者心理特征

老年人在购置养老房产时一般会有如表1-12所示的六大心理特征。

◆ 老年购房者心理特征体现　　　　　　　　　　　　　表1-12

老年购房者心理	心理特征体现
求稳心理	老年购房是事关他们颐养天年的一大事。又因为房产价格昂贵，手续繁杂，购房者多会出现决策过程长、思虑多、从事小心、做多方比较等特点
选价心理	老年顾客已经失去了挣钱机会和能力，对房价更为关注，他们购房只能靠平时积蓄和退休金养老。房价高低是决定其购买与否的首要因素
从众心理	由于社会文化、教育背景、消费时尚等社会因素的影响，老年购房者通常会产生迎合某种流行风格或群体的从众心理
预期心理	老年消费者的购买行为，不仅注意眼前的商品，还会对未来市场进行粗略估计。一旦所钟爱的房产所剩不多，他们尤其更为着急，会加速购买；如果自己选定的楼盘别人也在踊跃购买时，其购房决定过程会大大缩短
反复心理	老年人大多唠叨、犹豫，购买房屋时更是细之又细，在与他人交流后，总能了解房产的一些不足，从而产生后悔感。这就要求销售员在销售过程中，加速顾客决策过程，以免出现反复
求快心理	一些老年房产购买者常常希望尽快购买到房子，然后可以尽快享受美好的晚年生活，以提高余生的生活质量

2. 老年房地产购房者的购买动机

顾客购房动机分为理性的购房动机和带感情色彩的购房动机两大类，老年房产消费者的具体购房活动总是受其中一种动机的支配或两种动机的共同支配（图1-32）。

图1-32　老年购房者两类购房动机

01 养老地产的基本概念详解

（1）理性购房动机

理性购房动机是指老年房产消费者购房时所关注的内容比较理性，主要会看重价格、质量、售后服务等特征。只要所销售的老年房产在以上这些方面让老年人满意，就会促进其购买行为的实现。理性购房动机遵循的是经济原则，这种经济原则在购房活动中起决定作用。

常见的理性购房动机有投资动机与自住动机（图1-33）。

图1-33　理性购房动机分类

（2）带感情色彩的购房动机

健康和舒适动机是老年人常有的带感情色彩购房动机。以最少的付出换取尽可能多的服务是人类的正当需求，也是非常重要的需求。

3. 养老产业八大发展趋势

养老产业的发展趋势归纳起来有8个方面：

趋势1. 养老产业与养老事业加速分离

面对国内不断加强的社会养老压力，对政府而言，如何加快养老事业发展，"保基本，兜底线"，是国家当下最关心的问题。对养老产业的发展，政府更多是通过放宽行业准入，加强质量、安全、价格等方面行业监管和推出制度建设，以规范引导各种社会力量介入养老产业，推动中国养老服务业的快速发展。未来中国养老产业与养老事业将加速分离。

趋势2. 养老用地供地政策限制将逐步放开

不能低成本获取养老用地是限制地产企业进入养老地产的重要因素。北京市国土局在2013年年初公布的全年5650公顷的供地计划里，第一次单独列项养老设施用地，供应100公顷。13年年末，深圳市出台的新政中也打破养老用地政策限制，以办公用地基准地价标准的30%测算，推出经营性养老设施用地。虽然由于各种原因最终停止出让，但一线城市的供地政策试点突破也预示着未来养老用地的供地政策限制将逐步放开。

趋势 3. 养老地产盈利模式逐步明朗

2013年年末，继长江养老后，平安养老也获得中国保监会批准，可拓展资产管理业务范围，增加"受托管理委托人委托的以养老保障为目的的人民币、外币资金；开展养老保险资产管理产品业务"。险资和房企早几年就开始研究布局未来养老地产业务。到而今，中国式养老地产盈利模式已经越趋明朗，绿城的"学院式养老"、保利的"三位一体"养老模式、万科的"邻里式养老"这些先行者们通过几年的战略发展研究，项目试水实践，给中国式养老地产发展模式很多有益的方向探讨。

趋势 4. 养老产业发展的真正主力军开始启动

养老产业发展的真正主力军会发出更大的声音。

在国外，例如美国、日本、澳大利亚等国家、地区的养老产业发展都是以医疗资源为主力军，养老产业的核心是服务，而服务的核心是医疗和长期照料。而在国内推动养老产业发展的更多是险资和央企，而应该有所作为的真正主角——医院，却默默无闻。不过这种局面正在慢慢改变，《国务院关于加快发展养老服务业的若干意见》提出，要"探索医疗机构与养老机构合作新模式"。"医养结合"，怎样使医院资源得到更有效利用是养老地产发展新命题，复旦医院旗下的泰福健康、蓝卡集团的蓝卡健康已经有了很多有益的探索。

趋势 5. 从"跑马圈地"到"圈人圈资源"

随着社会各阶层对养老事业及产业的关注，去地产化的呼声越来越高，大家希望养老地产真正脚踏实地，做好国民需求的养老产业。未来对养老地产专业的人才、专业配套资源的争夺、占领将更为激烈。

趋势 6. 养老物业的运营、营销将更受重视

未来养老物业的运营、营销方式将更受重视。由于过往项目对老年人身心需求的研究不足，关注不够，使得养老项目的落地性并不强。保利西塘越、万科随园嘉树、复地星堡等很多项目进入销售期、运营服务期后，市场检验成果将显现。

趋势 7. 第三方机构介入更深

未来会有越来越多的第三方机构介入养老地产领域。第三方机构的介入，对解决养老

产业发展中的各种问题,将发挥更大作用。比如,克而瑞城市运营事业部和北京区域公司就在 2014 年年初成立了专业化的养老地产研究团队;清华城市规划设计院早在 2012 年就成立了专业化建筑设计研究团队;而专门做养老产业的基金也已产生,例如北京喜神资产。

趋势 8. 养老产业产品更加多元化

随着对老人自身的需求研究,各大房企将逐步展开自身的全国养老业务布局,产品体系将逐步完善,不再仅仅关注中高端养老市场,不再聚焦活跃老人,针对不同购买力客户的中低端养老公寓,针对介助、介护老人的综合性养老社区也将越来越多。

新手知识总结与自我测验

总分：100 分

第一题：目前我国有哪几种养老形式？（15 分）

第二题：养老地产与传统的住宅地产有哪些区别？（20 分）

第三题：养老地产有哪几种分类？（25 分）

思考题：国外养老地产开发对我国有哪些借鉴意义？（40 分）

得分：　　　　　　　　　　　　　签名：

养老地产新兵入门 02

养老地产的投资模式

操作程序

第一、养老地产产业链结构
第二、养老地产的融资方式
第三、养老地产的投资方式

 本章使用指南

因为养老项目运营周期长，运营成本高，资金是否充足制约着项目的发展。资金是开发养老地产项目最大问题。

养老地产项目资金来源主要靠企业融资。但鉴于养老地产项目运营的特殊性，保险资金被首推为与养老项目有最高匹配度的资金。关于具体融资方式和投资合作模式如何，开发者都可以借鉴发达国家成熟的模式、获得启发。

第一、养老地产产业链结构

养老产业是一个与众多行业相关联的"朝阳产业"。这个产业的服务内容不仅包括为老年人提供日常生活用品，还包括养老金融产品、老年文娱产业、老年医疗保健、养老生活照料、养老机构等多个方面。养老服务还能带动养老保险、老年地产等诸多行业的发展，因此，养老地产项目开发与发展对社会经济发展具有显著的经济带动效应。

1. 中国养老产业发展格局

中国养老产业的发展在我国可以粗略地划分为三个阶段：20 世纪 80 年代开始起步，在计划经济体制的强烈影响下，养老产业发展比较缓慢；20 世纪 90 年代，我国养老产业才被最初提出，是养老产业兴起的重要阶段；进入 21 世纪以后，随着政府、企业以及社会介入和学界研究的拓展，中国养老产业日渐兴起与发展，正成为一个不容忽视的产业。

由于技术革新或市场细分推动，传统老年日常用品业、老年医疗保健业及老年旅游业都有较好的发展，老年住宅产业、养老服务业和老年文化休闲产业都呈现出快速兴起的势头。而老年金融保险业目前则极为缺乏，没有得到充分的发展。

2. 中国养老产业发展特点

我国养老地产的产业、发展轨迹与西方发达国家有诸多不同，具有典型的中国特色。我国的人口转型与经济改革、社会转型相互重叠，人口老龄化的同时也是经济体制市场化、公共服务社会化、养老产业现代化的阶段。

我国养老地产产业发展现阶段的主要特点可以概括为如图 2-1 所示六个方面。

02 养老地产的投资模式

1	・老年市场发展前景广阔,但发展水平较低
2	・养老产业发展相对集中,却存在区域失衡
3	・养老产业发展势头良好,但欠缺政策扶持
4	・养老产业福利色彩浓厚,社会参与力度不足
5	・养老产品销售渠道单一,促销手段落后
6	・市场仍以传统产品为主,产品研发脱节

图2-1　中国养老产业发展特点

特点1. 老年市场发展前景广阔,但发展水平较低

我国养老产业有着广阔的发展前景和快速增长规模,这是一个大的发展趋势。

首先,市场需求非常大。2010年年初全国老龄办发布的《中国人口老龄化发展趋势预测研究报告》公布的数据显示:2010年老年市场需求将达到1万亿元,2020年市场需求将达到2万亿元。

其次,产业处于低级阶段,存在大量的发展空间和创新空间。我国养老产业仍处于发展初级阶段,普遍存在总量规模大而单体规模小、产业链过短过窄、产业间横向合作少、产业间融合程度低等诸多突出问题。

特点2. 养老产业发展相对集中,却存在区域失衡

城市地区是养老服务业发展较为集中的地区,而农村地区受制于经济社会发展水平的滞后,消费能力和消费习惯尚不足以支撑养老产业快速发展。相关数据显示,我国74%的民办养老服务机构位于城市,26%位于农村。除了养老产业发展的城乡差异外,养老产业在东中西部区域间还存在着不平衡。从养老产业规模和市场化发展程度来看,西部地区要落后于东中部地区;从养老产业市场发展程度来看,当前养老产业主要集中在人口老龄化速度较快的东部城市地区。

特点3. 养老产业发展势头良好,但欠缺政策扶持

在政策扶植力度加大和市场缺口亟待补充的双重带动下,我国养老服务和产品总体发展势头良好。但针对养老产业的政策法规和管理制度还不够完善,体现在以下三个方面:

一,只有部分地区已经出台了养老服务业的政策法规和管理制度;

二,相关产业规范和标准缺位,存有诸多政策法规上的盲点、缺位和不配套等问题;

三,相关政策与管理制度与人口老龄化的客观形势及老年人口的现实需要相比仍然滞

后，不能适应养老服务业市场化、产业化、社会化的需要。

特点4. 养老产业福利色彩浓厚，社会参与力度不足

我国养老产业有市场性和福利性并存的鲜明特点。随着老龄人口规模和比例的不断增大，有着浓厚社会福利色彩的老年事业，无论是从服务和产品的多样性，还是从政府投资的角度，人们对养老产业的需求都无法得到充分满足。因此，加快带有部分福利性质的养老产业的发展也是政府改进民生的重要手段。

促进养老产业发展并不意味着养老产业完全剥离社会福利的色彩，但政府要作为养老产业的重要参与者，积极提供必要的政策和资金扶植，解决老龄人口需求增加和资金、产品短缺之间的矛盾。

特点5. 养老产品销售渠道单一，促销手段落后

养老产业产品营销手段单一落后是阻碍了我国养老产业的快速发展的重要原因。具体表现在三个方面：一是产品种类少，专业化程度低，市场细分不够，缺乏专营的品牌；二是缺乏系统的市场竞争战略，产品销售渠道单一，甚至普遍存在等着顾客上门的现象；三是在产品、价格和渠道上同质性就很强。

老龄产品宣传促销手段不得法、不到位是因为企业对产品和服务定位不准确，对老年市场、老龄人口变化了解程度不够。这导致不断变化的老龄需求与老龄产品、服务之间不匹配，使得部分涉老产品或者服务在市场竞争中处于被动地位。

特点6. 市场仍以传统产品为主，产品研发脱节

整体而言，我国大多数老龄产品的研发还处于对发达国家的仿制阶段，独立研发能力十分有限。

养老产业已开发出的产品和服务主要集中在食品、服装和医疗保健等传统项目上，产品和服务明显单一，层次较低，尚不能满足老龄人口日益多元、高层次的物质和精神需求，涉及住房、安全、旅游、金融、保险等方面的产品和服务相对缺失。

我国养老产业多为中小企业，这些企业不可能在市场研究和产品开发方面花费大量的人、财、物力。因此，更需要政府在鼓励和推动养老产业发展高新产品和服务过程中发挥更加积极的作用。

3. 中国养老地产产业结构

作为一项营利型产业，养老地产从盈利内容上可以划分为如图 2-2 所示的四类：

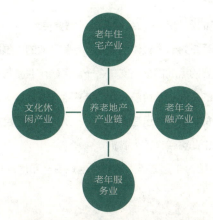

图2-2 养老地产产业链结构

类型 1. 老年住宅产业

和传统普通住宅产业比，老年住宅产业包括以下如图 2-3 所示的五个类别：老年公寓、退休者住宅小区、各种护理住宅、老人健康设施的建设管理、老年人现有住宅的改造。其中，老年人现有住宅的改造主要是指：取消阶梯、加宽过道、设置扶手等对适应老年生活需求的基础设置的改造和提升。老年人待在家中的时间较长，"居住生活得是否舒适"很大程度上决定着老人晚年生活质量。

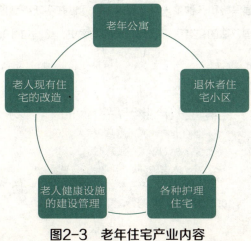

图2-3 老年住宅产业内容

在美国，有数以百万计的老年人居住在 2 万多个退休者住宅小区；在日本，近郊型老年住宅小区也日益增多，受到当地社会的欢迎。

类型 2. 老年金融产业

广大老年人需要更多的金融产品和金融服务，需要更为广泛的养老方式和理财手段。老年资产运用和管理，已经成为一个具体的课题。老龄产业的发展需要金融产业特别是金融机构的参与，并应成为重要的组成部分和支柱之一。金融产业参与养老事业，将为广大老年人老有所养提供更为广阔的空间。就目前来看，继养老金担保贷款、养老金管理、投资顾问等主要业务之后，逆抵押贷款业务也迅速发展起来。从另一个角度看，金融事业的自身发展也需要老龄产业的参与，由此可带来巨大商机。

老年金融产业主要包括：一，老年人资产（金融资产和房地产）的运用和管理；二，各种老年险种（图2-4）。

图2-4　老年金融产业主要业务

在发达国家，老年人一直是保险业主要的消费群体，而我国针对老年人的金融产品比较少，比如日本 20 世纪 80 年代以后，随着老年人口及其财富的不断增加，老年保险市场越发受到关注，像护理保险和各种重大疾病保险相继问世并不断得到普及。

逆抵押贷款在美国、法国和英国等已有较长的发展史，美国自 1961 年开始就开办了住房逆抵押贷款业务。

老年金融产业产品设计的5个要求：
（1）要研究老年人消费特点；
（2）要掌握老年人投资意愿；
（3）要从人文关怀的角度推出贴心、贴身服务；
（4）要注重金融产品资本金的保值增值功能；
（5）要强化产品的养老补充作用。

类型 3. 老年服务业

由于老年群体的生理特点、心理特征和生活方式相对特殊，他们需要更多的关心和关怀，更需要与社会交往，同时他们对居住环境也有着特殊的消费需求。因此，庞大的老年人口也为老年公寓、老人护理等满足老年人特殊需求的老年服务业带来了空前的发展机会。

1）老年服务业的六个领域

老年服务产业涉及的领域和包括的范围十分广泛。具体说来有如图 2-5 所示的六个领域：

一，与老年人医疗保健相关的医疗保健业；二，为老年人居家生活提供服务的家庭服务业；三，为老年人日常生活提供专门用品的日常生活用品业；四，专为老年人休闲娱乐提供服务的旅游业和娱乐业；五，专为老年人继续学习提供服务的教育业；六，专为老年人提供各种咨询的咨询服务业等。

图2-5　老年服务业内容

2）国内老年服务产业资源紧缺，服务水平低下

我国老年服务业最先出现在社会养老机构，如养老院。随着中国人口越来越趋向老龄化，养老机构和养老服务需求大幅增长，老年服务业得以迅速发展起来，但发展水平较低。养老资源供求失衡，服务水平低下，体制机制滞后已成为制约我国养老服务事业发展的三道"门槛"（图2-6）。

图2-6 制约我国养老服务事业发展的三道门槛

特点1：资源供求失衡

资源供求失衡体现在两个方面：一是养老床位占比比率过低，二是养老服务城乡区域和服务机构发展不协调。

我国老年人口数量与实际养老床位数量严重失衡，每千名老人占有养老床位不到15张。不仅与发达国家平均每千名老人占有养老床位数约70张的水平差距很大，也低于有些发展中国家，如罗马尼亚、巴西每千名老人占有养老床位20~30张。

此外，养老服务机构城乡发展不协调，公办民办结构失衡，养老机构仍以公办为主，民办养老机构发展滞缓。全国城镇养老床位供求矛盾尤为突出。

特点2：服务水平不高

我国目前的养老服务大多停留在基本的生活照料上，服务水平不高，服务方式单一。老年社区服务和社区照顾的发展状况也不乐观，养老服务从业人员少，专业人才更为匮乏。据调查显示，能够提供上门包护服务所覆盖的老年人比例，城市为55.1%，农村仅为8.2%。

民办养老机构服务水平不高还体现在项目选址、项目建筑设计、服务管理三个方面（图2-7）。

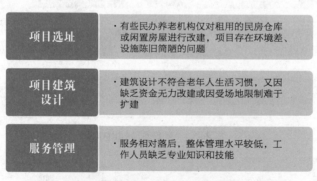

图2-7 制约我国养老服务事业发展的三道门槛

特点3：服务管理机制滞后

民办养老机构作为民办福利机构，国家政策给予支持，但目前基层政府和部门管理较苛刻，提供的便利服务有限。

02 养老地产的投资模式

养老服务业要发展需扫清体制、机制障碍,按照政府与市场相互支撑、互相促进的思路,政府负责提供基本的养老经济保障,通过市场提供多样化、多层次的养老服务,既保证公益性与福利化,又促进养老市场发展。

我国老年服务产业发展的四个显著特点:

一是,我国老年服务业的发展得益于一系列包括老年服务设施、老年照料和老年优待在内的政策扶持(图2-8)。

- 2001年颁布的《老年人社会福利机构基本规范》
- 2001年颁布的《"社区老年福利服务星光计划"实施方案》
- 2006年十部委联合发布的《关于发展养老服务业的通知》
- 2008年十部委发布的《关于全面推进居家养老服务工作的意见》

图2-8 扶持老年服务业发展的政策条款

二是,社会化养老机构发展较快,民办养老机构已成为养老服务的一支重要力量。

三是,我国居家养老服务业仍然处于起步阶段。中国还没有一个城市全面普及了城市社区养老服务业,很多城市只有个别或部分示范点。

四是,养老护理行业发展水平不高。养老护理服务仅限于保姆的生活照料,老年人迫切需要的医疗保健、精神慰藉、生活互动等方面的居家养老服务则相对缺乏。

3)西方养老服务业的5个特征

老年服务产业是老龄产业(又称"银色产业")和服务业的重要组成部分。

这个产业在国外已经相对成熟,并逐渐成为老龄化社会中最具活力、较有发展前途的产业之一。据有关资料统计,在20世纪80、90年代部分发达国家如美国、英国、瑞典,其65岁以上老人中,入住老年公寓的已经达5%左右。

西方老年产业呈现出了以老年服务业为主,其他关联产业伴随老年服务业的发展而发展的特征。其养老服务大致可分为两大类:居家养老服务和机构养老服务。这两类中又以居家养老服务为主。

西方的养老服务归纳起来有5个特征:

特征1. 居家养老服务占主导

发达国家里的社会养老机构特别是各类专门性的特色养老机构比较多，养老服务设施很完善。但是，绝大多数老龄人依然趋向于基于社区服务的居家养老方式。据不完全统计，美国老人90%居家养老，英国则为92%，日本为94.6%。

特征2. 资金投入多元化

世界老龄人口不断增加，仅靠政府投入难以满足这个市场的需求。发达国家政府在逐步增加福利投资的同时，也大力倡导和吸引四类机构和团体积极参与老年服务产业发展，他们是：社会团体，各类基金会，其他非营利性机构以及营利性公司。

特征3. 服务内容多样化

发达国家为老龄人服务的领域不断增多，主要有8个方面：保健、康复、护理、娱乐、学习、就业帮助、法律服务、专业用品提供等。立足自己的国情，每个国家都在努力为老年人提供除日常生活服务基础以外的、更丰富多彩、各具特色的服务项目。

特征4. 服务手段现代化

发达国家已经开始有很多系列化的先进设施用于各种老年人护理服务过程中，比如用于非自理老人的自动转移系统、特殊洗澡设施、专用便器、电子呼叫对讲系统等（图2-9），极大方便了老人的生活。

图2-9　老年人现代护理服务手段

特征5. 服务模式人本化

发达国家的社区养老服务都强调按照个人要求设置服务设施和服务项目，根据不同类型的服务采取不同的工作手段，解决各类不同对象的问题，这也是未来更好地满足老年人服务需求的一个趋势和方向。

02 养老地产的投资模式

类型4. 文化休闲产业

整个社会的物质水平都在提高，老年人对精神文化方面也增加了新的要求，普遍体现为"求知、求健、求为、求乐"的强烈欲望。老年人对养老社区或者养老产业的需求主要集中在以下几点：一，休闲活动涉及范围广，种类多，内容丰富；二，能方便地参加一些体育健身活动；三，有适合老年人的旅游；四，入读老年人文化大学等。而以老年人为服务对象的文化休闲产业只有精准地迎合老年人需求才有更大发展空间。

第二、养老地产的融资方式

从投资的角度看，养老地产有两个特征：一是投资回报期长，二是投资成本高。养老地产的融资模式与盈利模式也一直备受关注。我国现在的养老地产企业融资路径依然狭窄，盈利模式也纷繁多样。

1. 中国养老地产融资常见的三种方式

养老地产投资量大、周期长，很难获银行资金青睐。虽然养老地产项目同样通过招拍挂拿到地块，但因为更长的投资周期、更大的资金投入量，银行资金对其始终抱有谨慎态度，特别在当前信贷整体紧缩的背景下，养老地产获得银行融资的空间很小。

中国养老地产的融资特点有三个：一是融资渠道虽多，但路径依然狭窄；二是养老项目开发企业往往很难获得银行贷款；三是股市融资大门难开，民间融资成本太高，刚刚起步的基金投资尚不成熟。

如今养老地产日渐受到保险资金的青睐，保险资金有望成为养老地产新的重要融资渠道。

一些上市公司也介入了养老地产项目的开发，但股市融资受整体市场环境的影响非常严重，养老地产从该渠道已经很难获得融资。

现在社会上常见的养老融资方式有三种：

一，由房地产商单独投资，作为一个地产项目来开发建设、出售，这种形式在国外较为普遍，美国已有专门开发建设老年地产的连锁公司。

二，房地产商投资和住户集资相结合的方式，住户可将原来住房出售或作为抵押来筹集所需资金，入住后只需交纳少量的费用。但可操作性较差。

三，BOT融资模式。由于老年地产开发的特殊特点，所需资金规模较大，所需资金回收期较长，可以尝试利用新的融资方式来筹建老年地产——BOT融资模式。

中国目前养老地产融资方式主要以第一、二种为主。

2. 国外养老地产的三大融资模式

BOT、PFI、PPP是国外常用的特许经营项目典型筹资手段，这三大模式适用于基础设施、公共事业和自然资源开发等项目（图2-10）。养老地产的开发可借鉴这三大融资模式。

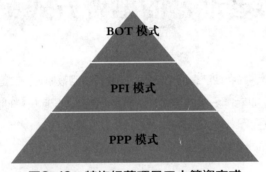

图2-10 特许经营项目三大筹资方式

模式1. BOT模式

BOT是英文build-operate-transfer的简称，即"建设—经营—移交"（图2-11）。

图2-11 BOT筹资模式

BOT是20世纪80年代发展起来的一种项目融资和建设模式，主要用于基础设施的建设。这种方式的流程是：首先，一国财团或投资人作为项目的发起人从一个国家的政府获得某项基础设施的建设特许权；然后由其独立或联合其他方组建项目公司，负责项目的融资、设计、建造和运营；最后，整个特许期内项目公司通过项目的运营来获得利润，并用此利润来偿还债务。

02 养老地产的投资模式

BOT模式在特许期满之时,整个项目由项目公司无偿或以极少的名义价格移交给东道国政府。

BOT作为一种新的国际融资方式,目前主要广泛用于发达国家和发展中国家的基础设施建设之中,鉴于老年地产的开发特点,利用BOT模式来拓宽建设老年地产的资金来源渠道是一条可以实践之路。

另外BOT投资还有两种比较简易的模式:BO模式及OT模式(图2-12)。

图2-12 BOT投资简易模式

BO模式——由政府投资建设养老设施,交由企业运营。

OT模式——政府新建,开发商经营,一定年限后归还政府重新招标。

1)七点模式执行特点

多方协调合作,沟通成本较大;保险公司自付风险。

第一,项目发起方组建项目公司。

项目主办人可以是某家公司,也可以是多个投资者组成的联合体。由于老年地产属于公益性项目,发起人更应该拥有优秀的资质和信誉。

第二,项目公司与政府签订特许协议。

在老年地产BOT项目中,政府是最重要的参与者和支持者。首先,老年地产BOT项目必须得到政府批准,并与项目公司签订各自的权利和义务。其次,由于老年地产BOT项目属于公益性项目,政府往往可以提供部分资金、信誉、履约等方面的支持,政府部门也可持有项目公司的股份。

第三,项目公司与银行签订融资协议。

商业银行、非银行金融机构和一些国家政府的出口信贷机构,是项目融资债务资金来源的主要提供者。在项目融资中,往往由多家银行组成一个银团对项目贷款。

第四,项目公司与投资者签订投资协议。

项目公司的融资形式可以多样化,在主要资金从银团获得外,还可以通过发行公司股票,发行公司债券等来募集资金。

第五，项目公司与承建商、设备供应商签订合作合同。

承建商负责项目工程的设计和建造，通常与项目公司签订固定价格的总价承包合同。项目公司可要求承建商带资进入项目，建设款项的支付可根据事先签订的协议，在项目有现金流入的时期内分期支付。跟承建商签订的合同一样，在合同内实现约定，设备款的支付在项目有现金流入的时期内分期支付。

第六，项目建成后，项目公司与营运方、老年住户签订服务合同。

在老年地产项目建成后，老年住户并不直接与项目公司签订租赁合同，而是与老年地产的管理营运方签订租赁合同。这样便于项目公司和营运公司各自的分工和管理，项目公司更可以成为监督方和管理方。

第七，保险公司为自己评估的风险买单。

保险公司是分担项目风险的重要一方，项目融资的巨大资金数额以及未来许多难以预料的不利因素，要求项目各方准确地认定自己面临的重要风险，并为他们投保。

2）BOT 模式优劣势分析（表 2-1）

BOT融资模式优劣势分析　　　　　　　　　　表2-1

优势	劣势
对建设资金短缺又想尽快实施的工程项目，可以通过进入私人投资的方式来提高服务效率和降低服务成本	采用BOT模式建设老年地产，需要的相关条件较多，需要大量的沟通和协调工作，交易成本较高
采用BOT项目融资大规模的建设老年地产，可以创立统一的品牌，建立统一的物流配送中心，建立自身的物业管理公司和医疗救护中心	需要政府的支持，需要银行、保险公司的介入
采用BOT项目融资方式建设老年地产，采用银团贷款，降低了单一的银行的风险	因回收期较长，资本进入数量有限
在BOT项目融资中，有保险公司的介入，也可以分散项目各方的风险	

模式 2.PFI 模式

PFI（private-finance-initiative）是一种私人融资活动。起源于英国，是继 BOT 之后又一优化和创新的公共项目融资模式。

步骤是，先由政府部门发起项目，再由财团进行项目建设、运营，并按事先的规定提供所需的服务。PFI 模式下，公共部门在合同期限内因使用承包商提供的设施而向其付款。在合同结束时，有关资产的所有权或留给私人部分承包商，或交回公共部分，取决于原始合

02 养老地产的投资模式

同条款规定。

PFI 项目有三种典型类型：经济上自立的项目、向公共部分出售服务的项目、合资经营（图2-13）。

图2-13 三种类型的PFI项目

养老地产项目采用PFI融资模式能解决一系列问题。首先，解决政府融资资金不足的困境；其次，使政府可以转换职能，实现监督职责；再次，可以有效转移和分散项目投资风险；最后，能够提高经营效益和管理能力（图2-14）。

图2-14 PFI融资模式能解决的问题

1）PFI模式实现的条件

发展养老地产是人口老龄化的现实需要，但融资问题阻碍了其社会养老功能的实现。要改变这个现状离不开全社会职能部门的协助（图2-15）。

条件1	·政府参与，监督并规范项目开发
条件2	·完善养老地产投资法律法规
条件3	·加强项目风险管理
条件4	·明确责权，建立约束机制

图2-15 PFI模式实现的条件

条件1. 政府参与，监督并规范项目开发

政府一定程度地参与养老地产项目，规范和监督养老地产的开发经营，对于降低项目风险，提高社会资金进入养老地产乃至养老产业的积极性，提高项目的社会性和外部性效应，最终实现社会养老功能。

条件2. 完善养老地产投资法律法规

目前我国缺失对养老地产和PFI方面的立法监督，必须尽快完善养老地产相应的投资法律法规，出台针对性强的法律，使其适应PFI项目建设和经营的需要。

条件3. 加强项目风险管理

加强项目风险管理，建立合理的利益共享和风险分配机制，这是PFI项目能否成功的关键。

条件4. 明确责权，建立约束机制

应当建立政府监管体系和扶持力度，明确养老地产中的政府部门和私营部门的责任和义务，设定法定的监管机构和问责制，产生激励约束机制。

2）PFI模式下养老地产开发流程的5个步骤

通过模式构建将养老地产开发分为准备阶段、招标阶段、融资阶段、开发运营阶段和转移终止阶段（图2-16）。

图2-16　PFI构建养老地产开发流程

第一，准备阶段。

由政府部门确定养老地产项目，通过财务评价、国民经济评价、社会性评价等分析进行民营化可行性研究。

养老地产带有一定的福利性，进行社会性等外部评价是作为养老地产实现社会养老功能的必要环节。这一阶段的关键工作是为养老地产项目选址。选址可以采取"政府部分主导，企业参与"的形式。

养老地产对项目周边配套要求很高。每一个养老地产项目都具有规模性，在一定区域内一定要考虑照顾周边老年人的教育、医疗等公共服务的完善性。如果一个地区的养老地产项目过于集中，就会给本来投资收益就偏低的养老项目带来更多运营压力。

针对这个问题，现行养老地产可以划拨用地做抵押，但这样做的麻烦是地块分割起来较难处理，也会给项目取得银行贷款增加难度。在项目选址阶段，还要和当地政府或者主管部门去协调和确定一些事情：如信用担保，保证区域内项目的唯一性，减免项目税费等问题，通过获得这些优惠政策来减轻项目盈利和运营压力。

第二，招标阶段。

基本步骤是：一，由政府部门通过、投标、竞标确定开发主体；二，进行谈判，并审查主体的开发能力；三，签订协议。

相较于特许权合同，服务合同对于养老地产更为合适，因此在协议中应侧重服务性条款。PFI公司对项目进行可行性分析，制定开发计划，办理公司成立等事宜。

第三，融资阶段。

这一阶段主要是PFI公司主动融资，政府提供私人部门融资优惠条件，并包括以下几个方面：对银行担保，土地优惠政策，公共事业收费减免，贷款利率优惠，市场准入等5个方面。

此外，保险机构在发展反向抵押贷款等养老保险业务的同时，参与养老地产的开发建设，可以发挥专业优势，延伸服务链条。保险资金具有长期性和稳定性，也是养老地产建设资金的主要来源，如何促进保险资金带动养老地产规范持久发展在这一阶段比较重要，在这一阶段要促进保险机构进入养老地产也是可行的措施。

第四，开发运营阶段。

由PFI公司履行协议，负责设计、施工、运营，而政府起指导、支援作用。对养老地产适老化设计，政府部门应当设立第三方监管。在运营阶段，监督和规范老年服务情况可以探索政府部门购买老年服务的形式，认真培育养老产业创新服务研究和人员，拓展养老产业链。

第五，转移、终止阶段。

PFI公司办理转移、清算等事宜或者重新签订服务合同。在这一阶段，养老公寓作为养老地产的一种退出机制可以作为所有权移交的一种探索。通过模式构件和分析，养老地产运用PFI模式公共部门主要负责准备和招标阶段，在融资和实施阶段主要起监督作用，私营部门负责全过程的开发运营。

BOT模式与PFI模式对比区分

BOT模式与PFI模式对比　　　　　　　　　　　表2-2

模式差异	BOT模式	PFI模式
历史发展背景	20世纪70年代末到80年代初，世界经济形势逐渐发生变化，赤字和债务负担迫使一些国家开始寻求私营部门的投资。1984年，当时的土耳其总理厄扎尔首先提出了BOT这一术语，想利用BOT方式建造一座电厂	产生于英国，1992年，由撒切尔夫人带领的保守党政府推出了PFI，旨在在中央政府和地方当局方面都进一步加强公共部分与私人部分的合作伙伴关系
管理特点	发展中国家为完成投资大、建设时间长、在国民经济中所占比重和地位都非常高的基础设施建设，而做出的一种让步	强调的重点是私人投资活动的政府预算外优势，即在社会福利事业中，采取私人投资可以走出政府预算的限制
政府着眼点	在公共设施的最终拥有	在于公共服务的私人提供
资金来源	项目发起人或者其他感兴趣的主动投资者、商业银行、提供债务融资的出口信贷机构、多边和双边机构、非银行金融机构等	银行融资，债券融资和股权
适用范围	包括发电厂、机场、港口、收费公路、隧道、电信、供水和污水处理设施等，这些项目都是一些投资较大、建设周期长和可以自己运营获利的项目。	多样，更多典型项目是相对小额的设施建设，例如教育或民用建筑物、警察局、医院能源管理或公路照明。较大一点的包括公路、监狱、和医院用楼

模式3.PPP模式

20世纪90年代末，英国政府推动建立了公私伙伴关系（Public—Private—Partnership，PPP）。PPP概念自提出后，从20世纪90年代开始在西方流行，目前已经在全球范围内被广泛应用，并日益成为各国政府实现其经济目标及提升公共服务水平的核心理念和措施。

PPP本质上是采取由私营企业来负责或承担大部分项目融资的方式，实现了资源在项目全寿命周期的优化配置。

在这种模式中，政府一般提供政策支持，不直接参与或少量参与该类项目的管理工作。PPP 为私营资本进入非营利性公共设施项目开辟了更广阔的途径，政府通过长期租用协议或建成后使用期的补贴等方式予以有力的支持。

3. 美国养老地产金融生态体系借鉴

依据美国养老地产融资经验，养老地产融资问题的核心是如何对养老地产的风险收益进行合理分配，实现整个系统的低成本平稳运行。

（1）各方利益分拆

美国养老地产金融生态系统的核心有两个，一是风险收益分拆，二是风险收益匹配。经过开发商、投资商与运营商角色分离，实现开发利润、租金收益、资产升值收益与经营管理收益的分离。

开发商、投资商、运营商获利方式及特点如表 2-3 所示。

开发商收益

开发商通过快速销售模式获取开发利润，利润率不高但资金回笼速度快；

投资人收益

REITs 投资人通过长期持有资产获取稳定的租金收益，利润率高但资金回笼期长，风险低但投资回报率也略低；

基金投资人

基金投资人通过资产的买卖获取资产升值收益，承担财务风险的同时获得较高投资回

● 开发商、投资商、运营商获利方式及特点　　　　　　表2-3

角色	获利途径	利润率	资金回笼速度	投资回报率	风险承担
开发商	快速销售模式获取开发利润	不高	快		
REITs投资人	长期持有资产获取稳定的租金收益	高	回笼期长	略低	风险低
基金投资人	资产的买卖获取资产升值收益			较高	承担财务风险
运营商	轻资产模式放大经营现金回报			较高	承担经营风险

报率；与之相对，运营商借助轻资产模式放大经营现金回报，承担经营风险的同时也能获得较高投资回报率。

（2）风险收益匹配

如何保持养老地产整个资金链的平稳运作，合理分解风险收益是最有效的方式。而美国养老地产金融生态领域就有明确的角色分工与风险收益匹配（表2-4）。

美国养老地产风险收益匹配模式　　　　　　　　　　　　　　　　表2-4

角色分工	收益形式	承担风险形式
REITS投资人	租金收益+部分经营收益	财务风险+部分经营风险
私募基金	资产升值收益+财务杠杆收益	资产贬值风险+财务杠杆风险
开发商	开发利润	开发风险
运营商	经营收益	经营风险

美国养老地产风险收益分解后，各个投资人的优势也都不相同（图2-17）：

REITs 类公司

REITs 类公司凭借稳定收益能够获得最低成本的长期资金；

私募基金

私募基金则凭借高杠杆获得高收益和低谷套利的能力；

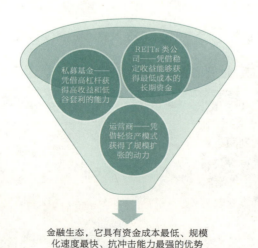

图2-17　美国养老地产金融生态链构成及特点

运营商

运营商凭借轻资产模式获得了规模扩张的动力。

分解后重新聚合的几类企业,共同构建的养老地产金融生态,具有了资金成本最低、规模化速度最快、抗冲击能力最强三类优势。

第三、养老地产的投资方式

我国养老地产的问题是,虽然市场庞大,但各类投资主体还没有摸索到一类适合中国国情的投资方式。养老地产作为中国房地产领域的新型市场,带有一定的投资风险。虽然保险行业被认为是跟养老地产项目性质匹配度最高的行业,但是,各大投资主体还是要根据当地市场和自身能力去选择合适以及匹配的投资方式,并在选择前认真做好有效的投资风险评估。

1. 养老地产投资风险的5个运营特点

基于"养老"性质,养老地产的运营特点也非常明显:一是政策优惠无保障;二是新兴市场不稳定;三是投资金额高;四是回收期长;五是后期运营管理成本高等风险(图2-18)。

图2-18 养老地产投资风险

特点1. 政策优惠无保障

有无政策优惠保障是老年地产投资者面临的首要风险。

老年地产带有一定的社会福利性质,政府的扶持政策对老年地产开发至关重要。一般来说,政府给投资者的政策优惠主要集中在三个方面:税收、土地取得、贷款政策等。政府已经开始了鼓励并积极引导社会其他资金进入养老产业，但目前还没有任何具体可供执行的优惠细则。

特点 2. 新兴市场不稳定

目前在中国，老年地产投资者面对的风险是：有巨大的消费群体却卖不出房子。老年地产属于新兴市场，加之它奉行的生活方式和运营模式跟中国社会的传统养老习惯有悖，人们对这一产业还不尽熟悉，市场也还不稳定。这个市场的完善和健康发展还需要一个很长的过渡期。

特点 3. 投资金额大，房价居高

老年地产消费群体的特殊性到具体项目开发上，体现为投资者建造老年社区，要投入比普通住宅项目更多的资金。较高的投资额一是会给投资者的初始投资带来风险，二是会使其在销售时面临着资金无法快速收回的风险。

高额投资必然会提高老年地产的成本，投资者要获得利益保障无疑是提高房价，以北京太阳城老年地产为例，太阳城的平均房价自 2004 年到 2007 年要明显高于其周边普通住宅项目（如绿荫泉城、善缘小区）的平均价格，这也是投资者面临很大销售风险的重要原因。

特点 4. 投资回收期长

由于养老地产的特殊性，无论采用何种运营模式都需要投资者进行一定时期的经营才可以收回投资，这种长时间占用资金一方面增加了机会成本，另一方面也在无形中扩大了投资者的风险。

特点 5. 后期运营管理成本高

老年地产入住人群的特殊性，要求其要有更加完善的后期物业服务，包括针对老年人的保洁、送饭、医疗等服务，这也使投资者需要考虑的风险之一。

2. 养老地产的 6 种投资方式

方式 1. 保险资金投资

养老地产市场潜力巨大，而保险资金投资需求与养老地产项目性质刚好又具有良好匹配性。2010 年 9 月国家出台的《保险资金投资不动产暂行办法》、《保险资金投资股权暂行办法》对于保险资金投资养老地产持鼓励态度。

02 养老地产的投资模式

投资模式

保险资金投资养老不动产的方式有三种：用债权、股权或物权方式直接投资。且各种投资方式之间可以相互转换，也可以多种方式投资同一养老不动产。

运营特点（表2-5）

● 三种保险资金投资养老地产方式运营特点　　　　　　　　　　表2-5

	债权方式	物权方式	股权方式
特点	还本付息	以购买的方式取得养老地产所有权	以股权方式投资养老地产
风险及收益	风险较低，收益也较低	在尚无明确的税收优惠政策的情况下，采用这一投资方式将在养老地产办理不动产过户手续时产生高额的税费，且涉及有关证照变更的复杂手续	在盈利时取得较高的分红收益，同时承担养老地产经营过程中产生的风险
保险公司权利	只作为债权人，不具有运营、管理养老地产的权利	作为持有人直接运营养老地产	作为股东有权运营、管理养老地产

注意事项

在社会资金投资养老地产方面，国家层面的规定仅针对非营利性养老服务机构出台了规划、建设、税费减免、用地、用水、用电等方面的优惠政策，但未对社会资金投资、运营养老地产做出全面的规定。

地方层面的规定对于社会资金投资养老服务机构（包括营利性和非营利性）出台了优惠政策，对养老服务机构的设立、运营做出了一些监管性规定，但各地的规定并不统一，因此保险资金投资养老地产前仍需对当地的优惠政策、监管规定进行全面的法律调研。

方式2. 全资模式

模式特点

投资商、运营商为一体。

模式优劣势（表2-6）

全资模式优劣势分析　　　　　　　　　　　　　　　　　　　　　　　表2-6

优势	劣势
这种模式具有较强的可控性，保险公司能按照自己的目标制定投资计划并实施，避免与合资方出现管理矛盾	保险公司可能没有投入养老市场的相关经验，缺乏专业的管理技能
	资金占用规模大、回收周期长

典型项目

泰康人寿保险股份有限公司下属"泰康之家"是专业从事养老社区建设与投资运营的投资公司。首期，泰康人寿投资40亿元兴建养老社区，目前已与北京昌平小汤山政府签署了合作协议，购置位于小汤山温泉乡的2000亩地，第一家"泰康之家"养老社区将于2013年至2014年建成。对于养老社区，泰康人寿的规划是先主打高端市场，等成熟后再收购100所中小养老院。

方式3.股权合作模式

模式特点

投资商、运营商、开发商为合作体，共担风险、共享利润。

即保险公司与开发商联合成立股份公司，保险公司提供资金支持和风险控制咨询，开发商提供技术和市场开发，投资收益按股权比例进行分配。

模式优势

该模式有利于充分挖掘开发商和保险公司各自的长处，能有效规避保险公司盲目投资带来的风险；同时，与地产商的合作，能学习社区管理经验。该模式有望成为国内保险公司进军养老地产的主要模式。

案例

2010年中冶寰泰与中国人寿签署了《国寿养老投资战略暨廊坊万庄生态城项目合作协议》，合作协议规定中冶寰泰是中国人寿养老养生产业的战略合作方和中国人寿养老养生项目的约定开发企业，公司以综合性健康养老社区的投资、建设、运营为核心业务，在政府指导下，面向养老需求，整合生活照料、文化娱乐等资源，打造适宜需求群体健康生活的管理与服务体系。

国寿廊坊生态健康城已于2011年11月开工，占地475公顷。该项目被列为河北省2011年重点建设项目，欲建成高端健康养生、总部与高端商务、高端运动与旅游、生态农业四大基地。该项目不仅有为老人提供的独立套房式的居住区，同时配有高档商业区、健身养生区等，为使老人无论在生活、医疗方面都与国际高端生活接轨，在医疗健康方面引进了

02 养老地产的投资模式

国际上新兴的"养生健康物联网"管理模式。

方式 4. 股权投资模式

模式特点
战略性入股运营较为成熟的养老地产企业,有分红回报。

模式优劣势(表 2-7)

股权投资模式优劣势分析 表2-7

优势	劣势
保险公司可在人力资源投入较少的情况下充分享受养老地产行业的高速发展带来的回报	面临不能及时退出的风险

方式 5. 购买房地产投资信托基金 REITs

模式特点
保险公司通过投资房地产信托投资基金(REITs)成为养老住宅的持有者,获取长期稳定的投资回报。

模式优势
由于 REITs 拥有稳定的投资回报,符合保险资金收益性、流动性、安全性要求。只是目前我国仍没有该类产品,因此保险公司仍不能通过此类方式投资养老地产。

方式 6. 发行不动产投资基金产品

模式特点
保险资金选择参与或合作发起私募养老地产基金,以有限合伙形式成立,保险公司可以作为一般合伙人或有限合伙人,通过设置超优先级、优先级和次级收益权等权级,保障保险资金投资人的安全。

投资计划的资金架构类似于不动产投资基金或 REITs 结构,关联到担保方、投保方等多方参与者,银行、上市公司都可以作为担保方。

模式优势
通过向其他保险公司或社会闲散资金出售投资计划产品来回收投资本金,极大地解决养老地产投资规模巨大、持续时间长等问题,从而提高投资的收益率水平。

新手知识总结与自我测验

总分：100分

第一题：养老地产产业结构是怎样的？（20分）

第二题：养老地产有哪些融资模式？（20分）

第三题：投资养老地产有哪些风险？（30分）

思考题：投资养老地产有哪几种形式可以选择？（30分）

得分： 签名：

养老地产新兵入门 03

养老地产前期策划阶段

操作程序

第一、养老地产项目策划的 8 个注意事项
第二、养老地产项目策划内容
第三、养老地产项目选址考虑因素

本章使用指南

和其他地产项目比,养老地产项目具有五个特点:多元性、复杂性、变化性、政策的不确定性、市场高风险性的特点。

项目开发者要面对这么多的不确定因素,最重要的工作是要做全程策划,具体工作是:

一,在策划前期就全面布局,既要考虑合理的建筑与设备方案,又要考虑周到的运营管理方案;

二,在策划后期,多项工作同时开展,开工同时招聘优秀的工作人员,招聘到位即可对之进行全面系统的培训。

养老地产类项目的开发适合做全过程管控。全过程管控开发策划,是指从项目立项后就开始介入,直至项目交付使用,开发主体全程介入管理。这样的管理模式好处在对项目成本、时间、质量能有全面了解,便于制定有计划的管理,更有助于把项目核心理念贯穿开发的始终。

操作程序

第一、养老地产项目策划的 8 个注意事项

策划养老地产项目要注意地域以及当地市场的差异性,策划方案要具有前瞻性、系统性、多样化,策略要有可变性策略。以此来保障执行的可操作性。

具体来说,做养老地产项目策划注意如图 3-1 所示的 8 个事项:

图3-1　养老地产项目策划八大特点

1. 区域之间的地域性

由于各区域政策、地理位置、自然环境、经济条件、市场状况区别很大,进行养老地产项目的开发策划,需要考虑以下三个因素:

(1) 开发项目的区域经济情况

区域经济情况包括区域经济环境分析、固定资产、物价水平、生活水平、社会消费分析、金融分析、财政收入分析等。

(2) 项目周边的市场情况

从房地产市场来讲,房地产项目策划要重点把握市场的供求情况、市场的发育情况,以及市场的消费倾向等。养老地产项目开发策划更要注重人口环境分析,区域人口总量、人口增长率、老龄化比例、生活习惯、地域文化等。

（3）项目的区位情况

如项目所在地的功能区位、地理区位、街区区位，区位的交通情况、自然资源、发展规划等。

2. 紧靠市场变化的市场性

养老地产项目开发需要充分了解、适应、创造市场。

一是房地产项目策划自始至终要以市场为主导，顾客需要什么类型房，就建造什么类型房；

二是房地产项目策划要随市场的变化而变化，住房的市场变了，策划的思路、定位都要变；

三是养老地产是伴随着我国老龄化进程新兴起的市场，项目策划要造就市场、创造市场。

3. 策划方案的多样性

养老地产项目开发策划需要投资人去比较和选择多种开发方案。老年人的需求也是多样化格局，各种服务的组合结构多种多样。同时，房地产项目策划方案也非一成不变，应在保持相对稳定性的同时，根据房地产市场环境变化，不断调整和变动策划方案调整，以保证策划方案对现实的最佳适应状态。

另外，策划过程中也需要对多种方案做权衡比较，扬长避短，要选择最科学、最合理、最具操作性的开发方案。

4. 开发过程的系统性

房地产项目策划是一个庞大的系统工程，从开始到完成一共需要经历一下几个阶段：市场调研、投资研究、规划设计、建筑施工、营销推广、物业服务。每个阶段构成策划的子系统，各个子系统又由更小的子系统组成。各个子系统各有一定功能，而整个系统的功能又并非简单合并为各个子系统功能的总和，系统的结构与功能具有十分密切的联系。

5. 投资眼光的前瞻性

养老地产项目完成周期少则二三年，多则三五年甚至更长，没有超前的眼光和预见的能力,不测算投入和产出比会让企业损失巨大。

超前眼光和预见能力体现在房地产项目策划的五个阶段中,有如图3-2所示的表征:

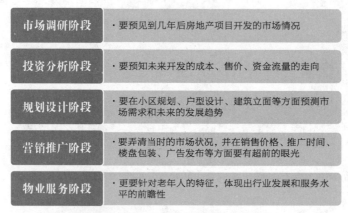

图3-2　房地产项目策划预判阶段

6. 策划理念的创新性

养老地产项目策划要追求新意、独创。创新主要通过如图3-3所示的三点来体现:

首先,表现出项目概念新、主题新;

因为主题概念是项目的灵魂,是项目发展的指导原则,只有概念主题有了新意,才能使项目有个性,才能使产品具有与众不同的内容、形式和气质。

其次表现为方法新、手段新;

策划的方法与手段虽有共性,但运用在不同的场合、不同的地方,其所产生的效果也不一样。

最后表现为实现手段新。

即通过不断的策划实践,创造出新的方法和手段。

图3-3　项目策划创新内容

7. 实际操盘的可操性

养老地产项目开发策划在国内尚属起步阶段,新的概念和主题需要一系列可操作的方法和手段贯穿项目开发过程。从项目立意、策划方案，到具体实施都要有可操作的方法。

8. 策划方案的可变性

养老地产项目开发策划因其地域不同、定位不同、目标客户群体不同具有一定的可变性，随着老年人的年龄增长和身体机能衰退，其需求和对产品的要求也是不断变化的。

另外，我国庞大的老龄人口中，不同时期的老年人由于其成长生活状态以及价值观的不同，对于养老环境和养老项目的要求具有很大的差异性，策划方案中要充分考虑到可变性，才能适应市场和老年人的需求。

在具体物业管理经营管理中，更要体现出差异化服务和贴心式管理，人到老年每一位个体都有差异性，很多习惯不可改变，那就需要在硬件和软件上尽可能地适应老年人，硬件的建筑和软件的服务需要具备一定程度的可变性。

第二、养老地产项目策划内容

养老地产项目开发策划包括9个关键步骤，分别是：市场分析、项目定位、产品规划、设备标准、整合推广、营销策略、投资分析、损益预测、经营管理（图3-4）。

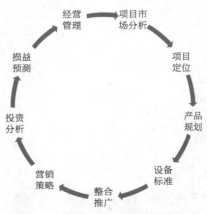

图3-4　养老地产项目策划内容

步骤 1. 市场分析

市场分析是调研养老地产项目所在城市、所在区域的经济市场、需求市场、竞争市场。具体分析内容如表 3-1：

● 项目市场分析内容　　　　　　　　　　　　　　　　　　表 3-1

宏观市场	（1）项目所在区域城市功能、宏观经济及政府规划； （2）当地养老市场现状
需求市场	（1）市民住房需求； （2）市民生活质量需求； （3）市民价格支付能力； （4）购买人群； （5）购买决策； （6）购买偏好
竞争市场 竞争者项目	（1）项目情况（地理位置、产品、产品价格组合、广告策略、运营及管理模式等）； （2）项目市场营销策略； （3）项目市场细分的依据及方法
竞争市场 自身项目	（1）项目的整体研究及特性； （2）项目地理位置； （3）产品公司组成

案例：绿地尊老社区——21 城孝贤坊项目市场分析

孝贤坊是绿地大型综合生态居住社区——绿地 21 城中的一个组成部分。尊老社区孝贤坊位于绿地 21 城的西北部，首批开发总占地面积为 35 万 m^2，住宅总建筑面积达到约 26 万 m^2，共有 2000 多户，分为玫瑰园联排别墅区和合欢园电梯公寓区，两者的房源数量分别为 536 套和 1900 套。

一、项目概况

表 3-2

项目名称	绿地21城
项目地点	昆山市震川东路与洞庭湖路交叉处
占地面积	56.4万m^2
建筑面积	177万m^2
容积率	2.5
绿化率	35%
建筑类型	独栋、联排、叠拼、花园洋房别墅及多层公寓
开发商	上海绿地集团（昆山）东城置业有限公司

二、宏观市场分析

社会老龄化的广大发展前景刺激各地房地产企业加大力度开发老年地产，上海也不例外。但因上海市区的房价过高，不少想购置养老住宅养老的老年人对高价老年公寓也望尘莫及。同时，上海有关部门正在出台相关扶持计划，要在某些边缘区域进行养老地产试点开发，或改造一些滞销楼盘，或在一些大规模小区中设置几幢老年公寓。孝贤坊养老社区就是在这种背景下开发的。

三、需求分析

截至 2004 年末，上海市 60 岁以上户籍老年人口已达 260.78 万人，占全市户籍总人口的 19.28%。预计到 2015 年，上海入住老年公寓人数会达到 9 万人，按每人 $30m^2$ 建筑面积计算，老年公寓市场需求总量为 270 万 m^2。而上海尚有的以"老年公寓"命名的机构，普遍带有强烈的社会福利色彩，不具备老年公寓基本特征。打造真正意义上的老年公寓能满足老年人养老需求，弥补市场空白。

四、自身项目分析

绿地 21 城区域优势明显、居住环境优越，社区配套齐备，适宜开发适当的养老公寓。

区位分析

绿地 21 城，地处沪宁高速公路沿线昆山花桥镇，东接上海市嘉定区、南连青浦区，36km 无缝对接上海市中心，距离安亭 6km，与上海国际汽车城、昆山电子园区、青浦旅游产业基地三大经济引擎联动。

景观设计

在景观设计方面，秉持水绿交融的原则，实行超低密度规划，小区整体绿化率高达 45%，项目引入吴淞江天然水系，以地块内原有的水网系统作为骨干，塑造出江、河、湖、溪并存的丰富水景系统，营造出理想居住环境。

社区配套

绿地 21 城规划有约 19 万 m^2 的公建配套设施，主要包括：四星级绿地豪生国际会议大酒店、近 11 万 m^2 的香榭丽大道、2.9 万 m^2 的社区生活广场，汇集了餐饮、娱乐、银行、邮政、图书馆、文化馆、宠物医院等设施，可 24h 满足一切生活需求。还有中福会绿地幼儿园、绿地家世界（一期）建材 MALL、超级果蔬供给中心等，将为社区居民提供全方位的服务。

步骤2. 项目定位

项目定位是在详细的市场分析基础上，确定项目价值和项目目标，选定目标市场和消费群体，确定本项目的四个定位：市场定位、客户定位、产品定位、价格定位。

（1）市场定位

市场定位是项目策划的核心，是项目全程策划的出发点和回归点，在项目策划初期就必须明确。做市场定位需要明确三个问题，分别是：

一，要做成什么样的项目，能达到哪种层次？

二，整体或区域市场的空白点有哪些？

三，市场竞争者情况如何，有哪些优劣势？

解答完这三个层面的问题，市场定位就容易确定。

（2）客户定位

一种产品不可能满足所有人的需求，客户定位的目的就是锁定特定人群，进而吸引、影响、显化甚至扩大项目的使用者队伍。养老地产的主要针对客群就是处于退休状态的老年人，但是老年人群体庞大，需要再细分，找到准确潜在客户。

一般，通过分析地理、人文、心理、行为等四个方面可以确定潜在客户，挖掘潜在客户步骤如下：

首先，确定展开销售的地理区域；

其次，了解预想的客户群的人文特点；

再次，摸清锁定客户群的内在心理特点；

最后，找到客户的外在行为特征。

（3）产品定位

产品定位即产品与目标客群相契合的过程。完成产品定位要达到四个目的，满足需求、放大需求、引导需求、创造需求。产品定位标准则是需要结合客户需求、市场差异、容易传播、便于记忆等来进行。

（4）价格定位

价格定位为产品制定一个基本价格或浮动范围。常有的定位方法有四种：成本导向、需求导向、竞争导向定价和可比楼盘定价法（表3-3）。

地产项目常规价格定价方法　　　　　表3-3

定价方法	定价依据	
成本导向定价	考虑收回企业在生产经营中投入的全部成本，再加上一定的利润	（1）成本加成定价法： 【单位产品价格=单位产品成本×（1+加成率）】 （2）目标收益定价法： 【售价=（总成本+目标利润）/预计销售量】 （3）售价加成定价法： 【单位产品售价=单位产品成本/（1-加成率）】
需求导向定价	以需求为中心，依据买方对产品价值的理解和需求强度来定价	（1）理解值定价法： 决定商品价格的关键因素是消费者对商品的认识水平 （2）区分定价法： 某一产品可根据不同强度、不同购买力、不同购买地点和不同购买时间等因素，采取不同的售价
竞争导向定价	以竞争者的价格为基础，根据竞争双方实力情况，企业指定较竞争者价格为低、高或者相同的价格，以达到增加利润，扩大销售量或提高市场占有率等目标	（1）随行就市定价法； （2）追随竞争者定价法
可比楼盘定价	通过对地段、价格、功能、用途、档次都相近的现楼、准现楼或楼花的定量描述，来确定本楼盘的价格	

养老地产四种定价方法

老年住宅项目定价，要针对项目客观条件，按照各盈利模式的盈利水平和可比楼盘量化定价法进行价格定位。

1）会员制盈利模式的价格定位

● 会员制盈利模式

入住者以购买会员卡的形式入住，除了交纳一定数额的抵押金，每月还需交纳部分的管理费。

因养老机构提供自己的专业医疗服务人才，收费水平高于福利型养老机构。

- 模式价格定位

例如，某项目会员价格见表3-4。

某项目会员价格表　　　　　　　　　　　　　　表3-4

会员卡金额（万元）	住房面积（m^2）	年交费金额（万元）	交费期限（年）	交房标准
20	90	2	10	交房标准为市场价500元/m^2的精装修标准，包括地、墙、门、窗、卫生间、厨房、电、气（不建议使用）、水、网等装修，配电磁炉、空调等家电设备和家具设备可根据客户要求配置）
6.4	65	0.8	8	

2）逆抵押贷款购房的价格定位

- 逆抵押贷款购房模式

逆抵押贷款购房是国外一些国家普遍使用的方法。即老年人退休以后，从开发商处购买一套老年公寓，然后与开发商签订合同，每月由开发商支付给老人一定数量的生活费，直到老人去世，开发商返还剩余本金，住房归开发商所有。这样老年人既享受到老年公寓提供的养老服务，又平衡了生活压力。

这种模式对老年人的入驻条件有比较严格的审核，一般规定老年人的年龄在55周岁以上。

- 模式价格定位

举例来说：某项目周边未来一年内可预期的市场价格4000元/m^2，项目价格定位可定在3180元/m^2。入住者需满足40周岁以上的条件，按照50年期限标准，直到老人去世，开发商返还剩余本金，所居住期间按照房产总额的整存一年的利息模式每月发放生活费：65m^2的业主每月发放750元左右生活费；90m^2的业主每月发放1050元左右生活费。

- 交房标准

交房标准为市场价500元/m^2的精装修标准，包括地、墙、门、窗、卫生间、厨房、电、气（不建议使用）、水、网等装修，配电磁炉、空调等家电设备和家具设备可根据客户要求配置。

03 养老地产前期策划阶段

3）转让使用权模式的价格定位

- 转让使用权模式

在项目存在不能进行产权销售的前提下，转让房屋使用权。即固定年限内，在使用权人过世的情况下，房屋使用权仍可由死者近亲属继续使用，但需重新签订使用合同并提供使用费，或者所有权人也可以提前调整使用权人。

- 模式价格定位

参照项目周边未来一年内可预期的市场价格 5000 元 /m^2 的价格水准，根据其他项目 70 年使用年限和有产权可升值的实际情况，以项目的使用年限为 50 年的标准，项目在采取转让使用权模式的价格应定位在 3980 元 /m^2 左右。

- 交房标准

交房标准为市场价 500 元 /m^2 的精装修标准，包括地、墙、门、窗、卫生间、厨房、电、气（不建议使用）、水、网等装修，配电磁炉、空调等家电设备和家具设备可根据客户要求配置。

4）分散租赁模式的价格定位

- 分散租赁模式

即采用一定押金分月或分季度付款，租期一般比较分散，有长有短，且非一次性付清的经营模式。在这种模式下，一般是由开发商与专门的经营公司或物业公司合作开发，将既得利润作为按股分红的经营模式。

- 模式价格定位

参照目前租赁市场的价格水准，在高品质配套服务设施的基础上，项目的分散租赁价格应放在 30 元 /（m^2·月）的水准上，再加上经常性和特殊性收费的盈利，整体的盈利水平可达到 35 元 /（m^2·月）左右。

- 交房标准

交房标准为市场价 500 元 /m^2 的精装修标准，包括地、墙、门、窗、卫生间、厨房、电、气（不建议使用）、水、网等装修，配电磁炉、空调等家电设备和家具设备可根据客户要求配置。

案例：三亚田独镇养老项目定位

一、项目背景

项目用地位于三亚市东北部三亚田独镇，距城区15km。用地紧临市区通往亚龙湾的主要干道盘龙路。地块南北长300m，东西宽250m，总占地133.87亩。按1.2的容积率规划指标，建筑面积约合10.7万m^2。

规划用地北高南低，落差在20m之间，形成自然缓坡，背山面海。北部山体植被丰富，南向面海视觉宽广，用地内有天然活水，可挖掘景观资源。地质状况良好，产权明晰适宜开发。

项目限制因素

地块不具备海景及天然河流的水景景观资源。田独镇缺乏区域认同、人气支持，约束项目开发。控规容积率的要求对定位有限制。周边规划潜在的不可控力对未来销售期会产生影响。

二、项目界定

项目界定是明确项目定位的一种研究方向和研究方法。项目界定包括三方面内容，区域、地块、项目等（表3-5）。

● 本项目界定情况　　　　　　　　　　　　　　　　　　　　　　　表3-5

项目界定		具体内容
区域界定	三亚界定	以旅游经济占产业主导的旅游城市。 旅游及相关产业经济的发展是三亚经济持续增长的引擎
	田独镇界定	具有特色农业，第三产业不发达的农业村镇。 田独镇目前经济类型虽然是农业占主导地位，但区域有丰富的旅游资源待开发，以及和亚龙湾进行资源有机整合
地块界定		位于田独镇政务圈，亚龙湾度假区边缘带。 所处位置不具备明显的海景优势。但距亚龙湾较近，交通可达性好
项目界定		中大型地产项目。 占地133.87亩，容积率1.2，建筑面积约合10.7万m^2

三、产品定位

通过对比非期望值（按常规发展的可能结果）和期望值（期望的目标），进行产品拟合度分析，找出其矛盾及冲突，进行综合判定，找出项目必须解决的核心问题及解决方案，再次进行模式验证，最终确定定位方案。

本项目非期望值与期望值对比情况如图 3-5：

非期望值	期望值
·不具备特殊优势。项目被边缘化，不被目标客户认可； ·没有差异，不能启动另类需求，不能发挥地块最大价值，形成抗性； ·陷入同质竞争，最终导致血拼价格，给本项目的市场销售和土地成本回收带来较大压力； ·有差异化合理的定位，最终导致开发利润过低。市场风险过高	·通过定位提高物业价值，突破地缘影响，实现项目利润最大化； ·项目中的不同物业类型科学组合，符合市场需求特征。达到可持续发展； ·差异化定位，不走寻同路。创造价值同时减小风险，产品得到市场的认可； ·通过差异化定位，最终达到品牌和效益的双丰收

图3-5　项目非期望值与期望值对比图

项目产品拟合度分析如表 3-6：

本项目界定情况　　　　　　　　　　　　　　　表3-6

	具体表现	是/否
同质化住宅产品	无法达到品牌高度	否
	存在市场需求	是
	难以达到价值最大化	否
	形象与周围环境相符	是
	市场竞争严峻	否
	项目收益不高	否
	存在销售风险	否
差异化住宅产品	符合企业发展战略	是
	完全填补市场空白有一定风险	否
	通过产品创新克服区位劣势	是
	差异化创新产品提升产品形象，突破区位影响，避免同质化竞争，体现物业高价值，创造开发利润最大化	是

进行产品定位核心战略分析（表3-7）。

本项目界定情况　　　　　　　　　　　　　　　　　　　　　表3-7

产品模式	产品模式竞争条件	产品拟和度分析
同质化住宅产品	市场需求量大，同质化竞争相应加大；借势，吸引客户、共享客户、争夺客户；在优势资源区域延展较易实现	市场需求持续增加，但不具备区域竞争优势，价格难以与凤凰镇、旅游资源和自然环境好的项目抗争
差异化住宅产品（补缺者）	市场确实存在空白，有一定的风险性	不具备同质竞争优势，由于捕捉到市场确实存在的定位空白，因此本项目条件，适合该模式

确定产品模式之后，产品模式符合区域业态的情况下如何实现利润最大化；如何形成核心竞争力，提升项目的品牌是应该考虑的问题。通常可以通过同类型项目对比，找到可借鉴的开发模式。因本项目适合差异化住宅产品，最终选定开发老年公寓，通过分析区域老年公寓市场条件，验证项目自身是否具备开发条件，是否能达到一定的利润指标。

四、客户定位

本项目通过罗列不同年龄层客户需求和不同区域客户特点大致锁定项目目标客户（表3-8、表3-9）。

不同年龄段客户需求特征　　　　　　　　　　　　　　　　　表3-8

年龄段	客户属性	需求特点
40~55岁中青年阶段	备用、自用、共用型	（1）购买力强，兼具备用、自用、与上一代共用的多项需求； （2）自主性强，家庭责任感强，兼顾上下两代人的核心主体； （3）度假型物业自用和家庭度假集中在节假日；给老人住则集中在冬季或其他季节较随意； （4）面积需求略大于其他类型。 （5）此阶段可能存在庞大的家族需求；即一个家族3个家庭，一个支柱家庭4个老人
55~65岁中壮年阶段	自用、共用型	（1）购买力强，兼具自用、与上一代共用的双项需求； （2）家庭影响力较强，子女独立，家庭规模呈小型化，更加关注养生与生活质量的提高； （3）度假型物业居住时间可长可短； （4）此阶段可能存在一个大家族、3个小家庭、2个准老人、2~4个高龄老人

03 养老地产前期策划阶段

续表

年龄段	客户属性	需求特点
65~75岁低龄老人阶段	自用型、备用	（1）购买愿望强烈，自用型需求 （2）子女独立，家庭人口1~2人，非常注重养生与保健； （3）自用型伴随护理需要和特殊关照； （4）流动性不强、居住选址较为稳定
75~85岁高龄老人阶段	自用型、备用、共用	（1）购买愿望强烈和需要，自用型需求； （2）家庭人口1~2人，非常注重养生与保健； （3）自用型伴随看护需要和特殊护理； （4）具有强烈的稳定性

不同区域客户需求特征　　　　　　　　　　　　　　　表3-9

区域	客户属性	需求特征
东三省	中低端需求	（1）三亚中低端物业主流购房客户； （2）购房以避冬、养老为主； （3）具有长期或阶段居住特征； （4）锁定黑、吉、辽三省
长三角	中高端需求	（1）三亚中高端物业主流购房客户； （2）购房以度假和投资兼具； （3）具有节假休闲或阶段居住特征； （4）锁定上海、江苏、浙江
北京	高端需求	（1）三亚高端物业主流购房客户； （2）购房以度假性较强； （3）具有节假休闲或阶段居住特征； （4）购买随意性强
内陆城市	多层次需求	（1）三亚物业次主流购房客户； （2）购房具有度假性、投资性、居住性； （3）具有节假休闲或阶段居住特征； （4）注重物业价值
海外区域	高端需求	（1）三亚高端物业购房客户； （2）购房具度假性、投资性； （3）具有节假休闲或阶段居住特征； （4）购买力强，随意性强； （5）海外区域包括：中国港、澳、台，俄罗斯、韩国、日本、德、美等十四个国家和地区

根据分析上表，项目选定40~65岁的老年人为主流客群，65~85岁的老年人为次流客群。项目主要针对东三省、长三角、北京区域客户，内陆城市为潜力市场，海外市区域为边

际市场。

最终锁定客户如表3-10：

● 项目客户锁定　　　　　　　　　　　　　　　　　　　表3-10

客户类型	具体表选
类型1	自我型养老为主客源，在合肥、西安、武汉等地从事科研开发、高校教授、文化产业的五高人群，高知、高收入、高自主权、高品质、高影响
类型2	自我养老与家庭养老并举的客源，来自山西太原、大同、内蒙古呼和浩特市等地，生活环境较差，但资本颇丰的人群

3. 产品规划

进行养老地产住宅产品规划，离不开对客户结构、需求结构、产品结构、项目规模和运营服务能力结构的把握。根据不同客户群体需求，在产品结构、项目规模、配套服务设施上满足不同要求，运营服务能力也要有明显差异。为取得商业模式成功，除在业务发展方向和产品设计上精准把握，在整个产业链和具体产品形态上也要做适度切分。

案例：三亚田独镇养老项目产品规划

三亚田独镇养老项目根据客户群体进行产品规划，包括项目户型占比、户型面积、户型设计、配套设施。

项目户型占比

根据不同年龄段人群对居室的需求可以推算出，二居室为主力户型，一居为次主力户型，三居室为边际户型，户型占比大致为 1:4:3。从而推算出，二居室占比50%，一居室占比37.5%，三居室占比12.5%（表3-11）。

● 客户对户型的需求　　　　　　　　　　　　　　　　表3-11

年龄阶段	人口关系	需求
40~55岁中青年阶段	3/2/4	3居/2居
55~65岁中壮年阶段	3/2/4	2居/1居
65~75岁低龄老人	2/2/2	2居/1居
75~85岁高龄老人	2/1~2/2	2居/1居

项目户型面积

假定今年 1~6 月份平均房价 5139 元 /m²；60m² 左右销量最大，占销售总套数 27.07%；80~100m²，占销售面积 27.27%；以此判断市场主体需求：5139×60=30.8 万。考虑项目条件和参照资源条件有一定可比性项目定价，初步认为本案销售均价在 3200~3500 元为宜；

以此推断本案：主力户型面积：30.8 万 /3500=88m²；

次主力户型面积：55m²（±30m²）；

边际户型面积：110m²（±30m²）。

户型设计（表 3-12）

项目户型规划　　　　　　　　　　　　　　　　　表3-12

户型	空间布局	设计特点
两居	88m²，二室/二厅/两卫/一厨	（1）二居室可共用一个主人卫生间； （2）餐厅兼备书房的功能
三居	100m²，三室/二厅/三卫/一厨	（1）两个主人房设计； （2）书房兼具卧室的功能
一居	50m²，一室/一厅/一卫/一厨	（1）厨房开敞式设计； （2）功能合理

配套设施（表 3-13）

项目配套设施规划　　　　　　　　　　　　　　　表3-13

阶段	配套侧重
40~55岁中青年阶段	运动设施、购物设施、餐饮设施、娱乐设施、休闲设施
55~65岁中壮年阶段	文化设施、健身设施、养生设施、休闲设施、餐饮设施、医疗设施
65~75岁低龄老人阶段	医疗设施、餐饮设施、养生设施、休闲设施、文化设施
75~85岁高龄老人阶段	医疗设施、餐饮设施、养生设施、休闲设施、文化设施

4. 营销推广

养老地产项目与其他房地产项目营销推广方式方法无大异，打造核心竞争力，搭建营销网络,通过各种途径促进营销。

案例:武汉养老地产中华孝庄营销推广

一、项目背景

中华孝庄位于藏龙科技园,人文、高科环伺,周边配套日渐成熟。交通便捷,国道高速纵横南北,园内道路直达市中心。项目自然环境宜人,北接汤逊湖,景色秀丽,建有湿地公园,提供绿色氧吧。中华孝庄主要由老年公寓、老年住宅、老年医院三大版块组成。

二、项目定位

中华孝庄欲打造成武汉首席老年专属五星级养生社区,一处具有养生娱乐身心、再生学习、康复疗养功能,同时具有观光度假功能的高端养老示范区。

三、客户分析

本项目以具有独立经济能力的子女和手握闲置资金的老人群体为主要客群,年轻子女为主要购买者,老年群体作为使用者,以亲情为纽带可以互相影响渗透,切合人群特征(表3-14)。

● 项目客群分析　　　　　　　　　　　　　　　　　　　　表3-14

客群类别	客群特点	信息来源
具有独立经济能力的子女	多为私企业主、企业中高层,日常工作繁忙,难以时刻照料父母,在事业得到一定发展后,要给予父母更多关爱,希望父母能有专业的生活服务,拥有一个健康美好的晚年生活	信息来源广泛,覆盖于电视、报纸、网络等众多媒体
手握闲置资金的老人群体	主要集中于中高层退休干部等人群,这部分人群,有相当的社会阅历,讲求老有所乐,对子女依赖性弱,注重自我空间,喜好与同龄人交流	信息来源主要来自电视、广播、报纸等媒体

四、营销推广

本项目营销推广采取集中宣传项目核心卖点,将广告投放与活动营销、品牌体验结合三者有效融合,产生联动效应。

1. 广告目标

(1)传达中华孝庄优势与卖点;

03 养老地产前期策划阶段

（2）尽快树立起中华孝庄"武汉首席老年专属五星级养生社区"物业形象；

（3）直接促进中华孝庄的销售。

2. 广告语

人生，现在最美！

——武汉首席老年专属五星级养老社区

给父母最好的礼物！

——武汉首席老年专属五星级养老社区

事业有成，给父母买套好房子！

——武汉首席老年专属五星级养老社区

3. 多渠道营销

本项目采用多渠道营销，通过媒体、针对项目本身的活动、其他营销活动进行推广。

（1）媒体营销

媒体投入呈梯级配合，先利用电视广告宣传形象，再通过报纸、广播等辅助活动造势，增加公交、楼宇广告等区域曝光率，组织网络媒体进行信息渗透，最后通过小众人群定向传播（表3-15）。

项目媒体营销　　　　　　　　　　　　　　　　　　　　　　　表3-15

媒体推广类别	推广内容	推广注意事项
电视广告	投放中华孝庄电视宣传广告，传达项目品牌形象	分时段电视广告，选择目标人群看电视时段——9点后播放，并与目标人群收视率较高的节目捆绑播放
报纸、广播媒体	结合报纸、广播对项目活动进行告知与进度信息跟进，引起目标人群关注	目标人群习惯于读早报，项目选择以晨报形式投放，在版面上，避开与其他地产广告扎堆，与一些生活故事类栏目邻版
楼宇广告	楼宇广告具有曝光率大、接触人群广的特点，在项目目标区域投放多些楼宇广告	大面积楼宇广告，可以利用公交车车身广告
网络媒体	建立专门的项目网站，与其他门户网站合作，建立专门项目入口，统一网络宣传形象；网络宣传要突出相应的主题，进行很多项目小型讨论和发表文章，为硬广投放提供素材，尝试对广告的诉求卖点进行市场考察，为广告的投放降低风险，保证广告宣传效果	

（2）项目活动营销

本项目选定进行展会营销活动，在距项目最近的地区，进行高密度、大批量广告投放，例如宣传单页、楼宇广告、电梯广告等，实现项目快速曝光，同时在外展点内部设立数字展示中心、侨亚品牌体验中心、远程健康体验中心、沙盘、小型户型样板间等，对来访客户实行专车接送。在进行营销活动的同时，进行资源联动，实现项目网络信息渗透。项目具体营销活动安排见表3-16。

● 项目营销活动安排表　　　　　　　　　　　　　　　　　表3-16

活动计划		具体表现
展会	展会策略	展示项目，进行现场远程医疗和医疗康复等现场体验
养生馆	开展目的	体验养生馆，通过对老年人进行养生知识讲座、老年健康医护、远程看护等产品体验，提高对侨亚品牌认知
	整体风格	中式装潢与内饰，强调淡雅、庄重，在其中装点具有中国元素的雕刻、书法、山水画等。体验中心周边景观以具有中国风的山水植物为主
	售楼服务	安排专门的售楼接待，接待人员配比为1:1.5，在服务过程中，接待人员始终坚持微笑，让目标客群产生亲切感，意向客户样板房参观实行专车接送
	内部展点	数字展示中心：展示侨亚企业，介绍中华孝庄项目、社区环境、装修情况、服务内容展示等
		侨亚品牌体验中心：通过在外展点，建立专门的侨亚集团体验中心区域，以图片展、企业宣传片的方式，回顾侨亚品牌十年历程
		远程健康体验中心：在体检中心，配备专业医师，工作人员对远程看护进行现场操作演示，让观众直接参与
		数字体检中心：在外展点中心位置，放置电子沙盘模型，对项目的整个区位与内部规划进行详细的数字介绍
		户型样板间：展示中华孝庄公寓、住宅户型空间。通过播放音乐、宣传片的方式营造现场气氛；现场体验营销，使客户在销售提前体验户型空间及服务细节；实行人性化服务，从细节处给予目标客群温暖；电梯、坡度、卫生间和橱柜等设置配置符合老年人体能特征
	现场封杀路线	在栗庙路沿线设置路牌、道旗广告，作为现场引导路线，同时在项目周边设置围挡

03 养老地产前期策划阶段

（3）其他营销活动

本项目还通过口碑营销、跨界营销、活动营销、社区营销进行推广（表3-17）。

项目其他营销活动　　　　　　　　　　　　　　　　　表3-17

营销方式		具体表现
口碑营销		第一种方式：对旧客户带新客户实行现金奖励； 第二种方式：结合体验营销，邀请一部分文化层次较高的老年人进行生活体验，向他们提供五星级养生服务，利用他们舆论领袖作用，进行口碑宣传，扩大项目知名度与美誉度
跨界营销	活动目的	通过主题旅游活动，展示项目产品形象，将远程看护与中华孝庄项目捆绑宣传，有利于阐述"武汉首席老年专属五星级养生社区"产品形象，实现项目与企业品牌的提升
	营销方式	与武汉当地著名旅行社联系，赞助"人生，现在最美"系列主题的老年旅游促销活动，由老年人自愿报名参加，人数限制在50人左右，年龄在65岁以下，在整个活动中，提供远程看护系统，对参加活动的老人身体状况进行监测，配合新闻软文报道，对整个事件进行全程跟踪报道
活动营销	活动目的	通过主题书法艺术大赛，结合电视媒体曝光，有效引起目标群体的注意力，达到广告传播的效果
	营销方式	与武汉电视台合作，组织开展武汉市"夕阳红"老年人主题书法艺术大赛，在项目网站设立专页，对参赛作品进行网上评选，按照投票决定名次，并结合新闻软文，进行持续报道。线下，活动现场，结合网上投票名次与专家评审确定最终名次，并利用报纸、电视等媒体进行跟踪报道，不断放大活动能量
社区营销	活动目的	通过点对点的定向社区营销方式，拉近项目与目标客群的联系，有利于项目品牌的落地
	营销方式	将中华孝庄品牌，远程医疗技术等送入社区或是老年人聚集的老年大学、疗养所等地，与老年群体零距离接触，借鉴保健品行业的社区会议营销模式，对目标客群进行健康养生、安度晚年的市场教育，从而鼓励更多的老年人关注中华孝庄项目

5. 运营管理

运营管理是养老地产项目产业链上重要一环，养老项目需要长期经营，经营的好坏决定项目盈亏。因中国养老地产目前还在初级发展阶段，没有标准化运营管理体系，各大开发商都在摸索当中。

6. 案例：武汉常州武进区老年公寓项目定位及产品规划

一、项目概况（表3-18）

表3-18

项目指标	具体表现	
区位	项目地块位于常州都市副中心武进区，距常州市中心10km，距淹城旅游区1km，距武进区政府1.5km	
交通	通达性较高，延正西路作为城市交通主干道，联通武进区与市中心	
配套资源	水系贯通整个项目内部，外部有淹城旅游区和常州第二人民医院	
地块条件	占地	264亩，总建面积：26.4万m^2
	建筑密度	≤35%
	绿地率	≥40%
	容积率	≤1.5
	规划限制条件	限高80m

二、项目目标

本项目的总体目标是打造全国标杆性的尊老社区，成为中国养老地产领跑者（图3-6）。

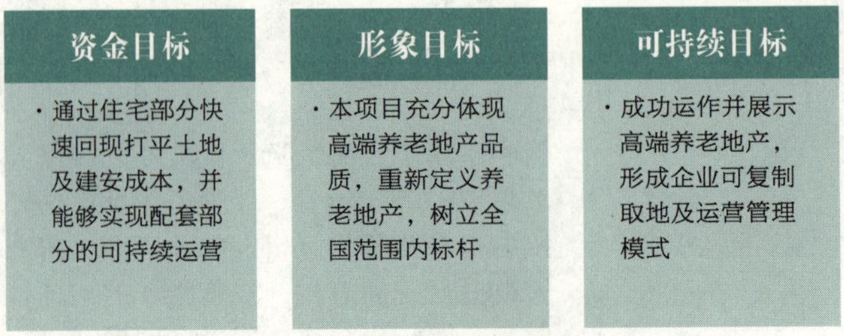

资金目标
- 通过住宅部分快速回现打平土地及建安成本，并能够实现配套部分的可持续运营

形象目标
- 本项目充分体现高端养老地产品质，重新定义养老地产，树立全国范围内标杆

可持续目标
- 成功运作并展示高端养老地产，形成企业可复制取地及运营管理模式

图3-6 项目目标分解图

本项目在配套及服务两方面构建核心竞争体系（表3-19）。

项目核心竞争体系 表3-19

核心竞争体系		体系具体内容	
"5+3"配套体系	5大配套中心	医疗护理中心	康复、理疗、保健
		生活服务中心	服务、保障、公共服务
		老年商业中心	餐饮、购物
		文体娱乐中心	教育、文化、娱乐、体育
		健康养生中心	养身、养心
	3重多功能空间	大堂+多功能厅	建筑组团内共享
		公共活动空间	组团之间共享
		公共会所+花园	社区集中式大会所
"2+3"服务体系	2大服务体系	物业服务体系	保安、保洁、房屋修理等
		养老服务体系	管家式服务
	3大秘书	生活秘书	管家式贴身服务、紧急救助服务
		健康秘书	健康咨询、护理照料、医疗服务、心理辅导
		快乐秘书	文娱活动、体育活动、大型活动

三、项目定位

项目整体定位为中国首席、高端颐养、尊老社区。

1. 客户定位（表3-20）

● 项目客户定位 表3-20

客群分类	年龄	客户需求	客群特点
购卡客群	40~50岁左右	投资、自主需求	支付首次购卡费用；客户多为开始安排自己退休和晚年生活的老板、职业经理人、高级管理人员等高收入老年群体；具备经济实力，孝敬父母的同时，开始考虑自身养老需求，看好项目为养老度身定制的居住、环境、配套与服务，更看好物业的增值
居住客群	70岁左右	自住需求	已经退休或者退居二线的老干部群体，具有较强的消费能力

2. 产品定位

本项目产品定位定为小"户"大"家"。小"户"以二居室为主，户型紧凑舒适；大"家"配套复合且集成，营造公园式环境，提供贴心服务。

3. 形象定位

项目形象定位为健康的养生之家、贴心的关爱之家、自在的休闲之家、舒适的宜居之家。

四、产品规划

本项目产品规划重点表现在项目规划、景观规划、产品建筑设计、配套服务四个方面。

1. 项目规划

本项目规划及开发次序见图3-7、3-8。

03 养老地产前期策划阶段

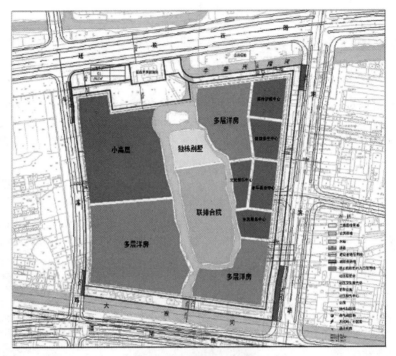

图3-7 项目规划布局

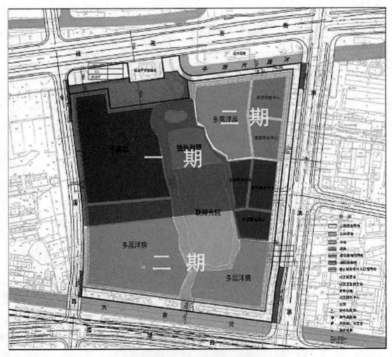

图3-8 项目开发次序

2. 景观规划

项目欲打造自然风格的园林景观，营造典雅、舒适景观氛围。通过建立一个核心景观公园，加上一个低密度样板展示区，多个节点式景观，围合成一个大公园景观体系（表3-21）。

◉ 项目景观规划　　　　　　　　　　　　　　　　　　　表3-21

景观体系	景观表现内容	作用
核心景观	依托地块内天然水系，打造跌水喷泉、流水灯等浅水景观	这类景观既能为老年人提供聚集场所；水景能有效分隔空间，还能调节住区微气候
低密度样板展示区	住区即景观	充分展示项目高端形象
节点式景观	一步一景，可选用水景、小径、小品、花坛等景观	

3. 产品建筑设计标准

（1）建筑立面

本项目想打造高端形象，建筑风格欧式，对外立面、装修材料、色彩的搭配有比较细致的要求（表3-22）。

◉ 项目建筑立面设计规划标准　　　　　　　　　　　　表3-22

建筑细节	具体要求
外立面	项目外立面采用地中海风格立面，营造异域小镇情调，打造悠闲、格调、充满活力的氛围，树立高端形象。红色坡屋顶、弯转的檐、小拱门、文化石外墙、黑色铁艺都能表达地中海风情
装修材质	装修材质采用涂料，局部外墙采用石材，在保证品质感的同时控制成本
色彩选择	色彩选择高雅和谐的暖色系营造温暖感。白色、金色、黄色、暗红是欧式风格中常见的主色调，加少量柔和白色，能使色彩看上去更加明亮。项目立面局部可以灵活变动，在传统金属色暖色调基础上，通过玻璃、石材等不同颜色材质的运用，打造华丽品质住宅

（2）建筑空间

项目建筑空间主要针对公共空间和室内空间。两大空间细节设计遵循适老化特点（表3-23）。

项目建筑空间规划设计

表3-23

空间类别		规划设计要求
公共空间设计	坡道无障碍设计	在有台阶的地方设置坡度平缓的台阶和斜面； 在坡道的起点及终点，留有深度不小于1.5m的轮椅缓冲地带； 在坡道侧面凌空时，在栏杆下端设高度不小于50mm的安全档台
	楼厅和电梯设计	留足轮椅可转身空间； 电梯设置：超过三层配备电梯，电梯尺寸要适应担架长度，电梯与楼面无高差； 电梯内部：电梯内壁上离地0.9m和0.75m设置扶手，电梯按钮操作盘设适合乘轮椅者使用，且两侧都可进行操作。电梯门口装有电管装置，以防夹伤； 设置休息椅，方便等候电梯时，可坐下休息或放置行李； 地面铺设防滑材料； 方便的出入口：宽度要确保轮椅可以通过。门宽大于等于800mm，出入口不设置台阶，宜选用推拉门、自动门
	公共走廊设计	走廊宽度：考虑轮椅和行人并行通过，宽度不应小于1.2m； 窗门不妨碍通行，无突出的墙面； 设置连续扶手：在0.9m和0.75m高处宜设圆杆横向扶手，扶手离墙面40~50mm； 地面无台阶，防滑
	公共楼梯设计	楼梯踏步尺寸：对于老年人及其他肢体灵活性受损的人，踏步高应该在16cm以下，踏步顶面宽应在30cm以上，踏步立面缩进尺寸应在2mm以下； 楼梯照明：注意隐藏光源，不直射人眼； 楼梯扶手：在楼梯起始处，扶手端部应该延长200mm以上，扶手端部应向墙壁或下方弯曲，以防老人勾住衣袖
	院落设计	房檐足够宽； 车库：应设计在户门附近，从车棚到大门处不被雨淋到； 地面坡度平缓，铺设防滑地面材料； 设置对讲话筒、扶手，提供充足照明
室内空间设计	门窗设计	空间尺度较普通住宅大，同时要添加安全挡护设施； 门宽满足轮椅进出，不设门槛，外门净宽不得小于1.1m，内门通行宽度不得小于0.8mm； 门能够轻易开启，采用推拉门，不使用玻璃门； 门把手应选用旋臂较长的拉柄，拉柄高度在0.9m~1m之间； 居室窗台高度在750~800mm左右； 窗台的宽度适当增加，一般不少于250~300mm； 矮窗里侧应当设置0.9~1m的安全栏杆

空间类别		规划设计要求
室内空间设计	门厅设计	易开闭户门，采用易于老年人操作的拉柄； 户门门槛高度应控制在2cm左右； 台阶上下采用不同材质和颜色； 采用防滑地面； 扶手设置：换鞋和上下台时，应设置扶手； 照明和开关：门厅应具有足够亮度，不应产生浓重阴影部分，采用醒目开关
	室内走廊设计	照明充足； 使用方便开关装置； 无台阶差、防滑地面； 宽敞走廊：宽度不小于1m，进房间入口宽度不小于800mm； 采用连续扶手，扶手高度约为700~800mm，扶手材料要有手感和耐久性
	卫生间设计	预留呼救器安装位置； 浴缸附近设置扶手； 地面防滑设计，无门槛； 洗手池、马桶、花洒附近设计高度适中
	厨房设计	厨房面积不宜小于6m²，最小短边净尺寸不应小于2.1m； 光照充足，安装大面板开关； 安装安全操作和告警装置； 地面防滑防污； 操作台高度适合老人坐着操作
	居室设计	安装冷暖空调； 光照充足，安装大面板开关； 使用安全并方便的窗饰框； 各房间连接处尽量少设置台阶，台阶高差控制在3mm以内； 防滑地面

4. 配套服务

项目配套包含智能化配套体系和综合服务配套体系两大板块。

智能化配套体系表现在7个方面，如图3-9：

03 养老地产前期策划阶段

- 电视监控系统
- 无线求助定位系统
- 室外红外线监控系统
- 紧急呼叫按钮系统
- 智能"一卡通"系统
- 周界报警系统
- 楼宇自动化控制系统

图3-9 项目智能化体系

项目五大核心服务配套,旨在满足老人生活、健康、休闲娱乐一切需要(表3-24)。

项目综合配套服务　　　　　　　　　　　　　　　　　　　　　　　表3-24

核心服务配套	提供项目	子项目
医疗护理中心	护理类	房间
	门诊类	综合门诊、药房、内科、外科、治疗室、观察室、常规化验室
	保健类	延缓衰老中心、康复理疗室、中医推拿室
	公共设施类	医疗护理中心食堂、配餐室、接待室、大堂、浴室、卫生间
	办公类	护士站、医师办公室
生活服务中心	生活服务	接待中心、家政服务、秘书服务、洗衣房、美容美发、心理辅导室、会议室、会客室、快餐厅、24小时便利店、佛堂、小教堂
	物业管理	物业管理部、信件收发室、车辆调度室、全天候监控中心、工程部、仓库
老年商业中心	餐饮	高档餐厅、中型餐厅、茶馆、咖啡吧
	购物	老年人大型超市、社区便利店、护理器材专营店、保健品专营店、礼品店
	服务	银行、邮局
	其他	其他
文体娱乐中心	文化	阅览室、老年大学、社区活动室、网络会所
	体育	台球室、健身室、乒乓球室、羽毛球室、棋牌室、老年室内泳池、室内门球场
	艺术	音乐室、艺术工房、小型影剧院、剧院、卡拉OK室
健康养生中心	温泉区	室内温泉、庭院式温泉
	疗养区	养生理疗中心、养生膳食中心
	公寓区	老年养生公寓

五、运营管理

本项目采取会员制盈利模式，采用此种盈利模式有三大优势：一，开发商可以筹集到大量资金；二，入住老人可以根据需求选择选择服务；三，国内颐养类养老机构普遍采用会员制，市场接受度好。

第三、养老地产项目选址考虑因素

养老地产项目选址综合考虑社会、项目地块所在区域内部和外部因素。

1. 社会因素

养老地产项目开发必须基于城市发展的大视觉，结合区域人口状况、经济发展水平及政策环境。

（1）区域内养老住宅需求度

根据项目辐射区域的人口状况及是否进入老龄化（60岁以上老人人口数占总人口比重来确定该区域人口是否进入老龄化，占比达10%以上说明区域人口已进入老龄化）来核算区域内对养老住宅需求程度。

（2）当地经济水平

根据测算区域经济水平确定是否开发养老地产项目，参照西方发达国家的发展经验，当项目辐射区域的人均GDP达到5000美元时，养老住宅处于快速发展期。

（3）当地老年人福利政策

养老地产项目的开发离不开相关政策的支持，包括项目所在地政府是否提供相关政策支持如政府补贴、是否能从银行得到较优惠的贷款；银行政策对养生养老的支持力度，如是否可以进行反向抵押等。

2. 内部因素

项目内部因素主要从项目所在的大区位出发，到项目所在的区位位置考虑，再通过项目的自身地块条件进行判定项目的具体选址，是否具有较强的开发价值。

（1）项目区位

对于区位的选择，交通要便利，有高速公路等高等级道路通过，或距离高等级公路不超过30公里，距离城区的交通时间在1h以内，不超过2h，距离景区或度假区周边10公里以内；选择的区域如具有良好休闲度假基础，有旅游度假发展趋势较好。

（2）地块条件

地块面积要大，坡度要缓，郊区养生养老建设用地不小于500亩，坡度不超过25%；项目景观面积占用地面积不小于70%。

3. 外部因素

区域内项目外部因素的基本状况是项目在特定区域范围内是否可行，是否具备强大的吸引力及竞争力的判定依据。

（1）气候条件

区域范围内气候条件适宜，易于打造养老地产项目，考察当地气候条件时，从这些方面进行考量，包括年均日照时间、全年无霜期、年平均气温、年度最冷月平均气温、年度最热月平均气温、年平均降雨量、水文等。

（2）区域内自然资源

考察区域内是否有独特人文资源或自然资源，人文资源包括拥有大面积森林、湖泊、水流、峡谷风光、田园风光及特色的民族文化及历史文化等；自然资源是指大型风景区、度假区及旅游区等。

（3）项目周边配套情况

考察地块周边是否有成熟配套或具备建设大型配套的条件，配套包括购物、医疗、休闲度假、娱乐、学校、康体中心、运动健身中心、会议中心及高级宾馆、酒店等。

新手知识总结与自我测验
总分：100 分

第一题：养老地产前期策划需要考虑哪几个点？（20 分）
_____
_____
_____

第二题：养老地产项目策划一般包括哪几方面的内容？（25 分）
_____
_____
_____

第三题：养老地产如何进行项目定位？（25 分）
_____
_____
_____

思考题：养老地产选址有哪些注意点？（30 分）
_____
_____
_____

得分：　　　　　　　　　　　　签名：

养老地产开发运营模式

操作程序

第一、养老地产开发模式创新方式
第二、养老地产的开发运营策略
第三、养老地产盈利模式解析

养老产业既不是简单的房地产开发，也不是纯粹的医疗保健，而是整合投资、开发、建设、运营、医疗、保险、服务等各个层面资源的系统工程。我国在养老地产的开发领域，已经形成7种创新模式。对于养老地产的运营，美国REITs公司的4种运营模式可以作为借鉴。养老地产的盈利，取决于项目采用哪种开发运营模式。本章对养老地产的开发、运营、盈利进行分析，引用了相应的案例加以说明。

操作程序

第一、养老地产开发模式创新方式

成功地进行养老地产开发,首先要了解养老地产开发流程和开发模式,根据项目自身特点来选择合适的模式及方法。

1. 我国养老地产市场七种模式创新

我国养老地产开发多依靠某种资产或资源,如房产、旅游资源、医疗,以某种资源为核心配置养老住宅产品及相关配套设施。表4-1列举了七种代表性地产养老模式。

● 七种地产养老模式　　　　　　　　　　　　　　　　表4-1

模式		代表案例	特征
社区+医院+地产模式		台湾长庚养生村	以长庚医院雄厚的医疗资源为后盾,建成了全球最大的银发养生村
会籍制养老俱乐部模式		北京太申祥和山庄	采用中国传统园林建筑,建成集养老、康体、娱乐、餐饮、住宿、医疗于一体的综合性服务机构,是全国首家推行会员制的新型国际敬老院
以房养老模式		南京汤山留园养老公寓,北京太阳城养老公寓	采用反向抵押的逆按揭方式"以房养老"
异地养老模式	异地购房	海南,青岛,大连等地部分楼盘,北京银龄公司	以养老为目的的异地购房
	"候鸟式"养老	大连的互动异地式养老服务中心	不同城市老年公寓之间的互换式异地度假养老模式
	"季节性"养老	天津泰达国际养老院	炎夏和寒冬住在养老院,春秋回到家中
	海外华人回国养老	新加坡华人,北美的购屋旅游团	炎夏和寒冬住在养老院,春秋回到家中
度假基地连锁模式		北京金港佳苑,江苏生态养老连锁	将养老和度假旅游结合起来,在全国各地建成连锁基地连锁经营

续表

模式	代表案例	特征
分时度假式养老模式	云南窝云仙居，浙江城仙居	将养老和度假旅游结合起来，亦可连锁
连锁养老超市模式	辽宁连锁超市	是一种新型的老年服务型机构

（1）"社区 + 医院 + 地产"模式

"社区 + 医院 + 地产"模式是个集养老、医疗、生活、娱乐等功能于一体的养生产品。产品是社区，又像医院；是医院，又像社区。

模式特点

以医疗为其定位重点，提供高质量的医疗服务。

案例：台湾长庚养生文化村

项目位置：台湾桃园龟山乡高速公路旁。

项目面积：约 34 公顷。

项目建筑：房屋为 7 层建筑，共 3600 户。

户型种类：两种房型，一房一厅式 14 坪约 46m^2，一房二厅式 22 坪约 73m^2。

项目依托：长庚医院。

项目特色：

一，台湾长庚养生文化村以高质量的服务定位，重视优质、尊荣、休闲与健康等条件，强调安全、人际及健康管理；

二，养生文化村享有长庚医院完整的医疗护理，平价又高级；

三，以长庚医院为基础的医疗系统，为高龄者的健康把关，首次采用连续式的照护满足高龄者不同程度的需要；

四，善于通过房屋中介、媒体、讲座等媒介，传达住宅所要表达的精神。

台湾长庚养生文化村是台湾"经营之神"——台塑集团董事长王永庆的创意。它以长庚医院雄厚的医疗资源为后盾，延伸出"银发族"养生服务，非常受客户欢迎。

养生文化村的入住资格：

年满 60 岁、配偶年满 50 岁且接受长庚医院身体检查证明健康状况合格者。至于管理费标准，一房一厅（面积约 46m^2）的单人价为每月 1.8 万元新台币，一房二厅（面积约 73m^2）的单人价为每月 2.6 万元新台币，双人价则在此基础上略增，膳食费及水电费按实际消费结算。这种价格在台湾被视作平价。

养生村内的健康服务内容,见图4-1。

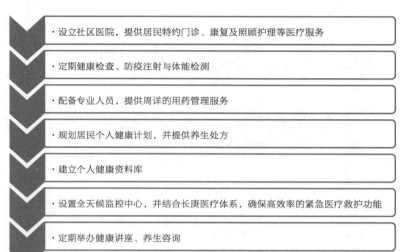

图4-1 台湾长庚养生文化村村内健康服务内容

村内的养生休闲生活配置,见图4-2。

图4-2 台湾长庚养生文化村养生休闲生活

其他辅助设置:

村内绿地广阔,甚至还可提供种菜的菜地。村里拥有完整的社区功能,设有超市、银行、书店、图书馆、餐厅、体育馆、水疗池等;如有家属来探访,还有招待所可供住宿。村里还提供有偿工作,老人如有园艺农艺指导管理、简易水电维修等专长,都可通过为大家服务而按劳取酬。

(2)会籍制的养老俱乐部

会籍制养老俱乐部只为会籍客户提供服务,享受特殊待遇。

04 养老地产开发运营模式

模式特点

第一,设置服务门槛,会籍会员才能享受服务;

第二,注重打造山水环境及营造文化氛围。

案例:北京太申祥和山庄

太申祥和山庄采用中国传统古典园林建筑,辅以苏州园林式山水,是集养老、康体、娱乐、餐饮、住宿、医疗为一体的大型综合性服务机构,是全国首家推行会员制新型养老模式的国际敬老院,会员老人可享受优惠价位及为其提供的各项服务。

图4-3 北京太申祥和山庄养生休闲环境

项目位置:京城正北,东临中关村国际商城,西面临海淀中关村科技园区,南临三一产业园区,距航天城仅一公里。

项目面积:10万 m^2。

户型种类:有单人间、双人间、豪华套间、VIP室共计300个床位。

项目依托:太申祥和医院。

项目特色

一、全国首家推行会员制新型养老模式的国际敬老院,它开创了敬老院与俱乐部相结合的崭新模式;

二、山庄将传统文化与现代养老敬老事业相结合,创立了中医药健康养生新模式,汇集了多位"皇城国医",为会员提供服务;

三、山庄采用中国传统古典园林建筑,辅以苏州园林式山水,营造出一个天人合一、养生保健、修身养性的绝妙之地。

专为老年人设计的养老会籍种类

祥和会籍、太申养老会籍、太申尊老会籍、太申至尊尊老会籍共计四种。祥和会籍和太申养老会籍会员在山庄居住，可享受会员房价；太申尊老会籍会员可享受免费专属标准房间的居住权；太申至尊尊老会籍会员可享受我院提供的免费专属一居室套房的居住权（图4-4）。

图4-4 太申祥和山庄养老会籍种类

山庄特色服务设施"太医馆"

一所创新而不离宗的特型医馆，汇集多名曾经担任毛泽东、邓小平等党和国家领导人的保健医生、现任保健专家以及享受国务院颁发的政府特殊津贴的专家；中国"四大名医"及国家级中西医专家的后代及嫡传弟子，中国中医科学院博士生导师、主任医师、教授等40多位"皇城国医"，为会员们提供一流的特色医疗保健服务（图4-5）。

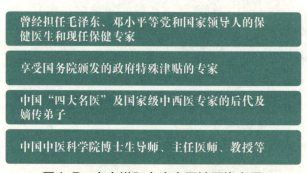

图4-5 太申祥和山庄太医馆医资力量

其他娱乐、住宿及针对老年人设置的无障碍设施一应俱全。

（3）以房养老

"以房养老"通常也被称为"住房反向抵押贷款"或者"倒按揭"，作为一种新型的养老模式，"以房养老"的概念从西方国家介绍到中国之初，就受到了来自社会各界的热切关注。

模式特点

新型养老模式，受传统观念的羁绊。

案例：北京太阳城国际老年公寓（图4-6）

图4-6　北京太阳城国际老年公寓外观

北京太阳城国际老年公寓也采取了类似"反按揭"的方法。即在征得老人同意后，由其将老人原有住房出租，以租金收入入住太阳城；或采取置换的方式，将老人的原有住房与"太阳城"的老年公寓进行等价换房，到老人去世之后，再将原置换的房产折价返还给其法定继承人。目前已有许多老人对此种销售方式表示了浓厚的兴趣。

项目位置：昌平小汤山镇立汤路马坊桥东。

项目面积：420000m^2。

项目建筑：约3800户。

户型种类：70m^2的一居、106m^2的二居、140m^2的三居等。

项目特色：距离市区较远，周边配套简单，交通配套缺乏，出行不方便。

（4）异地养老

异地养老又可称之为移民养老、移居养老。是利用移入地和移出地不同地域的房价、生活费标准、气候、环境自然养老资源的巨大差异，实施老人移民养老。"异地养老"是一个复杂的社会工程，不仅包括为老人提供集中养老的居住环境，还包括一系列的配套服务，如老年人保险、房产转让抵押、养老信息中介等。所以，它在一个国家的完善和成熟需要一个非常漫长的过程。

"异地养老"在我国目前属于正在探索的新型养老模式。它体现了三个养老市场的新特征：一，老人养老能力正在增强；二，老人养老观念正在更新；三，老人养老需求正在呈现多样化。

从国内外经验看，"异地养老"呈现出遵循经济规律，实施政府扶持、市场化运作的发展模式。

模式特点

第一，"异地养老"的目的地环境优美、气候适宜、空气清新、物产丰富，是生活方便的宜居城市；

第二，异地购房也是一种投资方式。

异地养老的4种主要类型（图4-7）

图4-7 异地养老的四种类型

1）异地购房

异地购房大多数用于度假和养老，一些旅游胜地就成了香饽饽。因此，异地购房主要出现在两类城市：

一是旅游资源发达区域。比如，海南、大连、青岛等气候、环境宜人的城市或大城市的周边地带。购房者主要来自上海、浙江、江苏、山西、北京、天津、辽宁、吉林、黑龙江、新疆、陕西等省市。

以海南为例，海南房地产项目在上海颇受养老型消费者的青睐，其中，养老型消费者在所有购房者中占60%的比例。海口岛外购房者的比例是73%，三亚岛外购房者的比例是85%。

二是上海、北京等一线特大城市。比如在上海，一份关于"养老型"住宅购买意愿的调查显示，在上海月收入8000元以上的人群中，过半数愿意购买"养老型"住宅，其中，9.9万被访者希望购买郊区或周边城市的"养老型"房产。

近两三年来，这类主攻上海市场的"养老型"楼盘日趋升温，太仓、昆山、吴江、南浔、嘉兴等地"遍地开花"，从地图上看，这些楼盘连在一起，已经形成了一个环绕上海的"养老房产带"。

2)"候鸟式"养老

"候鸟式"养老是一种异地置换旅游模式:"飞"到南方过冬,"漂"到北方避暑,吃住在老年公寓比住旅馆划算得多,养老的同时还能旅游。

这种新型的互动式异地养老模式可以通过全国养老机构对接的形式,构建全国异地养老服务平台和网络,组织老年人到外地休闲度假、旅游观光、特色治病等。这种模式已悄然在一些大城市兴起。

案例:大连互动式异地养老服务中心

服务中心策划了"快乐夕阳之旅"系列活动:大连至北京,北京至大连两地老人互动养老,"大连至海南"互动养老、"日本至大连"互动养老、"香港至大连"互动养老等。

由于参与活动的老人到异地入住养老院,消费水平不高,服务水平不低,而且在照顾老人方面,养老院比酒店更具有一定的优势。加之人们普通有尊老爱老的心理,团体活动景区、景点多数予以优惠的低消费,该项目一经推出便深得老人的欢迎。

3)"季节性"养老

所谓"季节性"养老,就是空巢老人们有选择地在炎热的夏季和寒冷的冬季,临时住到养老院或老年公寓去,享受一段有人照料和服侍的生活,不再为每天的衣食所困扰,一年中最美好的春秋时节,又回到家庭中享受家的静谧和欢乐。

季节性养老多为高龄空巢老人,候鸟式养老则以低龄健康老人为主。在天津市开发区的泰达国际养老院,像这样选择季节性养老的老人,如今已占入住老人的半数以上。

4)海外华人回国养老

随着中国经济的快速发展,海外华人回国养老渐成热潮。据新加坡华文媒体报道,中国已经取代了澳大利亚的珀斯成为新加坡中产阶层华人的理想退休之地。

北美 600 万华人中,对到中国买房有着强烈意愿的一度占 15% 至 20%。在回国买房大军中,人数最多的还是希望叶落归根的第一代移民。在洛杉矶,某一年到总领馆办理签证手续的华人有 1.5 万人,其中 2/3 与回中国购房有关。

据有关调查显示,上海和北京高端房产市场的购买者中,海外华人尤其是北美的华人占了相当大的比例。华人购房者几乎都将目光锁定在精装修、高价位的楼盘。2006 年,被称为中国顶级豪宅的"上海汤臣一品"以 1.3 亿元的成交价格创下全国公寓楼盘成交价的最高纪录,买主是来自东南亚的华人;而此前,被称为"中国楼王"的上海紫园 8 号别墅,同样也是以 1.3 亿元卖给了境外华人。此外,价格从二三十万美元到上百万美元的房子,华人购买者的数量更是无法统计。

除了购房置业,还有不少华人住进了中国的养老院。据了解,在北京、上海,不少养老院都住有从海外回来的老年华人。这是一种巨大的中华文化亲和力和牵引力使然，对于海外华人来说他们需要的是一种归属感。

异地养老人群的五个特点：
一，追求更高品质的退休生活；
二，异地房价低廉可以较为轻松地解决自己甚至子女（将原住房腾给子女）最基本的安居问题；
三，生活成本低。"异地养老"即可享受高工资、高退休金，又可以享受到低廉的生活成本；
四，很多传统的海外华人有着"叶落归根"、归国养老的情结。他们长年漂泊海外，强烈寻求归属感，在温暖的亲情之中，安享晚年；
五，投资需要。

（5）度假养老基地连锁

度假养老基地连锁模式是一项将养老和度假旅游完美结合的全新产品。它以基地连锁的扩张形式来完成整体运作，以统一的经营模式、全包式的服务以及高性价比的度假养老产品赢得客户。

与其他度假产品相比，它的特点有四个：一，主要针对老年人养老需求；二，属于高品质的度假养老；三，集往来路程、住宿、用餐、运动和娱乐于一体；四，定位精准，主要服务于具有支付能力和活动能力的健康老人。

模式特点

在整个连锁基地建设的进程中，一个独立的连锁基地可能不营利或者亏本，但当整个连锁机制启动起来、并形成品牌之后，整体营利模式能达到一个非常好的水平。

案例1：北京金港家苑

金港家苑建立的是一套高标准的服务模式，力求切实符合人心发展和需求的，具有高品位、真情感，开拓新视野，集保健、养生、康复、护理、健身、娱乐、文化、送终为一体的养老幸福家园。

金港家苑是由中国老年学学会北京东方阳光国际老年颐养中心、北京绚丽阳光老年服务有限公司承办的老年综合性服务机构。

它以北京为中心，把对老人的服务模式推向全国，在经济较发达的沿海城市、风景优美的旅游胜地，如上海、海口、衡山、成都、桂林等地设立分部，届时入住老人可在全国各分部异地居住、旅游休闲、度假养老。

案例2：江苏生态养老连锁

这种结合休闲农业兴起的"度假式养老"基地连锁模式已经在长三角地区出现。从事生态养老连锁经营的上海艳阳集团表示，其在江苏太仓现代农业园内兴建的一处休闲农业基地，正在拓展"度假式"养老服务，并计划在长三角地区建立连锁模式，实施"异地换房、一卡通行"。

"农家乐"式的旅游已成为城里人假日旅游的选择之一。这些休闲农业基地在旅游淡季，餐饮、住宿和娱乐设施往往处于闲置状态，这些资源可以利用起来，吸引城里老年人前来，为他们提供度假式的养老服务。在旅游淡季，城里老年人只要花费正常价格的1/5左右，就可以到休闲农业基地，实现度假、养老同时的梦想。而到了旅游旺季，老人们又可以回城和家人团聚。

（6）分时度假式养老

分时度假式养老是借鉴分时度假旅游模式而出现的养老新模式，是一种将房地产业、酒店业、旅游业、养老业结合在一起的商业新概念。它引入时空经济学原理，对旅游业、房地产业、金融资源进行整合，扩大了资源边际效用，实现了资源共享。

模式特点

项目根据不同时段整合不同业务模块，可避免浪费资源。该模式在我国尚处在萌芽状态。

案例1：云南卧云仙居（图4-8）

图4-8　云南卧云仙居规划图

项目位置：昆明市西郊，距城区 35 公里，坐落于卧云山。

项目面积：占地 703 亩。

床位数量：100 个床位。

项目依托：昆明森林氧吧卧云山。

项目特色

卧云仙居以其独特的分时度假式养老，成为全国首创的养老模式。卧云仙居按五星级宾馆的标准建设，是一所集医疗、疗养、康复、度假于一体的综合性创新型疗养院。

卧仙云居的两个特色项目：抗衰老疗养院和康乐会所（图 4-9）。

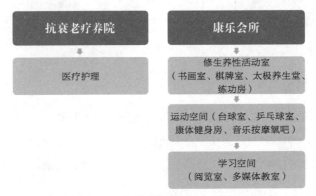

图4-9 云南卧仙云居两大特色项目

抗衰老疗养院

配备专业人才，中西医按比例设置，为入住的老人提供"养、医、乐、教、为"等多样化、全方位的服务。

康乐会所

集休闲、娱乐、会议于一体。会所设置了怡情养性、陶冶情操的书画室、棋牌室、太极养生堂、练功房等；健身运动的台球室、乒乓球室、康体健身房、音乐按摩氧吧；以及为老人举办音乐会、舞会，学习知识、了解信息的阅览室和多媒体教室。

除此之外，卧云仙居园区内设有度假公寓、度假别墅、超星级度假酒店、会务培训中心、养生食府药膳餐厅、物外田园生态餐厅、户外拓展、运动场、健康环形跑道、个人和集体创作室等。

案例 2：浙江城仙居

项目位置：浙江临安。

户型种类：由标准间、套房和时下流行的LOFT公寓。

户型面积：40m^2。

项目特色

结合农家乐和乡村公寓，实现了城里人回归田园的梦想。

农家乐公寓"城仙居"，是浙江联众乡村资源开发有限公司在浙江临安开创的新型养老模式。

公司在生态良好、风景优美的村落，与村民签订协议，由公司出资，按统一标准对他们的住房进行改建装修。改建后的"城仙居"，房间按宾馆标准间建造，房子的产权仍归农民所有，农民可任选两间居住，一楼的餐厅也由农民经营。其余房间30年的使用权和经营权则归联众公司所有，期满后归还村民。在30年使用期内，联众公司把这些房间用于休闲产业。"城仙居"的客人只需花5万~6万元，就可以获得其中一间房间30年的居住权。在这30年中，投资者可以定期或是长期居住，也可以请联众公司代为出租，获得租金收益。

公司还提供了一个会员交换平台，免费异地居住。天目山"城仙居"的主人，可以根据自己的喜好，到莫干山的"城仙居"小住几天，到黄山的"城仙居"住个把月，到千岛湖的"城仙居"住一阵子。

（7）连锁养老超市

养老超市并不是一个营利的经营性超市，它是设在各市民政部门的一个老年人服务平台。

超市能提供的六类服务：

涉老法律咨询及维权求助服务；居家养老、社会机构养老咨询服务；老年保健，医疗知识咨询服务；老年公益活动推广及信息传播服务；异地养老推荐及旅游咨询服务；提供老年产品配送服务（图4-10）。

图4-10　连锁养老超市服务内容

模式特点

这种连锁超市服务功能强，介入门槛较低，有广阔的客户市场和服务群体。目前，虽为非营利性机构，但随着市场化的运作，社会资金逐步介入养老产业，此项目可通过向社会提供优质、高效、廉价的各项养老服务，最终成为市场化运作的项目，实现经济效益与社会效益的统一。

美国太阳城开发模式特征及借鉴意义

美国太阳城是新型养老社区的典范。太阳城精准的客户定位和产品定位、CCRC 持续照料的精细化服务理念和运营模式，都是值得中国借鉴的。

太阳城开发模式九大特征（图4-11）

- 特征1：属于住宅开发性质
- 特征2：依靠销售回款盈利
- 特征3：限定 55 岁以上的老人才能入住
- 特征4：专为健康活跃老人提供会所和户外运动设施
- 特征5：没有医疗、护理等配套服务，主要依赖社区所在城镇提供大市政配套，社区内没有建设相应设施
- 特征6：一般都位于郊区区位，占地大、容积率低，建筑形态多为单层、独栋或双拼，精装修标准、拎包入住
- 特征7：房价便宜，"苹果谷太阳城"在洛杉矶东北方向 120 公里左右，其房价是洛杉矶市内的 1/3 左右，对老年购房群体很有诱惑
- 特征8：附近一般都配有专为社区服务的商业中心
- 特征9：兼有旅游度假功能，目标客户同时有常住客户，也有旅游度假客户

图4-11　太阳城开发模式九大特征

太阳城"开发模式对中国的启发和借鉴

一，住宅立项，依靠销售迅速回款；

二，客户定位精准，以健康活跃老人为主要客群，为其进行产品定位，满足其特殊的生活、交往、活动等的需求；

三，不设医疗、护理等配套设施，降低了前期投入成本，提高了资金使用效率，降低了开发风险；

四，在市场和产业链日益成熟时，可与分时度假管理公司紧密合作，在项目开始时便实现订单生产。

2. 养老地产与其他建筑形态结合开发模式

养老地产除了从无到有全面新建开发之外,现在主要是依靠某些建筑、配套设施或某项资源共同开发。养老地产现有五大类开发模式(表4-2):

与其他建筑形态结合的养老地产　　　　　　　　　　　　　　　　表4-2

类别	模式
与社区共同建设	专门建设综合型养老社区
	新建大型社区的同时开发养老组团
	普通社区中配建各类养老产品
	成熟社区周边插建多功能老年服务设施
与相关设施并设	与医疗机构结合,就近设置养老设施
	养老设施与幼儿园并设
	与教育设施结合,建设养老公寓
与旅游或商业地产结合	在旅游风景区中开发养老居住产品
	与商业地产结合,开发老年公寓
与国际品牌接轨	引入外资,建世界型连锁老年设施
	与国际知名养老品牌共同开发,引进管理模式
以其他方式转型	与保险业结合,利用险资投资养老地产
	与护理服务业结合,将原有优势注入养老地产
	利用自身独特资源转型开发养老地产
	将旧的国有资产盘活,改造为老年设施

类型1. 与社区共同建设

与社区共同建设的养老地产项目,是采取以社区为依托,在社区周边建设养老产品,利用的是社区自身已有的配套。是种较成熟且能节约成本的开发模式。一般有如图4-12所示的四种模式。

图4-12 与社区共同建设的四种养老地产开发模式

模式1. 专门建设综合型养老社区

综合型养老社区是指为老年人提供的,包含养老住宅、养老公寓、养老设施等多种居住类型的居住社区。社区中除了有提供给老人的居住建筑之外,还有老年活动中心、康体中心、医疗服务中心、老年大学等各类配套设施。

开发规划要点

一,开发形式与土地价值相匹配。

通常来讲,由于城市土地资源紧张,一些较大规模的养老社区会选在城市近郊或郊外。此时可以选择低密度的开发形式,实现与郊外的环境协调。

二,丰富产品组合。

在规划设计时,应注意将不同类型的居住产品合理分区,保证各自的独立性,避免相互干扰。

三,要采取分期的形式控制好建设进度。

开发大规模综合型养老社区时,可考虑分期建设,例如先建设自理型养老住宅和部分服务设施,预留出一定的发展用地,等到一段时期后,再建设护理型养老公寓及相应的配套设施等。

模式2. 新建大型社区的同时开发养老组团

一些房地产开发企业在开发大型居住区楼盘时,会考虑划分出一部分区域专门建设养老组团。这种开发模式有利于带动企业转向新客户群,走产品差异化路线。养老组团与社区其他组团能够共享配套服务资源,降低配套设施的建设量。

开发规划要点

要控制老年开发比例和组团规模。

开发时一方面应注意将老年人的比例控制在适当的范围内,不宜过少也不宜过多;另一方面要控制养老组团的规模,尽量划分为小型居住组团,以营造社区的归属感。

模式 3. 普通社区中配建各类养老产品

普通社区中可配建的老年住宅类型主要有老少户住宅、老人专用住宅、老人日托中心、养老公寓等(表4-3)。

在普通社区中可配建的老年住宅类型 表4-3

类型	说明
老少户住宅	指同一楼层中相邻或相近的两套住宅,或者同一单元内上下层相邻的两套住宅,其中一套为老人居住,另一套为子女家庭住
老人专用住宅	指将普通住宅楼栋中的一部分套型进行适老化设计,例如增加扶手、满足轮椅通行需求、考虑护理人员陪住等
老人日托中心	在社区内设日托中心,白天利用这里的场地和建筑,将老人和儿童共同管理,晚上便于家人同一时间、同一地点接送老人和儿童
养老公寓	通常为社区中专门的楼栋,其居住对象既可以是自理老人也可以是需要护理的老人

开发规划要点

一,保证老人的出入方便。

在规划设计时,建议将养老公寓靠近小区出入口或社区边沿布置,一方面人员、车辆(例如救护车)出入便利。

二,养老公寓底层可设置对外商业或公共设施,兼顾对外经营,同时也便于对养老公寓进行单独管理。

模式 4. 成熟社区周边插建多功能老年服务设施

一些城市的城区老人就近入住养老机构困难,城区养老床位低于远郊区,但需求很大。城区社区年代久远,周边配套设施成熟,具有良好的区位条件,只是社区周边的用地资源比较紧张。若能在几个社区之间插建养老设施将会是一种较为有效的开发模式。

开发规划要点

开发者可考虑利用零散地块新建,或通过对既有建筑(如旧的诊疗所、宾馆)的改建等方式进行建设。这种开发模式投资相对较少,易于复制和实现连锁经营。

类型2. 与相关设施并设

与相关设施并设的养老地产是以老年人需求为导向,在满足不同需要点的建筑附近兴建养老产品,有针对性地满足老年人的生活需求(图4-13)。

图4-13　与相关设施并设的三种养老地产开发模式

一,老年人最主要的需求是医疗需求,项目要与医疗机构合作,就近开发养老产品或设置养老设施;

二,有人文关怀需求,养老设施与幼儿园并设,享受天伦之乐;

三,有学习教育需求,就与教育设施结合,建设养老公寓。

模式1. 与医疗机构结合,就近设置养老设施

目前国内一些养老机构与医疗机构建立合作关系,使养老设施或养老社区与医院就近设置、共同建设。

这种"医养结合"模式的特点在于,能够将优质的医疗资源引入养老项目,从而提升项目的核心竞争力,使老人感到居住在其中较有安全保障。与此同时,还有一些医院直接划分出部分闲置床位用于开办养老院,这样既能够提高医疗资源的使用效率,又能够满足一些护理程度较重、普通养老机构无法收养的老人养老居住需求。

模式2. 养老设施与幼儿园并设

养老设施与幼儿园共同设置是一种较好的模式,在日本十分常见。

这种模式既能迎合老人愿意与儿童共同在一起的心理,又能够将养老设施与幼儿园进行统一建设和管理,节约建造和人力成本。从规划角度来看,幼儿园在居住区中的配置密度与老年日托设施较为类似,若将这类养老机构与幼儿园设置在一起,则能实现与社区的紧密结合,从而较好满足社区养老的服务需求。

模式3. 与教育设施结合,建设养老公寓

与大学等教育设施相结合的养老社区也很受欢迎。目前有很多"高知老人"在退休后

希望能够继续学习、发挥余热。养老社区、老年公寓若能靠近大学设置,并让老人享受一部分教育资源,则会与他们的需求更加吻合。

养老地产项目开发不仅在于硬件设施等物质条件营造,还应从老人的精神和价值需求方面进行考虑,使老人能够"老有所学"、"老有所为",实现自我价值。

类型 3. 与旅游或商业地产结合

与旅游和商业地产结合的养老地产依托稀缺旅游资源和便利商业条件,建成的项目算是高端养老产品。这类高消费老年人较少。主要有如图 4-14 所示的两种开发模式。

图4-14　与旅游或商业地产结合的两种养老地产开发模式

模式 1. 在旅游风景区中开发养老居住产品

养老地产与旅游、休闲、养生产业相结合是现在较为合适的一种模式。目前市场上已经有一些开发商尝试在开发旅游地产的同时,加入养老养生、康复保健、长寿文化等理念。这类养老项目一般会选在具有较好的风景资源或特色文化资源的地区,例如海南、广西、云南等地。

开发规划要点

配套设施要就近集中。

此类项目用地规模往往较大,各类居住产品、服务设施容易分散,因此在规划设计时,应将养老居住产品相应地集中布置,并注意就近设置配套服务设施,节省服务管理的人力,避免出现交通路线过长、服务不到位或老人出行不便等问题。

模式 2. 与商业地产结合,开发老年公寓

在城市中心区等繁华地段做商业地产开发时,搭配建设老年公寓,也是一种较为新颖的模式。对于一些居住在北京、上海、香港等大城市的老年人而言,他们希望能享受城区中便利的商业、休闲配套资源,而当他们需要护理时,往往更不愿放弃城区的优质医疗资源。特别是一些高端养老客户群,他们具备相应的经济实力在城市中心区养老、消费。若能在较

为繁华的地段建设高端养老公寓,则能满足这些老年人的居住需求。

开发规划要点

居住人群独立管理。

由于城区内的土地价格较高,开发者通常会选择较为集约的开发模式,例如将老年公寓与普通住宅共同结合在一栋高层建筑中。设计时需要注意为不同的居住人群配置独立的出入口,以便单独管理。

类型 4. 与国际品牌接轨

与国际品牌接轨的养老地产开发模式是指引进外资或与国际知名养老品牌合作开发养老地产,既可以学习先进管理经验又可获利,前提是产品必须符合中国国情。具体而言,有如图 4-15 所示的两种开发模式。

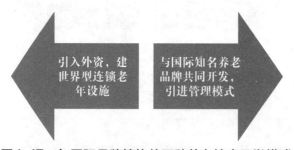

图4-15　与国际品牌接轨的两种养老地产开发模式

模式 1. 引入外资,建世界型连锁老年设施

目前一些国际养老机构或投资企业试图开拓中国市场,建设连锁型老年设施,以缓解其国内的养老压力。例如欧洲一些国家的养老服务成本非常高,他们希望能在劳动力相对低廉的国家(如中国)拓展市场,选择地域和气候条件较好的地区建立养老设施,让老人在比较健康的年龄段到这里养老。对于我国而言,能够借此机会引入外资,并学习国外先进的护理、管理经验,同时在一定程度上还能促进就业、带动消费。

模式 2. 引进国际知名养老品牌管理模式共同开发

引进国外老年运营管理团队,或与国外知名养老品牌共同开发时,要注意将其"本土化"。虽然发达国家的养老产业发展较为成熟,但完全移植到中国却不一定合适。中国老人的生活习惯、经济条件和思维方式与国外老人有很大差别,直接照搬国外的模式可能难以顺利"落地",需要适当转化。

例如,我国老年人居住习惯特点是:更加重视房间朝向和节能,比较喜欢南向,喜欢阳光和自然通风，重视节约用电，不习惯长时间使用空调。这些因素都会对养老项目的规划形式、建筑设计、运营管理模式产生影响。

类型 5. 以其他方式转型

以其他方式转型的养老地产开发模式是指以前从事某项养老服务的公司以专项服务为切入点，进而转战开发养老地产。这些行业都具备开发养老地产的资源或资金优势，是其能成功转型为养老地产开发商的主要原因。具体包括如图 4-16 所示的四种开发模式。

图4-16 以其他方式转型的四种养老地产开发模式

模式 1. 与保险业结合，利用险资投资养老地产

目前保险资金介入养老地产的情况已经开始出现。从保险特征来看，由于其资金规模较大，回报要求低而周期又长，相比来说更适合投资养老地产，也有利于养老地产的灵活经营。未来保险业可能会成为养老产业重要的投资主体之一。

模式 2. 与护理服务业结合，将原有优势注入养老地产

在研究日本养老产业时发现，一些企业从为老年人提供上门洗浴、上门护理等服务开始，逐步向养老地产方向转型，并最终获得成功。这些企业最初在护理服务方面积累的丰富经验和客户群是其项目成功的关键因素。

模式 3. 利用自身独特资源转型开发养老地产

在我们所接触到的项目中，曾碰到过酒店管理公司希望转向投资养老地产的情况。这类公司具有自身独特的资源优势，体现为：一方面酒店的服务管理形式与养老设施有相通之处，很多经验都能够应用于养老设施的管理服务中；另一方面可以尝试利用旧酒店改造为养老公寓，或在酒店中提供养老服务等。

模式 4. 将旧的国有资产盘活，改造为老年设施

可将一些闲置的国有资产盘活，改造为老年设施，例如城里的旧医院、办公楼、小学、幼儿园、私人物业用房等。这些国有资产所在区位较好，在城市中的分布相对均匀，比较适合改建。随着我国人口结构逐渐向高龄化、少子化发展，幼儿园或小学很有可能空置下来，将这些建筑部分改造为老年公寓的情况将会逐渐多起来。

第二、养老地产的开发运营策略

老年地产开发运营宜采用"一低二高"的运作策略：
低容积率、高比例公建设施、高水平社区服务。

低容积率意味着人口密度低，这与高比例公建设施、高水平社区服务存在矛盾。因此在开发项目时候要考虑到公建设施和服务资源在充分满足社区内老年人需求的同时还要能保证向外界公众提供服务，这样做的价值在于：一，可实现长期以低廉价格向社区内老年人提供高品质服务的承诺，二，还可最大限度地发挥公建设施和服务资源效能。

1. 养老地产三大运营原则

养老地产运营应遵循目标市场定位、销售、社区服务三大原则（图4-17）。

图4-17　养老地产运营三大原则

原则 1. 目标市场定位原则

老年地产的市场定位应遵循兼顾老年人养老与公建设施共享的原则。其目标消费群体应包括具有中高经济实力的老年人和资源共享群体（即享用老年地产设备、设施、服务等资

源的群体,包括旅游观光者、购物者、就医者等群体)。

原则 2. 销售原则

销售采用出售房屋(或房间)的产权、出租房屋使用权及产权酒店式(产权酒店是一种投资行为与消费行为相融合的方式)等三种方式。

图4-18 三种销售方式

这三种销售方式适应老年地产市场定位及多元化发展要求。出售房屋产权满足消费群体置业投资的要求;出租房屋使用权方式最为灵活,它可以根据当地消费者消费观念,创造性地衍生出多种既满足消费者消费需求又适合开发商经营的租赁方式;产权酒店的销售方式适合老年地产的养老、旅游服务模式的市场定位一方面满足了投资者获取投资收益的心理预期,同时可以使开发商快速回笼资金,另一方面可以使开发商继续拥有老年地产的经营权,从而有利于保持老年地产的经营方向。

原则 3. 社区服务原则

社区服务是老年地产差异化经营的基础,能提升老年地产的附加值,赋予钢筋水泥灵性。

社区服务内容包括:社区物业服务、社区家政服务、社区医疗服务及社区娱乐服务,它是老年地产的基础配套服务,也是得以持续正常经营的保障(图4-19)。

图4-19 社区服务内容

老年地产的社区服务水平可以分为必备层级、完备层级、完善层级。其中必备层级是老年地产达到为老年人提供安全、便利必须具备的服务内容,完备层级是老年地产为老年人提供尊重人性的规范的服务水平，完善层级是老年地产开发具有前瞻性服务项目，形成与其他同类型的养老机构差异化经营的基础。

2. 养老地产运营模式的三个分类标准

养老地产运营，一是要求有通畅的筹资通道外，二是要求有合适的运营模式。

按不同划分标准及维度，不同养老地产项目会有三种不同的运营模式：

一，根据不同产品盈利方式，可分为6种不同运营模式；

二，根据物业持有情况，可以分为出售型、持有型、"出售+持有"型；

三，根据项目不同经营主体，有政府和慈善机构共同经营模式、专业公司专营模式、建设与管理相分离模式。

（1）按养老产品盈利方式划分

根据养老产品盈利方式不同，可以将国内的养老地产模式归结为六类经营模式（图4-20）。

图4-20　根据养老产品不同盈利方式划分

1) 本地出售型社区模式

该种模式以老年住宅为整个项目主题和亮点，以面向市场出售的住宅产品为主，注重社区环境的打造和养老配套设置的完善。

模式特点

复合产品形式、完善养老配套和优美景观环境相结合，成功地打造养老地产。

04 养老地产开发运营模式

图4-21 本地出售型社区模式特点

产品形式方面,通常要打造满足养老及准养老一族、准养老子女等不同客群的产品。

养老配套方面,社区通常集文化、娱乐、商业、医疗、康体、度假休闲等多种功能于一身,配套完善、设施齐全。

景观环境方面,社区通常环境优美,绿化率高,整体环境生态宜居。

盈利方式

这种模式的盈利绝大部分、甚至全部来源于住宅出售,有极少部分来源于配套产品的经营。

典型参考案例

北京东方太阳城。

2)异地出售型社区模式

该种模式是养老养生与度假旅游的完美结合,是异地养老方式催生出的一种养老住宅产品。

模式特点

完美嫁接养生养老和度假旅游活动。

盈利方式

一般位于环境和自然资源优良的旅游胜地,利用自然资源,与养老住宅和设施进行融合,以住宅产品出售盈利。

案例范围

由于其特有的资源环境条件,这种模式难以普遍模仿复制,主要出现在海南、大连、青岛等气候、环境宜人的城市或大城市的周边地带。

典型参考案例

长泰国际社区。

3）租售组合型综合社区模式

该种模式通过养老住宅销售与养老公寓出租及养老配套设施持有运营相结合，实现土地效益和养老产业均衡发展的目的。这种模式不仅解决了"全部出售"的方式对养老产业发展不利的问题，还解决了"全持有经营"的方式占压资金大、市场难以消化的问题。

模式特点

通常构建"住宅销售+养老公寓出租+养老配套持有经营"的综合性项目盈利体系。该模式延长了养老地产开发的产业链。在改变传统的房地产开发商房产销售方式的同时，通过延长老年服务业、老年医疗保健业以及老年娱乐文化等三个产业，提升了养老地产附加值，增加其后续盈利能力（图4-22）。典型参考案例是北京太阳城。

图4-22　租售组合型综合社区模式特点

4）会籍制社区模式

该种模式通过打造医疗保健社区，全部持有运营，采取会员制管理模式，出售长、短租会员卡。

模式特点

会籍制社区模式中所销售的会籍，对年龄有一定限制，主要针对保健养生格外关注及身体健康欠佳的老年人。这样做是在一定程度上抬高目标客户入住的门槛。在消费理念相对先进和经济条件相对雄厚的城市，这种模式或能赢得市场的部分认同，但想获得大部分老年群体认可则比较难。

典型参考案例

上海亲和源是运作比较成功的会籍制社区模式；而燕达国际健康城因为其定位不符合市场需求、养护配套不佳、交通环境较差等问题造成入住率不高、经营状况较差。

5）养老房产金融组合型社区模式

该种模式尝试运用各种金融组合手段，促进养老社区产品的租售，为企业发展融资。

目前，国内出现的金融组合型社区模式的产品主要有三种：以房养老、押金或养老金返还和绑定养老保险（图4-23）。

图4-23 养老房产金融组合型社区模式三种保险产品

模式特点

多数金融创新手段还处在尝试阶段,模式对于养老配套和后期经营的要求更高,也更强调完善的医护服务作用。

典型案例

泰康之家养老社区。

6)床位出租型养老机构模式

该种模式根据投资主体的不同,分公办、民办、公办民营、公助民办等多种经营模式,以床位出租为主要盈利模式。

模式特点

盈利非常少。

典型参考案例

广州"颐福居·尊长园"。

(2)按物业持有情况划分

根据物业持有情况,养老地产项目运营方式可分为如表4-4所示的四种。

四种运营模式   表4-4

模式类别	模式特点	模式概况	典型案例
"全部出售"模式	养老概念住宅+超配套设施	以老年住宅概念,出售房屋产权为主,区域级别配套并举	东方太阳城
"销售+持有"模式	养老概念住宅+养老地产	住宅销售与老年公寓等养老配套设施持有运营相结合方式	北京太阳城
"会员制管理"模式	销售会籍	采取会员制管理模式,出售长、短租会员卡,变相的"销售+持有"模式	上海亲和源老年社区
"只租不售"模式	医疗健康社区,全部持有运营	只租不售,对自理、半自理、非自理客户区别对待,收取不同租金	燕达国际健康城

（3）按不同经营主体划分

按不同经营主体，养老项目经营方式有三种：政府、慈善机构合作经营管理、专业公司经营管理、住宅建设与管理相分离的经营管理（图4-24）。

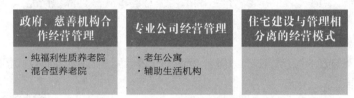

图4-24　按不同经营主体分类

1）政府、慈善机构合作经营管理养老院

政府、慈善机构合作经营的主要养老形式是带福利性质的养老院。这种类型的养老院有两种，纯福利性质的养老院和混合型养老院。

纯福利性质的养老院

这种纯粹福利性质的养老机构通常不以营利为目的，主要依靠政府或者企业提供所有的建设及经营管理的资金。

收费低廉，娱乐设施少，生活用具粗糙，生活环境差。入住福利型养老院的人群多为没有或只有很少经济收入的孤寡老人。

混合型养老院

是目前国内比较普遍存在的养老院经营模式，既带有福利的性质，也有营利的能力。通常具有政府或者慈善机构的背景，在经营方面享有优惠政策，服务内容根据入住老人要求的不同而划定不同的收费标准。

体现福利的方面，有娱乐设施全免费、每个月免费体检等一些服务。

营利性表现在收费服务方面，如：固定收费的内容：有入住时的一次性收费和每月收费，主要是针对入住的环境来制定收费标准；经常性收费的内容：有护理费和医疗费用，根据服务程度的不同来制定收费标准；不固定收费体现在某些特殊服务方面。

2）专业公司经营管理老年住宅

这种类型的养老机构以盈利为主要目的，通常是自行出资兴建、自行管理老年住宅，以出租为主要经营方式，收费水平要比福利型养老机构的高，具备自己的医疗服务人才队伍。

入住者通常需要交纳一定数额的抵押金，每月交纳少量管理费。管理机构通过专业护理提高收费水平获取利润，国外的专业管理机构一般将押金进行投资以谋取利润，具有寿险

04 养老地产开发运营模式

公司的经营性质。

国外目前存在的经营模式有老年公寓和辅助生活机构两种,国内目前还只有老年公寓(图4-25)。

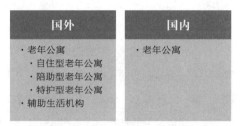

图4-25 专业公司经营管理老年住宅

老年公寓

老年公寓主要是提供给具备独立生活能力的老年人居所,以出租为主要经营模式,居住者年龄必须在55岁以上。一般来说,老年公寓不提供公共用餐的场所、不组织娱乐活动、不提供交通工具。

经营管理模式有三种类型:自住型老年公寓、陪助型老年公寓和特护型老年公寓(表4-5)。

三种老年公寓类型及服务   表4-5

老年公寓类型	提供服务
自住型老年公寓(Independent-living)	不为老年居住者提供任何与日常生活、药物服务有关的协助,只是提供一个环境优美、舒适的居住社区,包括所有的生活配套设施,甚至可以完全容纳一个高尔夫球场
陪助型老年公寓(Assisted-living)	向居民提供与日常生活有关的各种服务,包括做饭、帮助洗澡、喂饭、洗衣、体检、喂药和其他个人生活方面的需求
特护型老年公寓(acute-care)	除了上面两种类型所提到的服务外,还提供全面的医疗服务,包括从传统的医护房间到特别为老年癌症患者提供治疗的房间

辅助生活机构

美国辅助生活机制是在80年代中期由北欧模式发展起来的,它是护理院的一种补充。

辅助生活在一个争取最大限度满足个人独立、隐私和选择环境中结合了住所、生活服务和简单的医疗护理。

参加辅助生活的老人可能无法独立生活，但他们健康状况还不需要护理院所提供的大多数服务。这些老人可以和辅助人员一道分担日常生活活动的风险和责任，在辅助人员的帮助下享受个人生活的独立和自由。

辅助生活的宗旨是在老人需要时向他们提供或安排监督、帮助和有限度的保健服务，老人可在一系列个人日常生活活动上得到帮助，如吃饭、穿衣、洗澡、移位和入厕。服务还可以包括做饭、洗衣、清扫、娱乐和交通。尽管辅助生活一般不提供24h的专业医疗护理，但日常帮助包括在专门的工作人员监督下的药物治疗（图4-26）。

图4-26　辅助生活服务内容

辅助生活服务可以由独立的居住小区提供，也可以作为继续照料退休社区的组成部分，由靠近或属于专门护理院的自成一体的居住机构提供，作为一种比较新颖和流行的形式成为这一扩展的前沿（图4-27）。辅助生活向老人们提供了一种诱人的、既保持独立又获得个人照顾的混合模式。

图4-27　提供辅助生活服务的机构

04 养老地产开发运营模式

中国老龄科研中心调查老年人对老年公寓的需求表　表4-6

三大需求	需求内容
服务内容需求	以"康复治疗"、"基本生活"和"特殊情况下的医护"三大类为主,其中康复治疗、洗衣服务、打扫卫生、定时送餐、特护和医生监护、提供书报、陪伴老人、代理购物、团体旅游等是老人最希望得到的服务内容
入住成本需求	在房屋价格方面,老年人入住老年住宅的时候,最先考虑的是一次性交纳费用的承担能力,如房屋总价;然后则是社区生活成本,如物业管理费用、提供服务的收费方式、交通条件等
社区配套需求	有多种配套设施,如社区医院、娱乐中心、老年人活动中心、老龄大学等

3)住宅建设与管理相分离的经营模式

住宅建设与管理相分离的经营方式是最适合国内开发商的运作模式,也是营利型企业正在考虑的利润增长点。

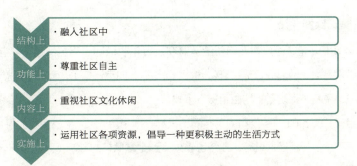

图4-28　住宅建设与管理相分离的经营模式特点

这是一种集中经营模式,与传统老年公寓、养老院相比有如图4-28所示的四个特点:一是在结构上融入社区之中;二是在功能上尊重社区自主;三是在内容上重视社区文化休闲;四是在实施上运用社区各项资源,倡导一种更积极主动的生活方式,从软件和硬件上都靠近小区宣扬的"只要在此生活,生命最少延长十年"主题。

这种模式产品特点是以出售为主,房地产开发商将整个社区做成集教育、休闲、医疗、购物、酒店、住宅和艺术于一体的大规模老年生活社区,真正达到"学+养+住"的统一,是具有持续发展能力的好项目。

大规模老年生活社区的典型是：美国的太阳城、安妮·马克西姆老人住宅；日本的中轻井泽居住区；瑞典的斯特卢布里卡集合住宅等。这些都是著名的老年聚集住宅。

3. 美国 REITs 公司运营养老地产模式

美国养老地产的主流投资商是 REITs。养老/医疗地产类的 REITs 公司大多成立于 20 世纪 70、80 年代，大型 REITs 公司拥有的物业数量可达 600 多处，其中，80%~90% 的物业都是自有的，其余归物业与运营商或其他投资人合作发起的私募基金平台持有。

REITs 公司主要通过两种方式来运营旗下物业，一是净出租模式，二是委托经营模式（图4-29）。

图4-29　REITS公司两种运营方式

净出租模式操作手法

REITs 公司把养老/医疗物业租赁给运营商，每年收取固定租金费用（养老社区的毛租金收益率通常是物业价值的 8%~12%，根据 CPI 指数向上调整），而所有直接运营费用、社区维护费用、税费、保险费等均由租赁方承担。

在净出租模式下，REITs 公司的毛利润率很高，净租金收益/毛租金收益可达 80% 以上，而且几乎不承担任何经营风险，业绩也较少受到金融危机的影响（除非租户破产）；与之相对，租户（运营商）获取全部经营收入及剔除租金费用、运营成本后的剩余收益，并承担绝大部分经营风险。

委托经营模式操作手法

REITs 公司将旗下物业托管给运营商，运营商每年收取相当于经营收入 5%~6% 的管理费，但不承担经营亏损的风险，也不获取剩余收益；所有的经营收入都归 REITs 公司所有（美国养老社区每单元的经营收入约为 3000~4000 美元，是租金收入的 3~4 倍），所有的经营成本也由 REITs 公司负担，相应的，REITs 公司获取租金及经营剩余收益，承担大部分经营风险。

04 养老地产开发运营模式

在美国,不同的REITs型投资商有着各自的经营战略,有些采用纯出租模式,如SNH.N,有些采用"出租+委托经营"模式,如Ventas,有些通过与运营商组建合资公司来管理旗下物业,如HCN,还有些采用多元投资模式的平衡,如HCP(图4-30)。

图4-30　REITS型投资公司四种经营模式

(1) SNH.N: 纯出租模式

Senior Housing Properties Trust (SNH.N)就是纯出租模式的企业,在经营上追求稳定租金,在财务上力求风险最低。这个模式的特点是:

1)直接经营费用很低

SNH的直接经营费用很低,仅相当于总收入的5.5%,一般管理费占总收入的6.5%,利息费用占收入的24%,剔除上述必需支出后,2010年公司净经营现金(FFO)为2.15亿美元,过去5年净经营现金与总收入之比平均为70%,净经营现金回报率平均为10.4%,与"租赁+委托经营"模式下的回报率相当。

2)财务风险较低

SNH在财务上也力求风险最低。在33.9亿美元的总资产中,净资产占到21.7亿美元,总负债率仅为36%。

截至2010年末,SNH旗下有320处物业,包括226处养老社区、2家康复医院及其3个分院、82处医疗办公楼和10处健身中心。总值24.7亿美元的养老物业,每年为公司贡献10%的稳定租金回报,即2.4亿美元租金收益(表4-7)。

● SNH.N出租物业情况表　　　　　　　　　　　　　　　　　　　表4-7

租赁企业	物业数量	物业总值（美元）	租期（年）	租金（美元）
Five Star	186处养老物业和2家康复医院	20.3亿	10~15	1.9亿
Sunrise	14处养老社区	3.25亿	5	3250万
Brookdale	18处养老社区	6100万	15	844万

（2）Ventas："出租+委托经营"模式

Ventas 是全美第二大养老/医疗类 REITs 公司，其物业组合中 2/3 的养老社区采用租赁模式、1/3 采用委托经营模式（其他医疗办公物业均采用租赁模式）。

1）既有租金收入也有经营收入

在这一模式下，作为物业持有人的 Ventas 除了能够获取租金收益外，还从客户处收取全部经营收入（包括生活服务和医疗服务的收入，平均每单元的月收入可达 3000~4000 美元，是租金的数倍）。

2）整体的收入规模相对较高

委托经营模式提高了 Ventas 整体的收入规模，但也由于对成本费用的承担而降低了利润率、提高了经营风险：在委托经营模式下，运营方只收取固定比例的管理费，物业所有方承担所有直接经营成本、亏损风险，毛利润率降到 30%~40% 水平，并承担金融危机中的业绩波动。

截至 2010 年末，Ventas 在美国 43 个州和加拿大 2 个省拥有 602 处物业，运营物业包括 240 处养老社区、135 处医疗办公楼（MOB）、40 家医院物业、187 处专业护理院物业。其中，全资拥有的物业资产 538 处，通过与运营方成立的合资公司控股 6 处医疗办公楼，通过与第三方投资人合资组建的私募基金平台控制着 58 处医疗办公楼（Ventas 在这些基金中的份额在 5%~20% 之间）。

（3）HCN：运营商参股模式

HealthCare REITs（HCN.N）最初投资于专业护理院，后拓展至养老地产领域，是全美第三大养老/医疗类 REITs 公司。

"租赁+委托经营"的平衡及收益分享模式对运营商的吸引成为 HCN 赶超 HCP 和 Ventas 的主要工具。HCN 除了努力拓展委托经营的空间，更通过共同构建物业组合的方式激发运营商的管理积极性。HCN 合作扩张的发展见表 4-8。

● HCN合作扩张之路　　　　　　　　　　　　　　　　　表4-8

HCN合作企业	资产组合	权益划分
Merill Garden	HCN贡献13处物业和2.55亿美元现金，而Merill Garden贡献25处物业及其负债，构成一个总值8.17亿美元的物业组合	HCN在其中占有80%权益，Merill Garden 占20%权益
Silverado Senior Living	一个拥有18处物业、总值2.98亿美元的资产组合	HCN占95%权益，Silverado占5%权益，并托管该物业组合
Senior StarLiving	拥有9处物业、总值3.6亿美元的资产组合。HCN贡献2处物业和1.52亿美元现金；Senior Star贡献7处物业和相关负债	HCN占90%权益，Senior StarLiving占10%权益，并托管该物业组合
Benchmark Senior Living	一个拥有34处物业、总值8.9亿美元的资产组合	HCN占95%权益，Benchmark占5%权益，并托管该物业组合

目前，HCN 大部分物业仍采用净出租方式运营，入住率88.9%，每单元的月均租金收入 1353 美元；合资经营物业部分，由于 HCN 能够分享大部分经营收益，使每单元的月均收入提升至 2538 美元，入住率达到 91.9%。

截至 2010 年末，公司物业总投资额 90 亿美元，在 684 处物业中拥有权益，包括 303 处养老社区、180 家专业护理院的物业资产、31 家医院的物业资产、163 处医疗办公楼（MOB）和 7 处生命科学实验楼，物业总值 140 亿美元。

（4）HCP：5×5 的多元投资模式

作为全美最大的养老地产 REITs 公司，HCP 强调投资渠道与投资类型的多元化，提出了 5×5 的投资模式，即采用 5 种投资渠道（出租型物业、投资管理平台、开发和再开发、债权投资、DownREITs）投资于 5 类资产（养老社区、生命科学物业、医疗办公楼 MOB、专业护理机构的物业、医院物业）。

HCP 的 5 种投资渠道，分别是直接持有出租型物业、通过投资管理平台的地产基金持有物业、通过参与开发和再开发环节获取物业、通过债权投资方式获取物业、以及通过伞型 REITs 的份额换取物业（DownREITs）。

HCP 直接持有的 573 处出租型物业，主要采用出租模式运营。

HCP收益构成表　　　　　　　　　　　　　　　　　　表4-9

构成类型	收益组成
199处自有养老社区	租金收入3.34亿美元
三大运营商Emeritus、Sunrise和Brookdale	贡献了总收入的10%、8%和5%
其他医疗专用物业	贡献租金及经营收入7亿美元
四个合伙型私募基金	约占有20%~35%的权益，获取基金管理费和超额收益的业绩提成

截至 2010 年末，HCP 已在 672 处、总值 145 亿美元的物业中拥有权益，旗下物业包括 251 处养老社区、102 处生命科学实验楼、253 处医疗办公楼（MOB）、45 处专业护理院资产和 21 家医院资产。其中，自有物业 573 处，总投资额 105 亿美元；通过私募基金平台持有 99 处物业，另有 20 亿美元的夹层贷款和抵押贷款投资，以及 4.67 亿美元的土地储备、在建物业和再开发物业。HCP 收益构成见表 4-9。

第三、养老地产盈利模式解析

养老地产的盈利由项目运营方式决定。

根据养老产品处理方式不同可以分为三种盈利模式：长期持有、出售、出售与持有相结合。

根据养老产品不同特点，可以分为六种盈利模式：无障碍适老化社区模式、CCRC 持续照料退休社区模式、CCC 持续照料亲情社区模式、城市型养老公寓模式、旅游度假型养老酒店模式、护理型机构等模式；

根据养老公寓所有权与使用权的不同实现形式可分为四种盈利模式，即会员制、逆抵押贷款购房、转让使用权、分散租赁等模式。

1. 养老地产物业持有形式分析

养老地产物业有以下三种持有形式：长期持有、出售、出售与持有相结合（图4-31）。三者的优劣势对比见表4-10。

图4-31 三种物业持有形式

三种物业持有形式优缺点对比   表4-10

经营模式	收益实现方式	收益水平及结构	优点	缺点
长期持有	房产出租	以产品出租的长期收益为主，以配套产品经营收益为辅	能够通过使用配套用地、行政划拨用地等灵活的手段在不取得土地使用权的情况下实现运营，降低土地成本。结合物业、医疗、康体锻炼等多种服务形成稳定的收入	要求具有充裕的现金，资金占用量大、回笼较慢
出售	产品出售	随着老年地产产业的不断发展，投资收益水平将不断接近房地产业平均投资收益水平。收益中绝大部分为产品出售获得的一次性收益，极少一部分为配套产品经营获得的收益	较快回笼资金、提高资金周转、实现滚动开发	必须取得土地的使用权，享受到政府的土地优惠政策的可能性较小。不能得到养老地产升值的剩余和通过运营获得长期稳定收益

续表

经营模式	收益实现方式	收益水平及结构	优点	缺点
出售与长期持有相结合	收益有通过产品出售获得一次性投资收益、产品出租获得长期稳定收益两种实现方式	在行业发展初期平均收益水平高于房地产业平均收益水平。收益结构为一次性收益与长期稳定收益相结合，两种收益方式的收益比例因项目定位中产品配比的不同而不同	除上述两种模式的优点外，还可利用土地策略灵活获取收益，如经营性物业可以不取得土地所有权或通过其他性质的土地降低成本，而需要出售的住宅则通过招拍挂取得土地使用权，既可以实现资金的快速回笼，又可以享受到土地升值的利益	也需要一定量的运营资金

（1）长期持有

长期持有型养老住宅产品是持有运营，只租不售。

主要形式

在养老住宅持有运营阶段，目前主要形式是采取会员制发售，购买居住权。

实现要求

专业化服务管理是决定养老社区可持续性发展的关键因素。

典型参考案例

北京燕达国际健康城——医疗健康社区，全部持有运营（图4-32）。

图4-32　北京燕达国际健康城布局

04 养老地产开发运营模式

开发商：中国燕达实业集团设立的"燕达国际健康城投资管理有限公司"。

项目区位：位于北京卫星城东燕郊，潮白河畔。地理位置优越，距天安门30km，距首都国际机场25km。

项目定位：世界级医疗服务，世界级健康生活。

项目规模：占地面积50万m^2（不含附属用地），总建筑面积110万m^2，总投资约100亿元人民币。

主要板块："医院+养护"两大板块（表4-11）。

北京燕达国际健康城主要板块　　　　　　　　　　　　　　表4-11

主要业务板块	
养护板块	燕达金色年华健康养护中心（12000床）
医院板块	定位国内外高端客户群的燕达国际医院（3000床，三甲标准）
	医学研究院（3大研究主题）
	医护培训学院（可容纳1500名学员）
	会议中心（5星级标准）

收入来源：本项目主要收益点来源于养护中心租赁收入（表4-12）。

北京燕达国际健康城收益来源表　　　　　　　　　　　　　表4-12

	收益来源	主要收益
医学研究院	国家课题专项资金； 课题成果奖励； 国际资金投资等	国家课题专项资金； 国际资金投资
医护培训学院	学费； 财政拨款等	财政拨款等
养护中心	房屋租赁； 会员制度等	房屋租赁； 会员制度等
会议中心	场馆租赁等	场馆租赁等

（2）出售

出售型养老住宅是以出售房屋产权为主，区域级别配套并举。

主要形式

销售住宅产品。

典型参考案例

北京东方太阳城——养老概念住宅＋超配套设施（图4-33）。

图4-33　北京东方太阳城布局

开发商：中国希格玛有限公司，成立于1986年，隶属中国科学院。

项目区位：北京市顺义区潮白河畔。

区域概况：项目所在顺义区植被覆盖率、绿化率和空气质量等环境条件和基础条件都非常好，位于北京传统认知的中央别墅区板块。

项目定位："世界级的高尚退休社区"、"全新退休生活的领跑者"。

项目规模：规划面积234万m^2，总建筑面积70万m^2，可入住2万余人。

物业类型：独栋别墅、联排别墅、点式公寓、板式公寓和连廊式公寓；面积为78～716m^2不等。

产品体系：四层电梯公寓，联排别墅（表4-13）。

● 北京燕达国际健康城产品体系　　　　　　　　　　　　　表4-13

产品类型	套数	面积
四层电梯公寓	600套	170~250m^2
联排别墅	230套	222~260m^2
独栋别墅	118套	268~380m^2
四合院	7套	424~716m^2

主要业态

一，大型康体中心。

康体中心接近 8000m^2，室内外的游泳池、跑道、各种健身器材、网球场、舞蹈房、室内跑道、温泉，均针对老年人进行特别设计。

二，老年大学。

北京市第一家社区内申办的老年大学，开设多种课程，如芭蕾、陶艺、雕刻等，部分课程由社区中的老年人担当教师。

三，社区农场。

在社区内开辟可以耕作的农庄，每块地管理费低廉，一年中可以在地块中耕作。很多老年人非常喜欢这种农家乐的感觉。

客户细分（表 4-14）

北京燕达国际健康城客户细分　　表4-14

客群划分	明细
养老一族	其中有退休教授、干部等，总体层次较高，小区定位的老年人都是生活可以自理的、活跃的老年人
准养老一族	很多四、五十岁的人在此购房，在退休前为自己购买养老住宅，而他们的父母多在六、七十岁左右，因此房子买来可以先给父母住，等自己退休后再搬过来住
养老族子女	在市区都有住宅，很多人周末来这里陪父母，还有部分客群与父母住在同一小区，便于照料
地缘性客户	本项目离机场较近，机场的工作人员和飞行员会在此买房

（3）出售与持有相结合

出售与持有相结合的养老地产是兼顾产品销售和运营服务利润的一种物业持有形式。

主要形式

产品销售和物业经营服务二者并重。

典型参考案例

北京太阳城国际老年公寓——养老概念住宅＋养老地产（图 4-34）。

图4-34　北京太阳城国际老年公寓布局

项目区位：位于京城北郊昌平区小汤山镇，西临立汤路、北畔温榆河、东距首都机场17km、南距亚运村15km。

项目规模：占地面积42万m^2（623亩），总建筑面积30万m^2，容积率0.7，绿化率60%。总投资5亿多人民币。

产品类型：独栋别墅、联排别墅、花园洋房、四合院住宅。

社区特色：中国式的园林，2万m^2的人工联体双湖，L型绿化带。根据老年人的特点进行了无障碍设计，三层以上的住宅全部配有电梯，24小时温泉水入户。

区域环境：周边地区现已成为北京市高新技术产业和高等文化教育的重点发展区，成为北京市现代农业科技示范园区和绿色食品的主要供应基地。

物业类型：老年公寓＋销售住宅＋医院（中医院＋太阳城医院）；销售别墅＋酒店＋度假村＋购物中心。

2. 养老地产盈利模式分析

根据养老产品不同，养老地产可以分为6类盈利模式：无障碍适老化社区模式、CCRC持续照料退休社区模式、CCC持续照料亲情社区模式、城市型养老公寓模式、旅游度假型养老酒店模式、护理型机构模式（图4-35）。

04 养老地产开发运营模式

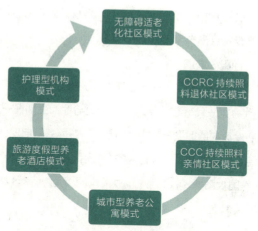

图4-35 不同类型养老产品盈利模式

（1）无障碍适老化社区

社区增设部分老人设施，能满足老人无障碍居家养老。

盈利模式：销售产权（无障碍溢价）。

用地性质：住宅。

养老配套：无（或很少），主要解决室内外的活动交往空间。

目标客群：喜欢居家养老的健康活跃老人，或半自理老人；通过社区外的服务机构提供一定的上门服务即可；社区内经常组织老年活动。

典型参考案例：北京怡海花园。

（2）CCRC 持续照料退休社区

老人根据自身情况，选择相应的医疗照护，是全面照料社区。

盈利模式：销售产权 + 会员卡（租金）+ 月费。

用地性质：住宅 + 商服 + 公建。

养老配套：老人专用活动设施，提供介助和介护养老服务。

目标客群：摆脱了工作和家庭的束缚、喜欢与其他老人群居活动的健康老人；需要上门服务，或日托、短期寄养服务，需要在社区内得到专业护理的半自理、全自理老人；希望一站式养老，不希望再搬家；第二代、第三代周末来看望或一起居住两天。

典型参考案例：上海亲和源、美国纽约哈德逊 KENDAL。

（3）CCC 持续照料亲情社区

年轻人与老年人同住一个社区，这种方式可能会比 CCRC 的方式更符合中国的国情特征，基于它的盈利模式也能够更好地作为产权销售，尽快地回笼资金。

盈利模式：销售产权＋会员卡（租金）＋月费。

用地性质：住宅＋商服＋公建。

养老配套：以提供介助服务为主（日间照料中心、托老所、微型养老院）。

目标客群：第二代、第三代就在一个城市，希望与他们生活在一个社区、每天都能见面的居家养老的老人；社区内能提供一定的上门服务，并配置半自理、不能自理老人的日托或短期寄养服务；适合老年人的及适合年轻人的公共活动设施和公共活动空间，相互融合。

典型参考案例：美国太阳城·牧场系列。太阳城牧场里有专门为年轻人设计的住宅，年轻人跟老年人同住一个社区。

（4）城市型养老公寓

城内的土地非常少，有大量的老人生活在城市环境里，他们不愿意离开自己熟悉的环境，所以创造一个城市型的养老公寓，在竖向上区分健康老人和失能、半失能老人，这是一个很重要的发展方向。

盈利模式：出租（或出售返租）＋统一经营管理。

用地性质：商服。

养老配套：提供介助和介护养老服务。

目标客群：可以离开家但不想离开城市环境的老人，需要专门的照护。

典型参考案例：日本木下丰州设施、香港彩颐居。

老年公寓具体有四种盈利模式：会员制盈利模式、逆抵押贷款购房模式、转让使用权模式、分散租赁模式（图4-36）。

图4-36　老年公寓盈利模式

1）会员制模式

以出租为主要经营方式，收费水平要比福利型养老机构的收费水平高，具备自己的医疗服务人才。入住者通常需要交纳一定数额的抵押金，每月交纳少量的管理费。管理机构通过专业护理提高收费水平来获取利润,国外的专业管理机构一般将押金进行投资以谋取利润,具有寿险公司的经营性质。

2）逆抵押贷款购房模式

这是目前国外一些国家普遍使用的方法。即老年人退休以后,从开发商处购买一套老年公寓,然后与开发商签订合同,每月由开发商支付给老人一定数量的生活费,直到老人去世,开发商返还剩余本金,住房归开发商所有,这种模式对老年人的入住条件有比较严格的审核,一般规定老年人的年龄在55周岁以上。

3）转让使用权模式

在项目存在不能进行产权分割销售的实际条件下,坚持买卖不破租赁原则,采取转让固定年限使用权的盈利模式也是资金快速回笼和项目运营的理想模式之一,在固定年限内,使用权在使用权人死亡后,可以由有能力提供使用费的近亲属继续使用,但应重新签订使用合同,所有权人也可以调整使用权人。

4）分散租赁模式

即采用一定押金分月或分季度付款的盈利模式,租期一般比较分散,有长有短,且非一次性付清的经营模式,在这种模式下,一般是由开发商与专门的经营公司或物业公司合作开发,将既得利润作为按股分红的经营模式。

下面,比较一下四种盈利模式的利弊。

养老公寓盈利模式利弊分析　　　　　　　　　　　　　　　　　　　　表4-15

盈利模式	利	弊
会员制模式	在一定程度上抬高了目标客户入住的门槛,在消费理念相对先进和经济条件相对雄厚的城市,或许能赢得市场的认同	在经济条件相对薄弱的城市不太容易被老年群体认可
逆抵押贷款购房模式	一定程度上,比较适合较为独立的老人,对消费理念水平也有着较高的要求	该模式是否可能有待市场检验
转让使用权模式	目前产权无法分割销售的项目最多采取的手段之一	在继承和转让上,又较多的受到政策法规的约束,市场的认同度也会受到一定的影响
分散租赁模式	对前期投入和设施服务配套要求比较高,但在经营状况较好的状况下,利润也最为可观	资金回笼速度最慢

四种盈利模式在经营效益和资金回笼的速度上各有利弊,不可轻易地、盲目地全盘照搬。

5）旅游度假型养老社区

开发这类型养老产品，需要开发企业根据区位交通、发展环境、场地规模、资金实力和资源整合能力选择适合的项目，同时做好"四个结合"，专业化与综合化的结合，公益性与市场化的结合，地产销售与多元经营的结合，自主经营与合作经营的结合。

盈利模式：产权酒店＋分时度假＋异地连锁互换。

用地性质：商服/旅游。

养老配套：温泉＋康复＋理疗＋营养膳食＋文体活动。

目标客群：健康活跃老人和部分需要介助的老人，爱好旅游。

典型参考案例：今典·红树林（一卡在手、全国度假）。

6）护理型机构

这类型可以投资开发做连锁品牌，规模化发展。成功开发的前提条件是土地成本一定要拿得比较合理。

盈利模式：一次性入住金（会员卡/押金/租金/消费卡）＋月费。

用地性质：公建/商服/住宅/工业/农村集体建设用地。

养老配套：自身。

目标客群：需要护理的失能、半失能老人。

典型案例：台湾双连赡养中心、北京太申祥和山庄。

链接

盈利模式建议——根据开发周期，走多元化盈利模式。

结合市场实际情况，在项目开发前期，以转让使用权和逆抵押贷款购房两种模式作为最主要的盈利模式，要根据项目老年住宅性质优势，争取在政策上获得较大支持，扩大目标客户群体，增加优惠力度，以增强目标客户投资信心。

在项目开发中期，在配套服务设施呈现一定规模或开始运营的情况下，采取以会员制盈利型和转让使用权模式为主的盈利模式，对于会员制盈利型模式要注意适当降低入住门槛。

在项目开发后期，在前期配套服务等日趋完善的基础上，以会员制盈利模式和分散租赁模式为最主要的盈利模式。

案例：美国太阳城盈利模式

通常建设老年地产投入的成本比普通住宅的投入成本高出一倍左右，因此决定着老年地产租售方式比普通住宅更为复杂。老年地产需根据老年人的市场需求采取灵活多变的销售模式。美国太阳城项目的盈利就由一次性收入和长期性经营收入构成（图4-37）。

04　养老地产开发运营模式

一次性收入	长期性经营收入
· 独立住宅销售收益	· 配套设施的经营收入； · 租赁项目的出租收益

图4-37　美国太阳城盈利模式

1. 一次性收入型

美国太阳城一次性收入主要是独立住宅的销售收益。

美国太阳城现有来自全美及世界各地的住户1.6万，且一直处于持续增长的态势。美国太阳城的老年地产中连体别墅的一套住宅价位从9万美元到20万美元不等，并且可以选择全部、部分或不需公共维护保养的住宅。如一次性收入的组团别墅有："太阳城中心"（独立家庭别墅）、"国王之殿"（连体别墅）、"湖中之塔"（辅助照料式住宅和家庭护理机构）以及"自由广场"（辅助照料式住宅和家庭护理机构）等。

2. 长期性经营收入型

项目长期性经营收入由配套设施的经营收入和租赁项目的出租收益构成。

1）配套设施经营收益

在太阳城中心，每人每年享用综合会所的费用为140美元。享受的康乐设施包括室内和室外游泳池、网球的推圆盘游戏场、草地保龄球、健身和娱乐中心、会议室和一个1万平方英尺的剧场。

2）租赁项目的出租收益

美国太阳城中心的收益主要来源于一次性销售收益以及长期性收益包括公寓出租收益及配套设施的使用收益。值得指出的是，太阳城中心的长期性收益是太阳城中心的重要组成部分，仅以每年配套设施的收益为例：即每年这两项配套设施的收入就达1000多万美元，相当于卖掉50多套别墅（按均价17.5万美元计），并且这两种设施是对社会公开经营，这部分收入还未计入，因此这种长期性收益是太阳城中心的重要收益来源。

新手知识总结与自我测验
总分：100 分

第一题：我国养老地产有哪几种创新模式？（15分）
___
___
___

第二题：养老地产与其他建筑形态结合开发有哪几种模式？（15分）
___
___
___

第三题：养老地产有哪几种盈利模式？（30分）
___
___
___

思考题：美国太阳城的盈利模式对于我国养老地产的开发有哪些借鉴意义？（40分）
___
___
___

得分：　　　　　　　　　　签名：

养老地产新兵入门 05

养老地产项目规划设计

操作程序

第一、养老地产项目规划设计要素
第二、养老地产的产品设计重点
第三、养老地产项目装修要求及策略
第四、国外养老地产项目设计借鉴

本章使用指南

养老地产做好规划设计后就基本确定了其未来经营的好坏程度,因此做养老地产,产品规划非常重要。此时要考虑以下四个问题:是否与项目土地性质及经营形式相适应;开发机构与客户群体之间统一对立的辩证关系如何;如何平衡统筹建设成本和运营成本;如何充分体现配套设施的功能性和经济性。

第一、养老地产项目规划设计要素

决定养老地产未来经营的规划要素有：选址、规划尺度、交通、社区景观、公共服务设施、日照通风卫生（图5-1），还有其他一些规划细节需要考虑，比如人文活动的引入，景观设计结合心理学等。

这类项目只有在实际的规划设计中，充分地考虑老年人的实际需求，才能做出适合老年人，被老年人所接受、喜爱的老年社区。

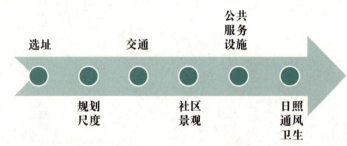

图5-1 养老地产项目六大主要规划要素

1. 选址标准要求

老年人离开工作岗位后与外界接触逐渐减少，住宅的地段优势不再是他们考虑的首要因素，而居住环境和生活质量则跃升至首位。因此，老年住宅项目的选址应以优美的自然环境、良好的空气质量、恬静安全的生活环境作为第一衡量指标。

老年住宅的项目选址可以从如表5-1所示的几个方面来考虑。

● 项目选址考虑因素　　　　　　　　　　　　　　　　表5-1

选址考虑因素	具体要求
环境	环境质量良好，环境符合老人的心理上的需求，对老人有较强的吸引力
交通	便捷，老人外出或是与子女、友人往来都十分方便
场地	场地应有足够面积，以满足开展户外活动的要求；不宜直接邻近学校、儿童游乐场或为青年与成年人所活跃出入的娱乐区
场地周边	场地周边活动安全，不应以主要交通干线为界，保证购物、逛公园等一般室外活动不必穿过城市主要街道
	生活气息浓郁，使老人们与各年龄段的居民们有各种各样的交往机会，避免产生与社会相隔绝、被社会所遗弃的消极心理

05 养老地产项目规划设计

不同品质养老地产对选址要求不同,根据品质的不同可以分为基础型和高端型两类。两类养老地产选址要求见表5-2。

两类养老地产选址要求　　　　　　　　　　　　　　　　　　　表5-2

建设主项目	要素需求	高端型	基础型
选址	城市远郊	√	
	城市近郊	√	√
	城市边缘		√
	稀有独特自然、人文资源	√	
	江、河、湖、溪水景	√	√
	良好绿地植被	√	√
	微地形	√	√

(1)基础型养老地产选址特征

基础型养老地产在选址上应尽可能满足如图5-2所示的三方面要求:

图5-2　基础型养老地产选址要求

位于城市边缘和近郊。

有自然的江、河、湖、溪等水体和微地形,内部和周边有良好的绿地植被。

选址于城市边缘或近郊,项目与城市交通比较便利,这类养老地产部分服务需要依托于城市来提供。

项目选址临近水体。

有助于生活给排水的组织,景观用水的需求,有利于改善住区的小气候,而利用水体打造公共开放空间更能提高住区的生活品质。

项目地形有些起伏和变化。

利于丰富养老社区的微地形景观，根据地形地势来排布住宅，可以丰富观景的层次，局部组团容易形成较好的采光通风微环境。对于养老养生需求，山地也有利于养生康体游线的组织，如因山势设置登山康体游线等。

（2）高端型养老地产选址特征

什么是高端型养老地产？养老地产项目之所以高端，往往是因为依托了稀有或独特资源，比如温泉资源、名山名水资源、大江大湖大海资源、历史遗迹、人文景观等，通过对稀有独特资源的高端开发，或者对知名品牌资源的利用，营造高端社区品牌。反过来，对稀有独特资源的专物专用，也符合景观价值最大化原则，又能极大提升项目市场竞争力。

因此，一个高端型养老地产项目，在选址时应首先考虑如下两个要素：一，城市近郊和远郊区；二，稀缺和独特的自然、人文资源（图5-3）。

图5-3　高端型养老地产选址要求

高端型项目在选址上不要求紧邻城市，在保证快捷交通联系的前提下，可以选择城市远郊环境较好的地段。距离城市较远，在发展用地上受到的限制也会较少，有利于更大规模社区的打造。

高端养老社区的服务配套要求比较全面，有些社区型设施较城市级配套的还要好些，如私立医院和私立学校等。

2. 规划尺度设计要求

养老地产产品是符合老年人生活需要的产品，其舒适性和安全性、便利性都要得到满足。把握好项目的规划尺度及要求，能够打造出适当的产品。宜人的街道、建筑、景观尺度是营造宜人生活空间的关键。

老年地产的规划尺度有其特殊的要求。具体说来包括如图5-4所示的3个方面。

05 养老地产项目规划设计

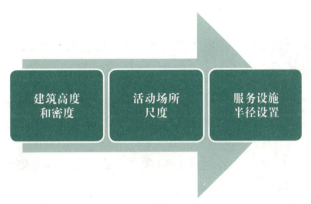

图5-4 老年社区对规划尺度的要求

（1）建筑高度和密度

建筑高度和建筑密度在很大程度上决定了一个社区的综合环境品质。一般来说，较低建筑高度和建筑密度的社区，容纳的人数会较少，绿地和开敞空间较多，生活氛围会相对舒适和悠闲（图5-5）。

图5-5 规划养老地产建筑要求

老年地产类项目原则上不提倡高层建筑，项目确有需要，可将高层与低层、多层分开布置。

建筑高度

多以低层、多层为主，建筑侧面间距小于20m，保证足够的日照间距；

建筑密度

应大于25%，小于35%，这种尺度能满足老年人对清静和热闹双重生活氛围的要求。

居住环境

要尽量安静、私密，因为老年人睡眠时间较短，所以对睡眠质量的要求较高。

居住空间

在居住空间上要提供多种公共空间组合，老年人更渴望社会交往和活动，需要更多的公共空间。

住宅建筑侧面间距一般是指一栋住宅建筑与当地较好朝向相垂直的侧面（或叫山墙面）和另一栋住宅建筑的侧面的间距。

（2）活动场所尺度

社区内的活动场所是老年人平时最常使用的地方，其设计应该充分满足人性化的感受需求。在这里可以提供一个标准计算公式：当广场的宽度（D）与周边建筑的高度（H）的比值大于1、小于2时，广场尺度是宜人的[①]。适宜人活动的外部空间基本尺度是20~25m；在景观步行带上设置休闲设施，建议以25~50m为间距设置，如桌椅、台阶、花台（图5-6）。

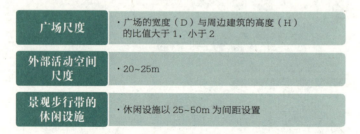

图5-6　老年活动场所规划尺度

（3）服务设施半径设置

根据一项老年人行为习惯调查得知，老年人在社区中出行频率较高的距离是150m和300m，按老年人1分钟行走距离60m计算，老年人比较舒适、愉快的出行时间为3~5分钟。养老社区的服务设施布置应以组团级设施150m为服务半径，小区级300m为服务半径，社区级500m服务半径，方便老年人使用服务设施（图5-7）。如果部分大型社区中，

---

① 本尺度标准由日本著名建筑师芦原义信在《外部空间设计》一书中提出。

服务设施距离较远的，可以引入区内电瓶车交通系统，解决跨区域出行需求。

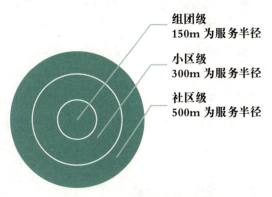

图5-7　社区服务设施布置半径

3. 交通条件设计要求

交通规划对于社区居住品质影响巨大，一个好的道路系统直接关系到规划布局和社区内居民的生活出行模式。养老地产项目对交通的要求主要是如图 5-8 所示的两点。

图5-8　养老地产项目对交通的要求

（1）人车分流系统是最低要求

在目前居住区规划中，人车分流已经是被普遍认可的交通组织模式。设计上通常将车行设置在居住区外围，人行系统设置在内部。

老年社区对交通的要求比较复杂：一方面因为老年人身体原因，更多依赖于机动车；另一方面，老年人身体机能下降，各方面的反应欠灵活，又需要减少机动车对人行区域的干扰，因此，在老年社区中，既需要人车分流，又需要机动车方便入户或靠近住处，必要的地段可以实行机动车与电瓶车的转换。

（2）结合景观体系打造慢生活步行系统

老年人有一个很重要的诉求就是健康和养生。有些老年地产项目本身拥有较好的资源禀赋，比如可以泡温泉、登山、游湖等，但有的项目自然资源比较匮乏，需要通过人为地引入养生设施，如体育场馆和艺术场馆等。但无论是哪种情况的项目，结合自身景观体系打造慢生活步行系统都是可以实现的。

老年人身体机能特征更适宜进行舒缓的康体运动，在社区内结合公共景观系统设置一条或多条通畅、尺度宜人、景观优美的步行系统，将会起到聚集社区人气和满足老年人康体诉求的双重作用。

4. 社区环境配备要求

在社区规划设计上应为老年人提供恰当的生活条件，从老年学、社会学、心理学、美学和医学等新角度来研究和设计老年人的住区环境，满足老年人在生理、心理和社会方面的种种特殊需要，以充实他们的生活内容，提高生命质量。

地产项目的市场属性依然是养老地产的重要属性，通过社区景观的营造来提升社区居住品质也更是养老地产规划的基本原则。

原则 1. 好景配好房

在养老地产中，依然需要遵循景观资源最大化的原则，保证产品价值最大化。好的住宅产品结合好的景观资源将会产生"1+1＞2"的价值提升效应，比如独栋别墅结合湖景、高尔夫景观。养老地产中，最具购买力、养老需求最大的客户往往是健康的中老年人群，这些人群除了有自身的养老需求，还追求住宅产品本身的保值与增值，追求稀有景观的尊享。

原则 2. 高绿地率

地块内部和周边有较好的绿地植被覆盖，不仅可以改善内部微气候，增加社区供氧量，还能增加居民的公共活动空间。

新建高品质居住区绿地率不低于30%，能从整体上保证居住区良好的居住环境。由于老年人生理机能上对环境变化的反应更敏感，老年地产对居住环境提出了更高的要求。高端老年地产项目绿地率不应低于40%，基础型老年地产项目不应低于35%。

原则 3. 低容积率

容积率越高，居民舒适度越低，容积率在1.0~0.1之间均可进行老年住宅开发，低容积率的用地适合低密度老年综合社区的开发。

原则4. 高供氧绿植组合

根据对中国长寿乡的研究，高浓度氧离子是人类健康长寿的秘密武器。在有限的条件下，提高住区氧离子含量对于养老有重要的意义。

目前住区规划中，较常采用的是富氧植被组合法，即根据各种不同植被每公顷能提供的氧气量值来进行植被搭配。林地，尤其是阔叶林地的单位供氧量最大，其次是水体（表5-3）。因此在养老社区中，在地理和气候环境允许的条件下，应优先考虑阔叶林与水体的布置。

● **植被供氧量值**　　　　　　　　　　　　　　　　　　　　　　　　　　表5-3

	阔叶林	公共绿色空间	农田	淡水湿地
换算系数	1	0.2	0.2	0.4
供氧t/（hm²·a）	270	54	54	108

注：t/（hm²·a）为生物生产力单位，hm²表示公顷，a表示时间（年），t表示吨。

5. 公共服务设施设计内容

老年地产区别于一般居住区的重要特点有两个：一是能提供较完善的生活配套；二是提供医疗护理条件。这两个条件是很多老年人选择老年地产项目的关键考虑因素。

而养老地产对公共服务设施的要求体现在如图5-9所示的3个方面。

图5-9　养老地产对公共服务设施的要求

（1）无障碍道路系统设计内容

目前国内比较高端的居住区都会进行无障碍道路系统设计，包括盲道、轮椅专用道、轮椅入户坡道、长坡升降梯等，在老年社区中应将无障碍道路设计设为强制性内容，并根据老年人的具体需求，在道路设计的细节上给予专门的考虑。

（2）入户式和随身式急救护理系统设计内容

老年社区需要配备入户式急救呼叫系统，住户通过户内报警按钮通知社区急救中心，急救中心确保在收到报警3分钟内到达住户家进行初步救治。老年人是容易出现突发病情的群体，如高血压、心脏病等，特点是发病前兆少、病情发展快、致命性高，老人在无人护理的情况下发病后往往因为得不到及时的救治而错过最佳治疗时机。

在高端的养老社区中，已经引入老年人随身急救呼叫系统，针对身体状态不太稳定的老年人，为其配备贴身的警报器，通过警报器，医疗中心可以随时了解老年人的身体状况和各项指标，在紧急情况下，老年人可随时按警报器呼叫急救中心寻求帮助。

（3）医疗体检康复中心建设

很多老年人不仅仅满足于良好的急救护理服务，还希望在享受高品质的居住环境同时，在居住期间得到科学的治疗及养生指导，以实现有病治病、无病养生的生活理念，从而保证自己的身体处于比较健康的状态。

因此，养老地产项目多会与一些知名的综合型医院合作，在社区内设置分部，分派老年疾病的专家医生坐诊，重点开设体检、日常保健、养生调理、老年疾病预防与治疗科室，让老年人住得舒心、子女们工作安心。

6. 日照通风卫生

根据《城市居住区规划设计规范》（GB 50180-1993）规定，老年人居住建筑不应低于冬至日日照2小时标准。因为老年人的生理机能、生活规律及其健康需求决定了其活动范围的局限性和对环境的特殊要求，尤其是部分老年人因为身体不便、常年卧床，对阳光有更多的渴望，规划上应尽量争取南向布置住宅，减少东西布置，避免纯北向住宅布置。南方高温潮湿地区的养老住宅还应考虑夏季通风设计，住宅排列上应便于夏季凉风进入，户型保证有两个以上的朝向。

05 养老地产项目规划设计

操作程序

第二、养老地产的产品设计重点

老年住宅与普通住宅有两个不同点，一是老年人住宅户型一般为单人间或二人间，二是因老年人身体机能退化，住宅必须有专门的护理措施和设备。设计养老地产住宅除了考虑两个不同点外，还应遵循老年人基本心理学和社会学的原则（图5-10）。

图5-10 设计养老地产住宅需要考虑的三个方面

人进入老年后，生活结构会发生重大转折，在生理、心理和社会等方面都发生着巨大的变化（表5-4）。

老年人身心变化特征 表5-4

老年人变化特征	具体表现
生理特征	老年人各种机能逐渐退化，感觉能力、观察能力、行动能力等逐渐下降或丧失。因此，老年人的行为空间和环境设施须补偿他们各种能力的降低，并应维护和锻炼老年人尚存的生活能力
心理特征	老年人会有安全、交往、尊重三种需求，他们需要与亲人、朋友、同事、邻居广泛联系，寻求友谊、慰藉与互助；他们惧怕孤独、寂寞、无聊和被社会遗弃
社会特征	老年人希望老有所为、所乐、所学、所居、所养、所医

这些变化和需求使老年人对所居住的环境有许多特殊要求。

一是，更强化"人生安乐窝"的意义。老年人身体机能退化，活动空间不断缩小，越来越局限于居住的范围，由此对住区作为"人生安乐窝"意义的理解也最深。二是他们步入老年之后，社会角色转变，工作时间大大缩短，具有比其他年龄人群更多的闲暇时光，从而有了足够的时间与他们所在的住所及其环境发生关系。

1. 养老地产产品设计依据

从根本上说，老年住宅产品设计依据就是老年人的居住生活特征，只有对老年人的生理、心理进行深入了解研究，才能设计出真正适宜老年人居住的住宅。

人在步入老年以后，其心理和生理会随着年龄的增加而出现与青壮年时期完全不同的状况，这就叫老化现象。一般表现在以下四个方面：

依据1. 老年人生理特征

随着年龄的增大，老年人身体、免疫、运动系统等机能都出现衰退，居住环境很常见的设置对于他们来说，也可能是一种障碍。

● 老年人身体生理功能变化表现　　　　　　　　　　　　　　　　　表5-5

老年人身体生理功能变化表现	特征	常见居住环境障碍
视觉能力衰退	形象分辨能力降低	难以分辨小的物体，如文字、较小的标识、较小的按钮、按键灯；难以分辨与背景色彩无明显反差的物体，如与墙面颜色接近的开关插座、扶手、栏杆等；对较大面积的玻璃难以识别
	色彩分辨能力降低	难以分辨深色和微弱色差的环境；对某些色彩如红色、绿色的分辨相对困难
	弱光下识别物体能力降低	在低光照条件下分辨物体困难，如灯具找到较大、光线角度不佳等情况；夜间视物较为困难
	对强光敏感	对频闪的灯光和直射眼睛的光线会感到不适；反光较强的地面或墙面等易引起视觉错觉
	对光亮突变的适应力减弱	视觉的明适应与暗适应能力下降，对光线明暗突变的适应时间增长
无视觉能力	眼盲	失去对环境的辨认能力，容易发生磕碰、绊倒等问题；丧失方向感，在路线曲折的环境中容易迷路；使用无声音提示的设备较为困难

续表

老年人身体生理功能变化表现	特征	常见居住环境障碍
触觉退化	对温度变化的感知能力减弱	对烫物瞬间感知慢,端送食物和热水时容易烫伤
	对疼痛的感知能力减弱	容易磕碰受伤,且受伤后常不能及时察觉,耽误医治
味觉退化	对食物味道的辨别能力减弱	易误食变质食品或不良食品
嗅觉退化	对气味的感知能力减弱	难以察觉有害气体的异味,如在使用煤气出现熄火、泄露等情况,会因闻不到而发生煤气中毒等安全事故
听觉退化	听不清或听不见	门铃声、报警声音量太小时听不见,发声距离较远或有阻隔时听不清
	对声音较为敏感	休息和睡眠时易受噪声干扰

● **老年人免疫机能、运动系统特征变化表现**　　　　　　　　　表5-6

老年人机能变化表现	特征		常见居住环境障碍
老年人免疫机能	对温度、湿度变化敏感		害怕没有阳光和自然通风,不能忍受空调冷风直吹,不能适应冷热突变的环境
	易生病或患慢性疾病,且不易好转		休息和睡眠时易受噪声干扰
老年人运动系统	肢体灵活性降低,动作幅度减小	抬腿、弯腰、下蹲等动作困难	上下楼梯费力,易被低矮高差绊倒;如厕、穿鞋等动作困难;食用蹲式便器时下蹲、起身吃力
		肢体伸展困难	拿取位置过高或过低的物品困难,使用过高的台面或设备时易疲劳
	肌肉力量下降	握力、旋转力、拉力减弱	使用沉重的推拉门窗时较为困难,难于抓握球形的把手
		上肢、下肢肌肉力量下降	上下肢抬举重物时易发生危险;下肢支撑能力降低,在大空间中无处扶靠时,行走较为困难
		关节灵活性下降	搬动大而重的器具出现扭伤
	骨骼弹性和韧性降低	踝部、腕部、髋部易骨折	跌倒后极易发生骨折,且恢复慢,需长时间卧床,并要有他人照料
		腰椎、颈椎易受伤、疼痛	使用过软的床或沙发起身困难,腰部、颈部不易扭转,取物困难

依据 2. 老年人心理特征

老年人退休后从工作主场退回到家庭主场，活动重心改变，社会交往变窄，生活节奏变慢，角色扮演减弱。老年人容易产生衰老感、失落感、孤独感、自卑感、抑郁感等心理，同时对安全感、归属感、邻里感、舒适感、私密感提出要求（图5-11）。

图5-11 老年人的心理特点及需求

依据 3. 老年人出行活动特征

一般老人普遍留恋过去，总希望能继续居住在自己曾长期生活过的地方。希望与自己经常接触的老朋友，老同事们保持联系。

老年人行为活动有集聚性、时域性、地域性等特征（表5-7）。老年人的行为包括独自活动、成组活动、群体活动。

● 老年人出行活动特征表　　　　　　　　　　　表5-7

活动圈	出行时间	活动半径	出行方式	频率	出行范围	心理感受
基本生活活动圈	5分钟	180~220m	步行	☆☆☆☆	家及周边，自家小院，楼道口，宅前绿地，组团绿地	安全感，亲切感，可信感
区域活动圈（扩大邻里活动圈）	10分钟（步行疲劳极限）	<450m	步行	☆☆☆	步行去中心广场，小区公园，街边，老年活动中心	归属感，熟悉，社交
市域活动圈	20~45分钟		公共交通	☆☆	市级公园，广场，动物园，博物馆，老年大学	社会交往，价值感

05 养老地产项目规划设计

依据 4. 不同年龄段老人对服务设施的不同需求

通常国际上将 65 岁以上的老人定为需要社会提供服务，并获得关照的界线。根据老人健康行为的特征，可将老人分为如表 5-8 所示的四个年龄段：

老年人行为特征划分表 表5-8

分期	年龄段
健康活跃期	60~64岁
自立自力期	65~74岁
行为缓慢期	75~84岁
照顾关怀期	85岁以上

根据老人自理程度的不同，老年人对养老设施服务的需求不同（表5-9）。

老年人对养老设施服务需求 表5-9

老人细分	描述	生活能力	设施服务需求
自理老人	生活行为完全自理，富有活力，不依赖他人帮助的老年人	独立生活	某种程度监护和少许帮助
介助老人	健康，富有活力，生活基本自理	基本独立生活	全天监护，低配置的集中服务和共用设施
	体力衰弱，但智力健全	基本独立生活	个人生活帮助和照料，提供监护和膳食供应，中等配置和集中服务和共用设施
介护老人	体力尚健，但智力衰退	基本不能自理生活	个人生活的监护和照料，提供膳食，高配置、集中服务和共用设施
	体力衰退，智力衰退	完全不能自理生活	个人监护，提供进餐、助浴、清洁、穿衣等服务

2. 养老地产产品设计原则

老年住宅产品有两大独特之处：一是户型以二人户或单人户为主，二是由于老年身体机能退化，住宅必须有专门的设计措施及设备。

在老年人住房设计规划时，要遵循如图5-12所示的五大原则。

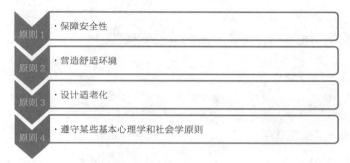

图5-12　养老地产住宅产品设计原则

原则1. 保障安全性

从空间（消除室内高差）、装置（设置扶手、地面防滑）、设备（紧急通报系统、安全电热源）、管理员或护理人员等方面保障老年人日常生活的安全性，紧急时刻可立即采取措施。

原则2. 营造舒适环境

营造舒适环境体现在两个方面：一是从环境行为心理学角度出发，考虑大多数老年人常年形成的居住习惯，提供传统形式的室内空间；二是在楼内外为老年人提供各种邻里交流、人际交流的公共交往空间和环境。

原则3. 设计适老化

从建筑人类工程学角度出发，在家具、卫生器具的尺寸方面符合老年人的身体特征。

原则4. 遵守环境心理学和建筑心理学原则

老年住宅的设计细节要迎合环境心理学和建筑心理学。

环境心理学原则

老年人休闲时间比较多，可以进行多项休闲活动，坐着休息观赏或健身锻炼，休闲环境能为老年人提供良好的作息空间；在临近儿童场地的旁边设置健身器材及休憩设施，既方便老人锻炼与休息，又可以让儿童的天真和稚气活跃环境气氛并感染老人；

人到老年不免常有孤独感，渴望与人交流并得到理解，各种形式的参与感能给他们带来快乐；园区或走道旁种植的各种花卉和绿植能使老人体会到生命的乐趣，消除老年人的消极情绪。

05　养老地产项目规划设计

建筑心理学原则

设计老人住房时，从目的性、方案及实际设施方面要考虑到他们的起居、日常事务、个人爱好习惯、社会接触及文娱体育活动等方面内容，最好能尊重他们早先生活方式的连续性，让老年人容易适应。老人一般都较敏感，心理承受能力相对较差，容易产生孤独感和被抛弃的消极心理。在进行项目建筑室内布置时，住宅空间应宽敞明亮、配套齐全、装饰适宜、居住舒适；建筑造型应富有生活气息，而尽量避免像社会福利机构。

3. 养老地产产品设计要求

养老地产产品设计主要把握四个要求：一，建筑形式要便于老人生活行动及社交；二，户型设计要方正实用；三，室内设计要体现人性化关怀；四，色彩规划要简单明朗。

要求1. 建筑形式上楼层不宜过高

老年人住宅产品以单体设计为主，即别墅、低层为主，主要是从老年人行动不便的生理特征考虑，楼高不宜超过5层，而且多层一般应设置电梯，方便老人的上下。

在单体设计上，应该为老年人提供充足的室外空间，使居住者足不出户就能享受阳光和新鲜空气；其次，要具有利于交往的公共空间，为和谐邻里关系的形成提供必要条件。

要求2. 户型设计的朝向和空间符合老人习惯

由于户型设计直接关系到老年人的生活质量，因此，在养老住宅的户型设计上也有特别的要求（表5-10）。

● 养老住宅户型设计需求　　　　　　　　　　　　　　　　　　　　表5-10

设计项目	具体要求
朝向	保证有良好的采光、通风，为老年人提供一个健康的生活环境
空间布局	与子女同住的单元住宅应尽可能分门出入
	与子女共居的生活空间要做到既可以分离，互不干扰，又可以在某个区域集中照顾
	独立的老年住宅应至少设置两个房间，为老年人陪护者提供居住的空间
	老年人因为身体机能的退化，使用卫生间的次数会增多，因此应该在卧室内设立独立的卫生间
	所有房间应在同一平面上，避免室内阶梯，保证老年人行动的安全

要求 3. 室内有专门针对老人特点的细腻设计

与其他住宅产品最大的区别是，针对老年人的专用设计集中体现在室内设计上，室内设计也是老年住宅设计的重中之重。因此，从墙地面装修、厨卫产品选择到色彩设计、电器照明设计，乃至门窗的选择等细节上都体现对居住者的细腻关怀。

老年人对住宅内紧急呼叫设备需求很高，高龄老人最担心家中无人时自己突然发病。另外，可增加各种方便老年人行动和健康的设施，如取消房间之间的阶梯，楼梯降低台阶，增加适合老年人使用的厨房、卫生间和浴室，走廊设置扶手等。

要求 4. 色彩规划

老年住宅社区的色彩规划所遵循的原则有两个：

一是稳重和谐，但忌过于沉闷；

二是不同组团应采用不同的色彩，利于老人辨认。

4. 养老地产产品设计细节

适老化住宅与一般住宅的功能基本相似，有室内空间和室外空间。只是鉴于老年人在心理、生理以及行为特点上的差异性，在进行空间设计细节上需要有针对性，使之能方便老年人居住使用。

细节 1. 住宅室内空间设计细节

老人日常生活中关注度较高、使用频率较高的五大功能空间是入户门厅、起居室、餐厅、厨房、卫生间。各个功能空间设计要求如图 5-13、表 5-11 所示。

空间	设计要求
入户门厅	保证活动方便、视线通达
起居室	合理把握空间尺度、有效组织交通动线
餐厅	保证餐厨联系近便、实现空间复合利用
厨房	提供合理恰当的操作台布置空间
卫生间	空间大小合适、重视安全防护

图5-13　养老住宅室内五大功能空间设计要求

养老住宅室内空间设计要点   表5-11

注意部位		设计要求
墙壁		墙壁转角部分作圆角处理； 除扶手外，墙壁上无凸出物。消火栓埋入墙里； 扶手连续性处理，距地高700~800mm，采用手感好的材料如木材，截面直径40mm，转角也要作圆角处理
地面		选用浸水后也防滑、耐磨损的材料
门窗设计		门的宽度满足轮椅进出，不设门槛，外门净宽不得小于1.1m，内门通行宽度不得小于0.8mm； 门轻易于开启，宜用推拉门代替平开门，不许使用玻璃门； 门的把手应选用旋臂较长的拉柄，拉柄高度在0.9~1m之间
居室窗台		居室窗台的高度在750~800mm左右； 窗台的宽度要适当增加，一般不少于250~300mm； 矮窗台里侧应当设置高0.9~1m的安全栏杆
室内走廊	照明	不应和其他房间产生亮度差； 洗手间入口和有台阶的地方应设置位置低的壁灯
	开关装置	应设置带指示功能的大面板开关； 走廊长的房间，应在多处设置控制开关
	扶手	使用近圆形的扶手。扶手端部向下方或墙壁方向弯曲； 设置扶手高度约700~800mm，注意材料的手感和耐久性
	走廊	方便老年人依靠拐杖或与搀扶人共同通过，宽度不应小于1m； 进房间的入口的宽度不得小于800mm
	地面	地面应无阶差，各房间地面的高差应控制在3mm以内； 地面使用防滑材料。考虑跌到的可能性，避免采用坚硬的材料
楼梯	楼梯宽度高度	楼梯的宽度不应小于1200mm，满足两人搀扶通过； 平台净宽不应小于楼梯净宽，踏步沿口不应突出，做成圆角，楼梯带有500~600mm的暗示区； 扶手半径以30~40mm为宜，扶手与墙之间应有40~50mm的空隙； 扶手可设置为双重高度（900mm和750mm两种）
	楼梯形状	楼梯坡度平缓，宜带休息平台； 避免上层楼梯缩进走廊或下层楼梯露出走廊的情况
	照明	为了不产生浓重的阴影，可设置多个照明灯具
	开关	除感应灯外，安装带暗示功能的大面板开关，使用上下楼两侧都可操作的双路开关

续表

注意部位		设计要求
楼梯	扶手	安装牢固，近圆形的扶手沿楼梯两侧安装； 扶手端部向下或墙壁弯曲
	台阶	台阶面使用防滑材料； 设置防滑条时和台阶在一个平面上； 台阶垂直部分应设置挡板，台阶边沿不应突出
门厅设计	户门	当平开门时，应考虑调节自动关闭装置，拉柄易于老年人的操作，避免采用圆形拉柄
	户门门槛	户门门槛高度应控制在2cm左右
	开关装置	开关要适当照明，易操作。考虑换鞋和上下台阶，门厅具有足够的亮度，不应产生浓重的阴影部分。采用醒目的开关
	扶手	为了方便换鞋和上下台，应设置扶手； 扶手的断面采用易抓握的半圆形
	台阶	台阶上下采用不同的材质和颜色，以便识别
	地面	采用浸水后仍防滑的地面材料。地砖接缝不要太宽
居室	空调	配置冷暖空调； 为了方便安装，事先设置配管孔和专用电源； 避免使用燃油、燃气式取暖器
	亮度	充分获取自然光，注意适当的亮度设计
	门	最好采用平开门形式，采用平开门时，选用便于使用的握柄式把手
	开关、电源插座	大面板开关的设置以及电源插座应安装在便于使用的位置
	地面材料	地面应铺设防滑材料
	窗饰框	安全且使用方便的窗饰框 窗户直接对外采光；在玻璃门上加装横条，以便视力下降时方便识别；选用易于操作的门锁
	连接处	与各房间的连接尽量少设置台阶，如需设置，注意高差控制在3mm以内

续表

注意部位		设计要求
餐厅	餐厅位置	餐厅宜靠近厨房设置，使上菜、取放餐具等活动更为便捷，避免老人手持餐具行走过程距离过长
		在老年人住宅中，宜保持餐厅与厨房之间的视线关系，便于在餐厅和厨房中活动的人能相互交流，了解对方的状况
	亮度	餐桌灯应有足够的亮度，显色自然便于老人看清桌上的菜肴
	餐具	餐具应具备适当的"延伸"的灵活性（可采用餐起空间联通，餐桌可折叠拉伸等手法），以适应节假日亲友来用餐时人数突变的情况
	餐桌高度	餐桌下空档处的高度保证腿部及轮椅可推入
	座位	若有轮椅老人，则应为其留出用餐专座。专座的位置应方便轮椅的进出，宜设在餐桌边空间较大的一侧
厨房	面积	使用面积不宜小于6m²。最小短边净尺寸不应小于2.1m
	操作台	合理的操作流线设计，操作台高度适合老人坐着操作
	告警装置	安装防火告警装置或预留安装告警装置的配管配线
	照明	光线充足的照明，在考虑厨房整体照明的同时，还应考虑操作台局部的照明
	杂物柜	杂物柜应设置在使用方便的位置
	开关	安装便于操作的大面板开关
	地面	使用浸水后仍能够防滑的地面材料
	水龙头	应操作简单且容易调节
卫生间	坐便器	老年人更应使用坐便器，重心较稳定。注意水箱应采用较大的扳手式冲水开关
		宜设置智能便座，解决老人一系列清洁困难。考虑到一般操作在右边，故便坐的电源插座亦宜设在便器右侧，距地高都为400mm
	扶手	老人使用的坐便器旁边应设L型扶手。扶手的水平部分距地面650~700mm左右；竖直部分距坐便器前沿约250mm，上端不低于1400mm

续表

注意部位		设计要求
卫生间	紧急呼叫器	紧急呼叫器距离不小于100mm，高度距地400~1000mm左右。其位置安排应注意避免在使用扶手或拿取手纸时造成碰伤。为了让老人倒地后仍能使用紧急呼叫器，可加设拉绳，下垂至地面100mm处
	手纸盒	手纸盒通常宜设置在坐便器前侧方，保证老人伸手可及，避免其动作幅度过大。可设能存放两个卷纸的手纸盒，便于提醒老人及时补充手纸
浴室	门	最好采用拉门或折叠门；门上应安装安全玻璃等不易破碎的玻璃
	扶手	浴室出入口附近、浴缸边以及水龙头一侧的墙壁上应设置水平和垂直扶手。
	紧急告警装置	为了便于安装紧急告警装置，应事先设置备用配置管线
	地面	应选用防水防滑地面铺设材料
	水龙头	安装在触手可及的位置，选择使用方便且可调节水温的水龙头
	浴缸	浴室地面到浴缸边的高度避免过高，应为30~50cm

细节2. 室外公共空间设计细节

室外装修主要把握通道，必须是无障碍通道，从运输交汇点、公共汽车站、地铁站等，连接商场、街市、屋邨办事处、社福设施及各住宅大厦的入口等区域都须畅通无阻；必要时在公共通道需设置扶手杆；当经过不同高度的平台时，会有升降台、升降机或斜道连接。

1）室外坡道设计

在有台阶的地方应设置坡度平缓的台阶和斜面，在坡道的起点及终点，应留有深度不小于1.50m的轮椅缓冲地带。坡道侧面凌空时，在栏杆下端宜设高度不小于50mm的安全档台。国内外具体的养老住宅坡道设计标准见表5-12。

05 养老地产项目规划设计

养老住宅坡道设计标准　　　　　　　　　　　表5-12

坡道（室外）	日本老年住宅设计规范	国内老年人建筑设计规范（JGJ122-99）
坡宽	≤1/12	≤1/12
净宽	≥1.5m	≥1.5m
每段允许高度	0.7m	0.75m
每段允许水平长度	9.0m	8.0m
休息平台净深度	≥1.5m	≥1.5m

2）公用走廊设计

公用走廊是使用较多的公共空间，墙面、地面、宽度、扶手是比较重要的细节（表5-13）。

养老住宅公用走廊设计要点　　　　　　　　　　表5-13

注意部位	设计要求
走廊宽度	考虑轮椅和行人并行通过，因此宽度不应小于1.2m
连续扶手	设置连续扶手，在0.9m和0.75m高处宜设圆杆横向扶手，扶手离墙面40~50mm
地面使用材料	使用浸水后也能防滑的地面材料
地面	地面无台阶，取消电梯到电梯厅的出入口以及门厅部分的台阶；地面存在高差的时候，应设置斜坡
墙面	无突出的墙壁；灭火器、留言板等应设置在不妨碍走廊通行的位置上
窗门	门、窗的开启扇不应妨碍走廊的通行

3）5类交流空间设计

交流空间的打造重点注意5个空间的设计：住宅楼外部交往空间、架空底层交往空间、公共活动室交往空间、各层的候梯厅交往空间、单元邻里交往空间（图5-14）。要创造一个空间领域性逐渐加强的多层次空间过渡，这样有利于邻里之间的相互交往与安全防卫。

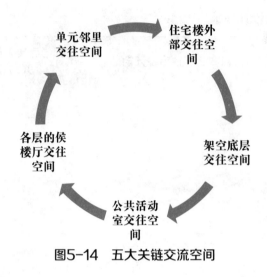

图5-14 五大关链交流空间

单位邻里交往空间

邻里关系是涉及老年人生活质量的一个重要因素，老年人间良好的接触与交流，有利于消除其脱离工作和子女的孤独感。在老年生活社区的居住环境中，如果产生交往空间的缺失，就会造成邻里关系冷漠、社区精神丧失。

在各单元入户的地方设交往空间，对于老年人而言增加了共享空间的面积，临近的住户可以通过这种小型的空间入户，有利于形成亲密的邻里关系（表5-14）。

养老住宅单元入口公共空间设计要点　　　　表5-14

注意部位	设计要求
设置斜坡	引道有台阶时应设置斜坡，斜坡的宽度应为轮椅可通行的宽度，斜面坡度应平缓
设置房檐	出入口及斜坡上方宜设置房檐
设置扶手	楼梯和斜坡应设置连续式扶手，扶手应安装牢固，同时还应注意扶手的手感和耐久性
台阶	踏步踢面高不宜大于120mm，踏面宽不应小于380mm
地面使用材料	地面铺设应平坦，不应出现积水现象，使用浸水也防滑的地面材料。设置排水沟时，应配水沟盖，水沟盖不应妨碍轮椅乘坐人的通行

候梯厅交往空间

电梯是老年人的重要通行工具。电梯厅本身就有一定的交流空间的作用，在上下人流相对集中的时候，其交流空间作用得以体现。在老年人住宅建筑设计中，若能结合电梯厅设置公共交往空间，适当安排桌椅，就可以为老年人提供休息和简单的交往空间（表5-15）。

养老住宅楼厅和电梯的设计要点　　　　　　　　　　　　　　　　表5-15

注意部位	设计要求
设置电梯	超过3层要配备电梯； 电梯尺寸要适应担架的长度； 电梯与楼面无高差； 电梯最小尺度1400mm(w)×1350mm(D)
电梯内部	轿厢壁上离地0.9m和0.75m处有扶手设置； 正对电梯轿厢门的壁上悬挂倾斜的镜面； 电梯按钮操作盘设在适合乘轮椅者使用的高度，且两侧都可进行操作； 电梯开门时间较长，且门口装有光电管装置，防止夹伤
设置休息椅	可设置椅子，方便等候电梯时，可以坐下休息或放置行李
地面使用材料	地面铺设浸水后也防滑的材料，地砖之间的缝隙不应过宽
出入口	宽度要确保轮椅可以通过，门宽大于等于800mm，出入口不设置台阶，宜选用推拉门、自动门
使用空间	留足轮椅可转身的空间
设置信箱和留言板	设置位置不应妨碍通行，使用高度要方便所有用户

公共活动室交往空间

老年人的活动范围比较小，将住宅楼的某一部分设计为公共活动室，设置绿化场地、游戏区，或将屋顶平台作为居民的交往空间，使老年住户可以免受奔波之苦就享受到邻里交往的幸福。老人在这里活动，容易产生信赖感、安全感和亲切感，会有"志趣相投"的朋友相互影响、共同参与活动。

架空底层交往空间

随着大量低层住宅被高层住宅楼所代替，人们的交往空间日渐萎缩，老人活动的场所变得越来越小。住宅楼架空底层，形成了一个居民交往的特殊场地。它是一个半开放的室外空间，可以设置一些运动休闲娱乐健身设施，积极引导老年人到户外运动。

住宅楼外部交往空间

小区是老年人生活的"大环境"，是老年人日常活动的外部区域。住宅区中应该有适合老年人健身、娱乐、休闲、交往的户外活动场所。因此规划者要从老年人的心理要求和行

为特征出发,创造适应这些社会生活的户外环境。可以在小区适当的地方开辟小园地,老人们可以根据各自的体力情况,参加力所能及的养花、栽树、种蔬菜等趣味性劳动,增添生活的乐趣。

4)活动空间设计

室外活动场所要满足老年人活动和休憩的功能,一般分为休憩场所和活动场所,各自的设计要求见表5-16。

养老住宅室外活动场所设计要点　　　　　　　　　　　表5-16

场所类别	设计要求
休憩场所	庭院的朝向应避开强风和日晒等不良气候因素的影响,注意庭院与室内外的关系
	庭院中步行通道的位置应与设置座椅的休憩区分区,避免干扰
活动场所	室外座椅和桌子的设置应按照老年人体的特点制作,还要考虑老人们交谈的需要
	花坛和种植地应高出地面至少75cm,避免老年行人被绊倒
	室外标志地设计应考虑老年人视觉退化的特点,为行人设置的标志应与从时速25km汽车上观看的标志尺寸相同

细节3. 室外环境设计细节

室外环境是老年人接触自然、参加社会交往、进行各种体育娱乐活动的场所。其设计应以宜于老年人居住、生活为原则,体现老人的生理、心理特点和行为需求,使他们乐于停留其中,并感受到生活的情趣。通过对环境各方面的分析布置,创造一个适用、卫生、安全、美观的室外环境(表5-17)。

养老住宅室外活动空间设计细则　　　　　　　　　　　表5-17

设计要求	具体表现
安全	保证老人生活有条不紊地进行,防止意外灾害和突发情况的发生,如火灾、地震、盗窃等
	老年人的活动圈内,应该杜绝穿越的机动车
	社区内应采用人车分流或部分分流的道路交通结构,增加社区感和安全感
卫生	小区有良好的通风、日照条件,防止噪声和空气污染

续表

设计要求	具体表现
适用	建有公建配套，有市场、医院等生活基本配备
	住宅区的道路系统、交通组织应以保护老龄人的行动为基础，安全且易于识别
	有足够面积的室外活动场所，保证老人户外活动的需要
	适当布置绿化、喷泉、亭子、长廊等建筑小品。在庭院或绿地的局部设立自然的屏障或遮挡视线的树木，配以桌椅、灯具等，可为老年人提供一个具有私密、隐蔽、安全特征的用以休息、交谈的安静场所
	合理安排适合老年人的公共服务项目，如老年活动中心、老年大学、棋牌中心等

5. 不同年龄段养老地产产品设计特点不同

老人在不同时期因生理变化会有不同需求，每个时期的规划设计侧重点也应做出相应调整。

（1）年青型阶段

这类型老人生活能够自理。因此住房面积不必太大，可开辟出一定面积作为储物室，但要有相应的厨房、卫生间和相应的服务网络，如周边有菜市、超市为这些老人提供生活方便。老人可以自行生活，不受外界干扰，也可以到附近的服务机构中寻求帮助，服务人员可提供上门服务。

（2）老年型阶段

这类型老人由于身体素质逐渐下降，导致生活不能完全自理，但还无需增设医疗康复设施。

一，室内设计转为无障碍设计，可将用于储物的空间重新利用起来，拆除后以便增大活动空间；

二，家具、器具和设备要配置在便于老人操作的位置；

三，住宅入口、卫生局、浴池、坐便器旁应增设扶手；

四，再次巩固地板防滑措施；

五，门最好改为推拉式，并要有显明的色彩标志，以提醒老人注意；

六，房间照明要提高两倍以上，便于老人靠视觉获取信息。

此外,改变方向或有高度的地方应用鲜明色彩;安装警铃以便及时或自动地发出警报,使老人能够得到帮助;增设专门家政服务人员为此类老人提供日常必需服务。

(3) 长寿型阶段

这类型老人是需要特别护理的。这段时间通用住宅除具备上述两年龄组住宅设计的大部分功能外,还应开设治疗、护理、康复及临终关怀等较齐全的医疗康复设施。这里的设计注意点是:

一,室内要给护理人员留下足够的护理空间,特别是浴室和卫生间一定要放大尺寸,保证老人活动需要和协助老人所需空间;

二,电话、电灯开关都要装在老人床头易触摸的位置;

三,室内应设有同整栋大楼安全警报系统相连的紧急呼救设施,以应对老人突发病或其他突发事件的发生。

总之,要融服务、医疗、护理设施为一体,老人在这里能够得到全方位的护理。

第三、养老地产项目装修要求及策略

做老年住宅装修时,不仅要考虑到风格、美观性等常见问题,细节上还要时时刻刻以方便老人行动的安全性为原则,除此之外,还多考虑借助有特殊功能的材料来照顾老年人的身体特点。

1. 项目装修原则

老年人住宅装饰装修应该与其心理特点互相适应,营造舒适优雅、简洁方便、个性突出的生活环境。

原则1. 室内外无障碍设计

居室的格调和布局要符合老年人的生理和心理特点。

05 养老地产项目规划设计

室内外进行无障碍设计，减少地面层的高差，以利于行走方便，也为轮椅进出创造条件。老年人在室内活动路线必须畅通无阻。

室内地面应采用防滑材料，例如：厨卫应采用防滑瓷砖，其他地面可采用木地板、塑料地板、橡胶地板或地毯。

卫生间的洁具不宜用蹲坑，可选用专供老人久坐起身困难使用的、能升降的马桶盖。

浴缸不宜过高，较高应加垫，方便老人坐立，浴缸要安装扶手，浴缸底面要防滑，以确保安全。

原则 2. 装饰材料不求华丽

装饰材料的选择要注重简洁、典雅，不求华丽。

墙面、地面除了注意安全外要便于清洗。

室内装饰的色彩要有利于老年人的心理与健康，老年人一般喜爱典雅、洁净、安宁、稳重，加之体弱、心律减缓、视力减弱，一般宜采用浅色，如浅米黄、浅灰、浅蓝等。浅蓝则给人以安宁感，适合减缓心律，消除紧张。浅米黄给人以温馨感觉，有利于休息，消除疲劳。忌用红、橙、黄，因为红色会引起心律加速，血压升高，不利于健康。

原则 3. 家具尽量减少棱角

家具应从实用出发，宜少不宜多。

家具外露部分应尽量减少棱角。老人用的双人床应两面上下，有条件的应有手扶之处。床与沙发应体现人体工程学，不宜过软、过深和过矮。

室内灯光应有弱有强，夜间最好有低度照明，便于老人起夜如厕。因老年人视力衰退，写字看书灯光应强一些。室内电灯开关安装部位，夜间使用要方便。

家用电器设备应尽量采用智能型，如电锅、电水壶等有自动保温功能。

原则 4. 房屋配套建筑特色

竖向交通上每栋建筑在中间连接部分设计一部电梯，卫生间宽敞，便于轮椅的进出。连廊和户外的公共空间也为老人的娱乐和交流提供了宽敞的环境。

2. 室内装修策略

老年住宅室内，除了预留老年人生活习惯的空间，进行人性化设计外，还要选择适老化装修材料。室内要注意的因素有：墙及地面、门窗、厨卫产品、电气装置、照明装置、色彩、安全扶手、空间连接部位八类装修细节（图5-15）。

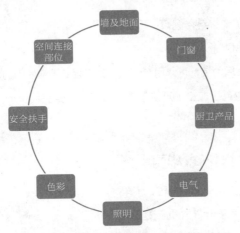

图5-15 养老住宅室内八大装修细节

策略1. 墙及地面要能防止摔滑事故

老年人随着生理、心理的变化，动作变得迟缓，反应不能随心，事故易发率较高。为防止不测事故的发生，墙地面、饰面材料的选型和构造处理尤为重要。选用材质应遵照以下几个原则：一，装修材料能防止老年人打滑、磕碰、扭伤、擦伤；二，不可采用易滑、易燃、易碎、化纤及散发有害有毒气味的装修材料。具体而言，养老住宅墙及地面装修要求见表5-18。

● 养老住宅墙及地面装修要求　　　　　　　　　　　　　　表5-18

装修部位	具体细节	具体要求
墙面	墙面材料	很难擦伤的墙面材料
	墙体阳角	墙体阳角部位宜做成圆角或切角，且在1.8m高度以下做与墙体粉刷齐平的护角
	墙体饰面材料	应避免使用粗糙的饰面材料，带有缓冲性的发泡墙纸可减轻老人碰撞时的撞击力
	卫生间墙面	应尽可能避免出现阳角
地面	地面材料	居室地面宜用硬质木料或富弹性的塑胶材料，寒冷地区不宜采用陶瓷材料；地面材料应防滑，即便有水时，也不应发生打滑的情况，并应采用摔倒时可减轻撞击力的材料，同时应便于清洁、防污
	地面铺设	地面铺设应保证平坦，不要凹凸不平，以防绊倒
	蹭鞋地毯	不应使用长毛的蹭鞋地毯，蹭鞋地毯和其他材料保持在一个平面上

策略2. 门窗设计要通常便于施救

门窗是连接室内外空间的通道，门窗的设置通过影响居住环境而影响老年居住者的生理和心理健康，门窗装修不得当，在发生意外之时，还会影响施救时间。养老住宅门窗各部分装修要求见表5-19。

养老住宅门窗装修要求 表5-19

注意部位	具体细节	具体要求
门	入户门	出入口的门使用平开门时，为防止急剧的开关碰撞应设置止门器
	门净宽	户内所有的门，包括厨房、卫生间、阳台的门净宽（通行宽度）均不应小于0.80m，以保证轮椅的通过
	卧室门	可采用带观察窗的门，使家人可以及时发现老人可能出现的意外
	卫生间门	应设向外开启的平开门或推拉门，并安装双向开启的插销，以便老人在卫生间内发生意外时可以方便地将门打开
	门锁	应采用易于插入钥匙的门锁，厕所及浴室门的锁应能够从外面打开
	门扇	门扇装有玻璃时，宜使用安全玻璃，否则应将玻璃分隔成小块，以免玻璃破裂时伤人
窗户		应注意保温性、隔声性和密闭性，窗扇宜镶用无色透明玻璃，以保证视线的通透和室内光线的明亮
	开启扇	设计不应过大、过沉，开启方式应易于操作；有条件时可使用能够消声、过滤、调节湿度、温度并进行热交换的智能通风器
门窗把手	把手形式	宜采用杠杆式，并根据老年人的生理特点安装在适当的位置上。平开门应采用杠杆式把手，避免使用不易用力的球形把手。杠杆式把手要向内侧弯曲，不可有突出的部分，以免挂住衣服。推拉门及折叠门应采用便于横向用力的棒状把手，尺寸宜采用30mm×70mm×15mm（宽×高×深）
	把手距地距离	把手中心距地宜为800~1000mm

策略3. 厨卫产品能增加老人生活满意度

选择合适的厨卫产品，提高厨卫产品的适用度，能有效降低老年人生活难度，增加生活满意度（表5-20）。

养老住宅厨卫产品装修要求　　　　　　　　　　　　　　　　　　　　　　表5-20

装修部位		具体要求
厨房		加强中部橱柜，水池下部留有轮椅插入或坐姿操作的空间；将餐桌与厨房操作联系起来布置，可以使就餐操作流线连贯，方便老人的使用
厨房门		厨房的门安装透视窗，方便观察门后的情况
厨房操作台面		高宜0.75~0.80m，台面宽度不应小于0.50m，台下净空前后进深不应小于0.2m，以保证老年人可以坐着进行操作
厨房吊柜		厨房吊柜离地高度为1.40~1.50m，深度比案台退进0.25m，以方便老年人取用；轮椅使用者的厨房吊柜离地高度1.20m为宜
橱柜及台面材质		橱柜及台面应选用易于清洁的材质
灶具		使用电磁炉是最安全的；厨房内如果没有安装燃气泄漏和火灾自动报警装置，则应选择有燃气、烟气自动报警功能的抽油烟机和能防止燃气泄漏的灶具
卫生洁具	洗浴空间	洗浴空间考虑轮椅在其中移动、回旋的可能，同时为保护者留出活动空间
	设备要求、颜色	卫生洁具应选择操作简单的设备，其安装尺寸应适当放宽；最好使用白色的卫生洁具，感觉清洁并易于随时发现老年人的某些病变；在洁具两侧适当位置均应设置适合老年人使用的扶手
	坐便器	应采用使用方便的坐便器，老人手和手臂的力量和灵活性都有所下降，水箱冲水阀应当选用便于施力的杠杆式手柄，冲水手柄设在易于操作的位置；为防止冬季冰凉的坐圈对人体的刺激，可采用带暖气功能的坐便器，有单功能坐便式、坐便及暖风一体式、坐便及温水冲洗一体式三种；老人都存在起身困难的障碍，因此坐便器坐圈可以较正常情况适当调高；老人如厕时常常需要依靠坐便器的背靠休息，因此，最好选用分体式坐便器或给恭桶外加背靠支撑。同时要求背盖及盖圈具有足够的硬度
	浴缸	浴缸需采用防滑材料，浴缸边缘离地350~450mm为宜，适合方便跨越浴缸和坐在浴缸边缘出入；浴缸边缘应为可坐下并转身的形状，并在浴缸一端留有400mm宽的坐浴台
	洗脸台	根据需要设置适合坐姿的洗脸台，台面下应留有放膝盖的地方
	水龙头	应选择形状便于操作的水龙头，可使用便于调节水温的杠杆式水龙头或自动水龙头。热水龙头应用色彩予以明显标识，以免老年人操作不当而烫伤

05 养老地产项目规划设计

策略 4. 电气装置安全实用为主

老年人的思维能力有所下降,复杂的操作对他们来讲有难度。电气操作的安全性是进行电气设计的首要内容。应选用操作安全简单,具有防止误操作功能的产品,还应考虑维护简单,消耗品更换容易。开关插座、通风暖气等养老住宅电气装置装修要求见表5-21。

养老住宅电气装置装修要求　　　　　　　　　　　　　　表5-21

注意部位	具体细节	具体要求
开关及插座	总要求	开关及插座应清晰、醒目,容易操作,安装的位置、高度要考虑操作的方便性
	开关高度	离地宜为1000~1200mm,如果考虑轮椅使用者的话,最好设置在900~1050mm左右;起居室、卧室插座离地高度宜为600~800mm;厨房、卫生间插座离地高度宜为800~1000mm;无需经常插拔的插座离地高度宜为400~500mm
	开关形式	应选用宽板防漏电式按键开关,以便于手指不灵活的老年人用其他部位进行操作
通风暖气装置		厨房及卫生间无论是否有自然通风,都应设置机械通风装置,以保证在任何气候情况下通风良好
		卫生间应设置照明和排气扇联动的装置,以减少操作步骤
		厨房及卫生间的采暖温度不应低于其他房间,如感到浴室内不够温暖,可采用电加热设备,但应注意其安全性
		客厅、卧室和餐厅均应留有空调的安装位置和专用插座,考虑空调位置时注意不要直接将风吹向人体,尤其是就寝时

策略 5. 照明装置通透不存在安全隐患

老年人由于视力下降,看东西不清楚,在照明不好的地方容易产生危险,因此应根据照明用途和场所适当配置照明器具。要照明通透,没有使用上的安全隐患(表5-22)。

养老住宅照明装置装修要求   表5-22

注意部位	具体细节	具体要求
照明器具	灯具要求	在选择照明器具和灯泡时，应考虑清洗和更换的安全性及方便性
	照明开关	均应采用大面板、带灯的开关
	灯光亮度	各房间与走廊的亮度应大致相同，以免有刺眼的感觉；用辅助照明所获得的最大亮度面与附近的亮度比应为3：1以下；相邻房间之间、房间与通道之间、照度低的一方与照度高的一方的平均照度比应保持在1：2以下
	辅助灯	在转弯和容易滑倒的地方（门厅、走廊、卧室的出入口、有高差处）应安置辅助灯（脚灯）；

策略6. 色彩辨识度要高；有提醒功能

随着年龄的增高，老年人眼球的晶状体会产生变化，从黄色变为近于褐色的色素。由于黄色的变化，色彩的彩度、明亮度和色相就要发生如表5-23所示的变化。

老年人眼球变化表现   表5-23

眼球变化	具体表现
晶状体	黄变化，从黄色变为近于褐色的色素
彩度	一般都会降低，尤其是低明亮度、高彩度降低
明亮度	几乎没有变化，但也有降低的
色相	黄色的白色化现象最为严重，在白底色上的黄色标记将很难辨认；蓝色将带有微黑色彩，在底色为黑色的标记上，易看清的鲜艳蓝色会消失；绿色将变为暗绿色

因此，装修设计色彩的注意事项是：

一，色彩辨识度高。

老年人的视觉经常出现老花眼、眼睛混浊需要光线、视觉变黄这些问题，因此设计时必须注意老年人看到的色彩与年轻人不一样，应适当提高色彩的明度和对比度，提高可识别性，适应老年人视觉能力下降的特点。

二，色彩具有提醒功能。

在空间、标高、材质变化等易发生事故的地方，应通过装修材料或色彩等的变化来达到容易识别的目的。避免使用容易混淆的颜色。

三，精心配色，充满变化。

为了使老年人从心理上、生理上感到温馨，室内装饰不仅仅要精心配色，最好还要充分考虑墙壁的装修材料和地面材料所具有的素材和花样来进行设计。

策略7. 安全扶手设置方便，并有很好的加固措施

老年人由于身体机能下降，很多时候需要扶手的协助来独立完成起立、行走、转身等动作。安全扶手的作用不容忽视。

设计时应根据老年人身体尺度和行为特点。在可能有上下移动、单腿站立等不稳定姿势的地方设置扶手；在经常通行的地方应安装水平行走时使用方便的扶手，或预留出可安装扶手的位置，并在墙面相应位置做好加固措施（表5-24）。

● **养老住宅安全扶手装修要求**　　　　　　　　　　　　　　　　表5-24

注意部位	具体细节	具体要求
扶手选择	总要求	应根据使用特点来选择，安装必须坚固、可靠以确保使用的安全性
	扶手高度	应方便老年人在走廊、楼梯、卫生间、客厅、餐厅、卧室等地方的移动，其高度以800~900mm为宜
	扶手间距离	扶手的连续性，不应中途中断。扶手改变方向的地方可以中断，但扶手端部之间的距离应以400mm以下为标准。为减少冲撞时的危险性，应将扶手的端头向下或向墙面方向弯曲。扶手与墙壁的间隔为4—6cm，以不碰手为宜

策略8. 空间连接部位设计要具有关怀

室内还要注意门、楼梯、阳台这些连接部位的装修，这些细节也要体现适老化关怀。

● 养老住宅空间连接部位装修要求　　　　　　　　　　表5-25

装修部位		具体要求
门		设计推拉门、折叠门时，也应使用地下埋没式门轨或采用吊挂式门轨以保证地面的平整
楼梯	楼梯材料	应特别注意使用防滑材料，并在台阶边沿处设防滑条；防滑条如果太厚，就会产生羁绊的危险，应与台阶面几乎设置在同一平面上
	楼梯颜色	由于老年人视力的下降，为防止踩空事故的发生，楼梯踏步应界限标志鲜明，不宜采用黑色、深色材料
	楼梯尺寸	对于老年人及其他肢体灵活性受损的人，踏步高应该在16cm以下，踏步顶面宽应在30cm以上。 踏步立面缩进尺寸应在2mm以下，否则容易绊倒老人
	楼梯照明	照明光源应该采用多灯形式，以防止踏步表面出现阴影或自身的投影。最理想情况是设置地灯
	楼梯扶手	楼梯起始处，扶手端部应该延长200mm以上；扶手的端部应向墙壁或下方弯曲，以防止老人勾住衣袖绊倒
阳台		为了老年人移动的方便性，取消阳台内外地面的高差。关于阳台向房间内渗入雨水的问题，如果采用封闭阳台则不存在问题；如果采用不封闭阳台，高差需做斜面处理

第四、国外养老地产项目设计借鉴

每个国家都存在人口老龄化的问题，每个国家的解决方法都依照本国人生活传统独特性和实际情况而建立。每个国家的老年住宅建筑都各有特色和性格。发达国家老年产业发展程度高于我们，研究他们的老年住宅产品有助于我们打开视野，找到灵感。四个发达国家的养老地产项目产品特点见表5-26。

05 养老地产项目规划设计

四个发达国家养老地产项目产品特点   表5-26

国家	建筑设计特点	借鉴之处
美国	建筑规模大，规划设计成熟，配套强大	完善的配套设施与功能区划分
日本	日本老年住宅老年服务配套项目完备，在规划设计方面精细化；老年住宅技术及老年公用设施电器化程度很高	老年人住宅产品与其他租售性质的住宅产品混合设计在一个生活社区内，突出自助自理
欧洲	国家政策倾向于让老年人居住在独立的公寓中。老年建筑将三种元素结合在一起：城市意味、社区功能和生态目标	建筑元素的集合处理，让老年公寓不显孤独
新加坡	一般兴建在成熟的社区中。公寓户型一般分为35m^{2}和45m^2，为一位或两位老年人提供生活空间	住宅的户型设计及内部结构设计标准的特殊化考虑

在某种意义上，生活环境的设计对每一个人都非常重要，这个设计应该与设计方案融为一体。设计师在设计过程中会根据老年人对设施的多样化要求提供现代化的配套设施，满足老年人日常生活和个人护理的需要，同时，也应考虑设计发挥老人余热的环境，鼓励老人充分发挥自己的余热，使其尽享每天生活的乐趣。

1. 美国养老地产项目设计特点

美国老年居住建筑主要有三类：自理型、辅助型和护理型。美国居住建筑设计根据不同建筑类型，设计重点不同：

自理型需提供丰富多彩的生活空间；

辅助型居住空间要能满足辅助人员和老年居住者的需求；

护理型居住建筑设计要有齐备的护理设施。

美国老龄产业发展程度比较高，老年居住建筑规模庞大，功能区域规划成熟，配套设施丰富。

（1）美国养老地产产品设计趋势

美国老年居住建筑的开发经历过一段高速发展期后，已形成一套成熟的建筑标准。目前美国老年住宅建筑开始对服务水平和居住环境提出更高的要求，呈现出三个发展趋势：服务管理酒店化与居住环境社区化、小型家园化，环境绿色化（图5-16）。

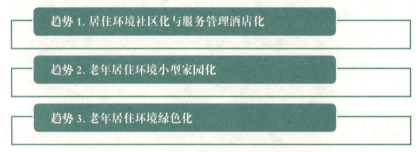

图5-16　美国老年居住建筑设计趋势

趋势1. 老年居住环境社区化与服务管理酒店化

美国的老年社区是将老年独立、辅助及护理居住组织在一起。老年退休居住社区规模一般是200～400人，或者更多。庞大老年居住社区，不仅方便老年人的晚年生活，而且有助于支撑大型公共活动设施和良好的后勤服务。

在公共设施的设计和服务方面，开始进行酒店化管理，为老年人提供多项服务内容。

趋势2. 老年居住环境小型家园化

美国老年社区面向大型化发展的同时，一些老年居住设计则走向小型家园化，旨在为老年人提供一个共同生活的家。

每个家园严格控制居住单元数量，让护理员与每位老年人可以保持近距离，便于更好地了解每一位老年人，促进其身心健康。为每一个家园配备公共起居中心，围绕壁炉由起居室、餐厅、开放式厨房组成；餐厅大小能够容纳所有老年人、护理人员及两位客人同时进餐；每位老人配有卫生间的卧室、室内有医药柜并安装有移动装置；每一家设有围栏的户外散步庭院和两个出入口等。

趋势3. 老年居住环境绿色化

居住在没有有害健康的挥发性气体，具有良好的自然采光、开敞的户外景观，拥有舒适的气温和湿度的居住环境，几乎是每一个老年居住建筑必须考虑的内容，也是绿色建筑所应具备的条件。

（2）三种不同类型的老年公寓设计特点

美国老年居住建筑是由老年护理院发展起来的，最初护理院设计是基于医院规范标准。随着医疗技术进步，居住模式从医院模式向多元化发展，出现辅助与护理居住公寓，进一步扩展了老年居住建筑类型。

类型1. 老年护理居住公寓

护理居住公寓主要由3部分组成：居住单位、护理组团以及公共活动部分（图5-17）。

如何通过有效的空间组织充分发挥护理人员的工作效率，是这类建筑设计考虑的重点之一。此类建筑的组织一般是围绕着护理人员的工作展开，护理人员需要随时准备为居住者提供服务。因为居住这类建筑的老年人大部分身体虚弱，患有老年性疾病，生活大都不能自理，需要24小时候护理。

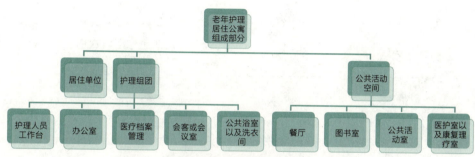

图5-17　美国老年护理居住公寓组成部分

居住单元

老年护理居住建筑引用医院设计模式，目前大多数护理居住公寓户型多为1居间，也提供2人共享居住单元。美国居住单元设计特点见表5-27。

美国居住单元设计特点　　　　　　　　　　　　　　　　　　　　　　　表5-27

注意空间	具体要求
私有空间	提供尽可能的私有空间，包括使用灵活隔断、建筑内墙等来分割各自的空间以提供最大限度的私密性
卫生间	提供专为残障人设计的卫生器具，安装辅助支撑等
	空间设计要满足护理人员协助老年人使用卫生器具的需要
	提供淋浴或专为残障人设计的浴盆，采用较大尺寸的门或易于开动的推拉门，方便使用轮椅的人士移入，方便护理人员协助洗浴
	公共洗浴室充分保障私密性，避免使用者经由其他公共场所

护理组团

护理组团主要包括：护理人员工作台、办公室、医疗档案管理、会客或会议室、公共浴室以及洗衣间等。老年人护理居住公寓在美国大多数州是由专门的卫生部门管理，对建筑的卫生医疗配备会有严格的要求，如需要提供药物储备等（表5-28）。

美国护理组团空间设计特点 表5-28

服务空间	具体要求
护理人员工作台	根据监护居住者的需要灵活安排，以最大程度接近每位老年人居住房间
会客或会议室	用于护理经理接待家庭成员到访或召集工作
公共洗浴室	护理人员辅助老年人洗浴的场所，同时也包括更衣室、梳妆整理及卫生间等

公共活动空间

公共活动空间一般包括：餐厅、图书室、公共活动室、医护室以及康复理疗室等部分。

餐厅和图书及公共活动室是必不可少的公共活动空间。由于美国不少护理养老院是由教会募资兴建，在这样的养老院常常会建有祈祷室和牧师工作室等。由于护理院的老年人生活不能自理，而且大都患有老年慢性疾病，因此护理院一般会有家庭医生门诊，同时不少护理院也有理疗师和营养师为老年人健身、饮食提供理疗咨询和饮食建议，而这些医疗护理须严格按照各州卫生部门的要求进行设计（表5-29）。

餐厅和图书及公共活动室设计特点 表5-29

活动空间	设计特点
餐厅	护理居住公寓提供一日三餐，餐厅的功能不仅仅是进餐，还是老年人寒暄交流的场所； 一些护理院安排有小餐厅，以供私人家庭聚会和用餐； 一些餐厅厨房采用开放式设计，鼓励住宿人员参与
图书及公共活动室	老年人阅读和学习的空间，电脑和无线网络也常称为必不可少的项目

类型2. 老年辅助居住公寓

老年辅助居住公寓的设计更接近普通居住建筑的风格和特点，居住空间的设计也比较个性化，更易于被老年人所接受。美国老年辅助居住公寓由居住单元、公共空间以及管理服务空间构成（图5-18）。

图5-18　美国老年辅助居住公寓组成部分

居住单元

老年护理居住户型一般包括：一室、一室一厅、两室一厅等。居住单元的设计、户型组合与业主的市场调查密切相关（表5-30）。

老年辅助型公寓居住单元设计特点　　表5-30

居住空间	设计特点
厨房	居住单元安排有小型简易厨房，配有微波炉、小型冰箱和洗涤池等，既方便居住者入厨的生活习惯，又在设计上维持一般居家布局形式，保持家庭空间组织特点
卫生间	设计要满足无障碍设计要求，安装必要的辅助支撑设施等，而且也要考虑护理人员协助老年人使用卫生器具的空间需要
	卫生间的门一般向外开启，以备有紧急情况发生

公共空间以及管理服务空间

公共活动空间的内容与老年护理居住建筑相仿，一般提供一日三餐。由于居住在此的老年人有更大的独立活动能力，因此会要求比较多的公共活动内容及相应设施（表5-31）。

老年辅助型公寓公共空间以及管理服务空间设计特点　　表5-31

服务空间		设计特点
公共空间	家庭医生	一般安排有家庭医生的办公室，为老年人提供定期或预约的医疗咨询及身体检查
	公共洗衣间	设置公共洗衣间方便居住者及其家人的生活需要
管理服务空间	办公、会议室	
	医疗药物和医疗档案储藏室	有些建筑管理机构会对居住者有特别要求，设计须根据相应的要求安排

类型 3. 老年独立居住公寓

老年独立居住建筑有独立式、联排式或公寓式住宅等多种形式。

独立居住公寓一般也不提供医疗门诊。老年独立居住公寓设计根据资金状况和市场定位，变化幅度比较大，其复杂程度与酒店不相上下。

居住单元

老年独立居住单元形式多样，最常见的户型为一室一厅和两室一厅，以及后来根据市场情况设计的一室一厅带书房及三室一厅等（表5-32）。

老年独立居住公寓居住单元空间设计要求 表5-32

家具及空间	设计要求
厨房	满足在家中烹饪的要求
家具	冰箱、炉具和其他家具设计尽可能避免需要登高或弯腰
卫生间	卫生间和卫生器具的选择和布局满足无障碍设计要求
洗衣间	一般提供洗衣机和烘干机，最理想的放置位置是洗衣机和烘干机并列放置

公共活动及管理服务空间

老年独立居住公寓的公共活动及管理服务内容，因不同市场定位会有很大不同。一般独立式居住公寓提供餐厅、保健和娱乐设施。

2. 日本养老地产项目规划设计特点

日本老年公寓规划注重两个方面，一是公寓硬装人性化，空间装修（消除室内高差）、安全装置（设置扶手、地面防滑）、建筑及家具用品的尺寸等方面都符合老年人人体工程学；还提供安全部设备（紧急通报系统、安全电热源）、管理员或生活援助顾问等亲情化的服务；二是公寓软装环境适宜，提供老年人习惯的生活环境，满足老年人各种邻里交往、人际交流环境。

（1）日本老年住宅设计特点

日本养老地产住宅有如图5-19所示的五个特点：

05 养老地产项目规划设计

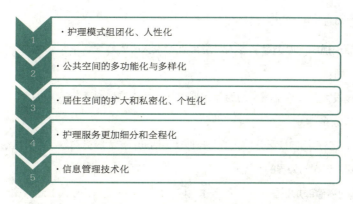

图5-19　日本老年住宅设计特点

特点1. 护理模式组团化、人性化

护理模式的人性化除了在建筑造型、色彩、平面布置等很多方面都有体现，还体现在对护理单元规模的控制和护理模式组团化。从以往刻板的大型护理机构向小型化发展，从集中护理向组团护理发展。小型化机构便于营造家庭化的空间氛围，让老人倍感温馨。组团护理的优势体现在三个方面：

一，组团护理较好地平衡了服务效率和老人的居住体验。

集中护理虽然有效地缩短了护理人员服务动线，提高了服务效率。但是相应的，大量房间的集中式布局，类似病房单元般刻板冰冷，使用者的私密性和居住品质无法保障。而组团护理，通过工作人员和公共空间的分散布置，虽然增加了部分额外的空间、牺牲部分工作效率，却能使老人和工作人员都有更强的归属感和认同感。

二，组团化设计丰富了建筑形态与空间的趣味性。

三，组团护理服务人员数量匹配度合理。

组团护理一般会安排3人左右的员工固定护理10位左右的老人。合理的数量对应，便于员工提高对老人的护理程度，更好地了解老年人的特点和个性需求，加深员工和老人之间的感情沟通，使老人产生信任感和安全感。

特点2. 公共空间的多功能化与多样化

跟传统护理机构不同，日本新型老年住宅除了关注老人生理需求之外，更加看重老人精神方面的诉求。目前，日本老年住宅大多都设置多功能公共空间，同时提供多样化社交活动，丰富老年生活。

日本老年住宅公共空间具有开敞化和组团化特色。

公共空间的开敞化

不仅有益于视线，也满足了老人希望得到他人关心的心理诉求。开敞化特性具体表现在以下三个方面：

第一，建设大量公共空间，为老年人提供与同龄人喝咖啡、与家人相聚、与社区年轻人沟通接触的场所；

第二，将这些空间向社区开放，举办各种社会活动，扩大服务对象，吸引其他社区成员，促进老人之间、老人与外界的交流；

第三，有些还将幼儿园开设在老年住宅内，既解决社区内孩子入托的问题，同时让老人在与孩子们的互动中得到快乐。

公共空间组团化

根据使用人群的不同而进行的小规模、分散化的公共空间布置，旨在提升生活体验的品质，有如下表现：

第一，将一个集中的大餐厅（活动厅）分散为各种主题的小餐厅，按组团布置，并结合组团内的小厨房，提升饮食品质和居家氛围的就餐体验；

第二，设置为家属来访、生日聚会及其他活动提供的家庭餐厅；

第三，突破以往集中式的"卫生设备"概念，引入温泉洗浴浴场的概念，既增强私密性又提高了环境品质，还可让老人自由选择淋浴或者盆浴，让老人像自家一样在浴室尽情享受放松时间。

特点 3. 居住空间的扩大和私密化、个性化

居住单元大小是直接关系到老人居住感受的主要因素。空间大小、空间私密性、空间个性化都是老人对居住单位的重要需求（图 5-20）。

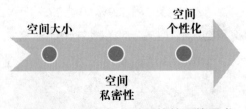

图5-20　日本老人对居住单元的需求

居住单元空间扩大能直接提升居住品质，在日本，特别养护老人院建设标准就从最初的 4.95 ㎡居室标准扩大到现在的 13.2 ㎡（不含卫生间和储存空间）。

私密性是仅次于护理质量的老人关心的第二大问题，据调查显示，96% 的人都不希望与他人共享房间。居住产品从多人大房间向单人小房间发展的设计思路能提升居住空间私

05 养老地产项目规划设计

密性。

居住空间个性化也是老人的重要需求。许多老年住宅可以布置老人自己的家具等个人收藏品，在建筑设计上也更注意渲染个性——如对居室入口门厅处作出各种处理，给每位老人提供根据自己喜好布置的空间，既能增强识别性，又具有展示功能。

特点 4. 护理服务更加细分和全程化

入住老年公寓不仅限于身体虚弱的老人，也包括一些年纪不高具备自理能力的"活力"老人，从年纪不高尚具自理能力到年龄增长身体变差（特别是超过 65 岁以后老年人身体状况会急剧下降），这类老人的需要护理程度会增大，因此，做产品设计时，提供一个针对不同年龄段、系列化全程连续护理服务非常有必要。

护理服务必须按照老人的健康状况和需护理程度细分，还可以根据老人病情特征作细分，如建立老年痴呆症患者的专项护理机构，将老年痴呆症患者和其他老人分开，或者把老年痴呆症患者作为护理机构的一个独立组团。也可把护理机构配置为社区的附属型老年护理机构，包括临终关怀机构、康复/短期护理机构，或者独立型老年护理机构。

特点 5. 信息管理技术化

在日本，应用在老年住宅中的信息化管理技术包括紧急呼叫系统、电话、火警系统、网络、建筑管理系统等。

信息管理技术化的运用有三个作用：

一是，信息管理技术的运用可以降低护理成本，提高护理效率；二是，护理组团的空间设计和员工的数量得到有效利用和配置；三是，信息管理系统还可以审查护理程序，作为法律监督的依据。

老年人住宅产品设计考量条件：

了解老年人的生活目标，在住宅设计时，要使老年人能够实现这些目标；

了解老年人的日常生活（生活习惯，动作和所需时间等），为住宅各类空间设计作出参考；

掌握老年人的身体功能（步行、需轮椅等移动功能、视功能，对于生活不能自理的老年人，设计时需辅助空间）；

另外还要了解家族关系与经济状态（无论新建还是改建，都需要预先了解费用负担人的经济能力）。

（2）日本老年公寓规划设计关键点

日本老年公寓规划设计关键点在于选址得当、设计得体（表5-33）。

● 日本老年公寓规划设计特点　　　　　　　　　　　　表5-33

规划项目		设计特点
选址	环境质量	环境质量良好，符合老人心理需求，对老人产生较强的吸引力
	交通	交通便捷，老人外出或是与子女、友人互相往来都十分方便
	公共设施	公共设施齐全，使居住者对现实生活感到方便，对未来生活感到安心
	生活气息	生活气息浓郁，使老人们与各年龄段的居民们有各种各样相互交往的机会，避免产生与社会相隔绝、被社会所遗弃的消极心理
总平面	居住朝向	应日照良好
	交通	交通方便，主要干道噪声少
	设置坡道	联系室内外空间，方便使用轮椅
	公共道路	实行人车分流，紧急车辆缓行驶进，使老人们有安全感
	公共空间	处理好与合设或邻设的其他设施或住宅的关系，既提供公共交往空间又方便生活；提供散步道、公园等各种室外健身场所，促进老人开展体育活动，同时增进居住小区内人际交流
构成类型	专住型	老年人住户的公寓，老人集中居住，与居民小区内其他一般住户在居住场所上截然分开
	混住型	老年人住户与一般住户混住，老年人住户所占比例一般不大
		横向布置型：公寓中至少布置一层老年人住宅，通常布置在一般住宅之下； 这种布置方法将老年人单独集中于同一层，明显有别于其他一般住户，仍属于不够理想的类型
		竖向布置型：在公寓某一端部沿竖向至少布置一列老年公寓，使各层都有至少一户老年住户，可以考虑布置在临近电梯的位置； 这种布置方法将老年住户分散在各层之中，稍好于横向布置型
		混合布置型：在公寓适当位置布置老年人住宅，使之被全包围或半包围在一般住户之间，并临近电梯； 这种类型较好地解决了老年住户与一般住户之间混住化的位置关系问题

续表

规划项目		设计特点
户型	单身家庭户型	一般为1K（1室+1厨房，使用面积约为30㎡左右）或1DK（1室+1餐室兼厨房，使用面积为30~50㎡）
	夫妇家庭户型	一般为1DK（使用面积为35~50㎡）或2DK（2室+1餐室兼厨房，使用面积为50㎡以上）
管理员住宅	定义	既要满足管理完成日常管理、生活商谈、提供信息、紧急时刻救护等各种工作任务的需求，随时向老年人住户开放；同时又是管理员居住场所
	设计	其位置应该设在老年公寓楼内或是楼外邻近的地方，成为入居者愿意去的场所
公共交往空间		一般均考虑结合门厅、过厅、电梯厅等设置各种公共交往空间，适当安排桌椅，为老人们提供休息和增加互相交流的公共交往空间
		在计划与设计专住型时，还应考虑将公共交往空间扩展到合设或邻近的其他设施之中

3. 欧洲养老地产产品设计特点

在欧洲，老年住宅选址优美、设计细腻、居住模式多样，强调人的尺度与社区的亲切感。不同布局类型的老年住宅以其各自的设计原则和对应的居住模式，来适应老人不同的身体状况以及经济条件。

欧洲老年住宅建筑依据其布局类型大致可以分为三类：独立式住宅、板式住宅、散步式住宅。

类别1. 独立式住宅

在国外，独立式老年住宅通常位于开阔而环境优美的场地，景观均好，因而不强调布局的方向性。建筑呈现对外封闭、对内开放的特质，具有向心的空间效果。

适用对象：自立能力较弱，且需要日常护理的老人居住。

独立式住宅规模较小，通常四层公寓可容纳50位老人居住。公共服务设施设于底层，居住单元设于上层。在各层平面上，沿周边布置的功能房间都可直接通向中央的共享空间，如庭院、大厅、中庭、餐厅等。独立式住宅尺度较小，流线高效，有利于医护人员对老人进行照顾，也为老人间的相互交流和集体用餐提供便利，但缺少公共空间与私密空间之间的过渡（图5-21）。

- 住宅规模小
- 公共服务设施设于底层，居住单元设于上层
- 各平面内功能房间均直通中央共享空间
- 住宅尺度较小，流线高效

图5-21 欧洲独立式住宅建筑设计特点

独立式老年公寓代表为奥地利克恩滕州Steinfeld老年护理之家、奥地利沃拉尔堡的Dornbirn老年住宅、丹麦哥本哈根老年住宅（表5-34）。

欧洲各国独立式老年公寓建筑特点　　　　　　　　　　　表5-34

项目	建筑整体	建筑布局	设计特色
奥地利克恩滕州Steinfeld老年护理之家	建筑外部体量紧凑，形象整体而低调；内部流线清晰，空间极具引导性	底层设有多功能大厅、餐厅、图书室、礼拜堂以及服务管理用房；二层、三层为护理设施与居住单元；内部中庭被设计为充满绿色的暖房，所有房间环绕在其周围	无障碍设计；住宅底层采用钢筋混凝土结构，且略微向后缩进，基座以上全部为木结构，预制墙体和胶合木柱将荷载传递到下层的混凝土板上；落地窗为室内提供广阔的景观视野
奥地利沃拉尔堡的Dornbirn老年住宅	建筑四层高，坐落于开阔的草地上，没有明确的背面或正面	底层全部使用透明玻璃，室内外空间连续；上部三层凸出其上，体量呈现漂浮感；出挑形成的遮蔽空间，为老人在天气不佳时带来便利；中央为两个服务核心筒以及庭院、共享空间，内部庭院种有常绿植物，贯通各层。共享空间毗邻全透明的凉廊休息室，最大限度引入自然光线	位于中央的服务区和共享空间能直接有效地将功能组织与开放多样的空间形式结合起来；沿平面周边布置，每层包含2个护理病床及32个普通床位
丹麦哥本哈根老年住宅	建筑坐落于公园之中，建筑在东南和西北的对角位置上各设置一个贯穿整个体量开口，形成露台，并将自然光线引入中央的公共空间	底层基座为公共服务设施和办公用房；其余四层共有50套公寓	呈椭圆形平面布局，每层12或13套形状各异的公寓沿周边布置，都直接可达中央的公共活动大厅；公寓均为带独立卫生间和简餐厨房的单人套房，落地窗面向公园景观

05 养老地产项目规划设计

类别2. 板式住宅

板式住宅通过不同的长度与组合方式应对特定的周边环境，形成多样的空间布局，定义不同的外部空间，呈现出半开放的空间特质。

板式住宅的布局特点

将公共功能完全置于底层，上层不设共享空间，只有廊式公寓。

双板公寓中最常见的平面布局

两条单廊公寓平行布置，在结合处安排楼梯、电梯及少量服务用房。

适用范围

适用于较大规模的老年公寓，且有自理能力的老人，在高密度的荷兰老年住宅中较多被运用。

模式优缺点

布局优点是增减单元灵活度高，且户型配置自由度大。缺点是由于缺少可达性高的公共空间，公寓套内需要配置独立厨房，也无法提供即时的护理服务（图5-22）。

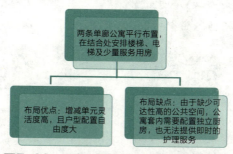

图5-22　双板公寓平面布局优劣势分析

板式住宅的问题在于，空间形式与建筑造型容易单调乏味，可能让老人产生孤独感。避免该问题有三个层面的处理方法：首先，是大尺度的变异，如在阿姆斯特丹住宅中采用竖板与架空横板结合的空间组合方式，营造出灰空间下的水面及花园；其次，是中尺度的丰富化，如在海牙老年住宅中，在走廊与入户处之间通过平台和上空的交替，形成充满阳光的半私密空间，又如乌德勒支住宅中户型在长板中分段变化，并在立面上形成跌落；最后，是小尺度的趣味性，如阿姆斯特丹住宅的彩色玻璃走廊及波浪阳台。

板式老年公寓代表有荷兰乌德勒支的老年公寓、荷兰海牙老年住宅、阿姆斯特丹郊区艾塞尔蒙德镇的Plussenburgh老年公寓（表5-35）。

欧洲各国板式老年公寓建筑特点

表5-35

项目	建筑整体	建筑布局	设计特色
荷兰乌德勒支的老年公寓	基地为三角形，建筑除了高品质的居住单元，还需要包含多种公共服务功能，如餐厅、温室庭院、理疗室、办公等	L形长边自9层跌落至5层，在跌落的部分配置单元式一梯三户的户型，无跌落的部分安排廊式单元，底层设有自行车库以及个人储藏室；L形短边为5层，短边底层为餐厅和服务区	L形板楼，在有限的场地和建筑体量内有效地满足了上述要求，隔离外部喧嚣的同时，围合出半内向的花园
荷兰海牙老年住宅	建筑外部封闭，内部向各层的公共空间开敞。四层高的建筑通过木材和灰砖营造出富有生活气息的立面	L形的布局简洁稳定，设有8个单元的长翼以及3个单元的短翼	楼梯与电梯位于两个体量交界处。底层公寓对外直接入户，通过立面的向后退缩保证进门处的私密性。上层单元采用相似的退进入户模式。在公共走廊与私密入口之间设置了半私密空间，木制平台与上空交替出现，并在各层处于不同位置，营造出富有变化的节奏
阿姆斯特丹郊区艾塞尔蒙德镇的Plussenburgh老年公寓	建筑由一座塔楼和一条架空的厚板组成。厚板浮于水面之上11m，与毗邻的池塘和护理之家相呼应。104套结构跨度9.8m的超大面宽公寓单元具有高度布局灵活性和未来可适应性		公寓提供对老年人的护理照料，但又必须保持隐蔽，新公寓通过不明显的电梯与提供医疗、后勤服务的旧建筑连通。建筑立面通过波浪形的阳台创造出极强的立体效果，并通过安装有透明多彩的自洁玻璃增加建筑活力

05 养老地产项目规划设计

类别 3. 散步式住宅

散布式的老年住宅在总体布局上自由生动，有较强的群落感。在景观的多向性与均好性上更优于独立式住宅，呈现全开放的空间特质（图5-23）。

图5-23　散步式住宅建筑设计特点

单体平面设计特点

散布式特点在于户型配置灵活，可分可合，尺度更接近于当地常规住宅，且有利于避免最不利的朝向。就单元舒适度和私密性而言，都优于独立式与板式。

建筑造型设计特点

散布式住宅既可采用统一的体量和均质的立面塑造建筑群的整体感，也可以通过轻微的形变和多样的材料、色彩赋予每个单体不同的个性。如 Berkenstede 护理中心在立面上尝试丰富的材料，又如 Wohnuberbauung Steinacker 用彩色涂料使每栋建筑透出不同的色彩。

分散布局带来的问题在于，各楼栋之间缺乏密切的联系，较难设置有人气的共享空间。即使通过地下室连通，流线也比较冗长且舒适度低，不利于公共设施的充分利用。近年新建的散布式住宅都出现了将底层扩大成裙房，增强楼栋间联系的设计。

分散式老年公寓代表有瑞士苏黎世 Wohnuberbauung Steinacker 老年住宅和荷兰迪门 Berkenstede 护理中心（表 5-36）。

欧洲各国分散式老年公寓建筑特点　　　　　　　　表5-36

项目	建筑整体	设计特色
瑞士苏黎世 Wohnuberbauung Steinacker 老年住宅	五座相似的Town House 错落布置，形成多样的空间关系与视角。五栋建筑分别被赋予不同的颜色，具有很强的可识别性	75套公寓全部占据角部，以提供多种朝向的房间。 室内布局与分隔墙体可根据住户的个人需求调整，房间功能可以互相置换，单元也可以互相合并。 户型平面灵活，除了餐厅起居室，其余房间配置均匀，并全部可达阳台； 白天地下室通过被涂成楼栋专属色的光井自然采光，夜间，人工照明就将带有色彩的灯光投射出来
荷兰迪门 Berkenstede 护理中心	建筑被分为四栋分散的体量，底层通过内街相互联系，四栋建筑高度和立面材料、屋顶与斜坡的材质各不相同，分别采用金属、石头、草皮及攀缘植物	体块形成的外部空间高低错落，如同一座微缩的小城，其间隐藏着花园、平台和斜坡。庭院与花园增强了建筑内外的联系，底层立面采用玻璃材料，改变了护理中心固有的封闭形象

4. 新加坡养老地产产品设计特点

新加坡的乐龄公寓一般选址于公交便利、设施完善的社区内。公寓最高为12至14层，为精装修板式高层，主要有35m² 和45m² 两种户型。

和一般住宅的内部设施大不一样，乐龄公寓充分考虑到了老人的具体情况和实际需要。

在一些细节上做有了针对性的精心设计。根据老年人身体变化，视觉、听觉功能逐渐下降的情况，乐龄公寓为提高老年人生活自主度采取了以下措施：

一，提高房间照明度比普通住宅要高出2倍以上；

二，老人视觉范围内的所有字迹均加大，以利老人辨识；

三，对可能出现的眩光，都加以抑制；提高报警声响等。对于住宅硬件的配置标准也做了适当调整，具体表现见表5-37。

新加坡乐龄公寓住宅设计特点

表5-37

项目部分	设计特点
标识手段	改变方向和高矮的地方用显颜色彩
住宅入口	入口处面积适当增大,地面平坦,便于轮椅通过,并在老人经过处预留安装扶手的埋件
门框及楼道宽度	门框宽度增加,轮椅可以通行; 楼梯道加宽,以便安装升降椅
地面	室内地面平坦,没有高差,特别是没有一个踏步的高差,不设门槛等障碍物,地面和浴池底部都要防滑
厨房	厨房面积适当加大,便于坐凳或坐轮椅使用; 洗涤台、灶台、洗面台等下面凹进,老人可坐下把腿伸进去操作
厕所	面积适当加大,便于坐凳或坐轮椅使用; 浴池设有音响传感器 厕所要靠近卧室,并设长明灯; 厕所采用推拉门,不用平开门
把手、扶手装置	老人身高会缩短,有时可达6-7cm,开关、门铃和门窗把手等设施的位置也适当降低; 浴池、厕所、楼梯和走廊两侧都设扶手

新手知识总结与自我测验

总分：100 分

第一题：养老地产项目有哪些规划设计要素？（20 分）

_____
_____
_____

第二题：养老地产项目设计如何与老年人生理特征相结合？（25 分）

_____
_____
_____

第三题：养老地产项目有哪些装修要求？（15 分）

_____
_____
_____

思考题：国外养老地产项目的设计有哪些不同？（40 分）

_____
_____
_____

得分：　　　　　　　　　　　签名：

养老地产
新兵入门

06

养老地产典型项目借鉴

操作程序

案例 01：北京东方太阳城——成功复制美国太阳城中心模式
案例 02：上海亲和源——中、高档会员制养老社区
案例 03：保利·西塘越——保利首个养生型养老服务项目
案例 04：上海复星星堡中环——外资联合打造持续照料退休社区模式
案例 05：杭州万科随园嘉树——当代中国高端养老里程碑式作品
案例 06：北京万科幸福汇——万科首个试点养老地产项目
案例 07：沈阳蔚蓝听雨观澜林溪公馆——私人医生服务养老社区
案例 08：青岛新华锦国际颐养中心——国内首家日式服务高端养老项目
案例 09：北京燕达国际健康城——集医、护、养、学、研一体高端养老项目
案例 10：宜兴中大九如城——国内首个养老综合体项目
案例 12：长沙康乃馨国际老年生活示范区——湖南综合性高端养老社区
案例 13：天津永泰红磡阳光幸福村——中国式 CCRC 养老社区
案例 14：天津滨海云杉镇——分时度假养老公寓项目

本章使用指南　目前很多房地产开发企业已开始涉足养老地产开发领域，用不同理念打造出不同的养老地产项目，都不乏较为成功的案例，也有不少无法经营的项目。至于打造什么类型的养老地产项目、选定什么样的融资及运营模式，每个企业的选择标准都不一样。

案例01：北京东方太阳城——成功复制美国太阳城中心模式

中国首个大型综合性退休社区——东方太阳城，地处北京东部第一大河顺义潮白河畔。2002年5月正式破土动工。东方太阳城的特点是将美国太阳城中心模式复制到了中国，并升级成为具有中国特色的"退休社区"样本，设施完善，服务到位。

1. 项目基本概况

东方太阳城位于顺义潮白河西岸的双青林场内，北到河南村桥，南至苏庄桥，西以滨河路为界，东以潮白河大坝为界，紧邻顺平路和公路二环（图6-1）。项目基本概况见表6-1。

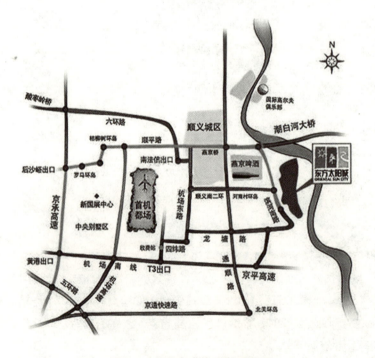

图6-1 北京东方太阳城区位图

06 养老地产典型项目借鉴

北京东方太阳城基本情况　　　　　　　　　　　　　　　表6-1

项目名称	北京东方太阳城
项目地点	北京顺义区潮白河西岸
占地面积	234万m^2
建筑面积	70.7万m^2，其中住宅66.4万m^2，公建4.3万m^2
容积率	0.42
绿化率	80%
建筑类型	现代独栋、水畔联排别墅、中式四合院以及四层电梯公寓等
开发商	北京东方太阳城房地产开发有限责任公司
规划和景观方案设计单位	美国SASAKI
建筑设计单位	北京维拓时代建筑设计有限公司

2. 项目总体规划设计

项目整体采用开放式空间结构体系和组团式布局形态（图6-2）。

图6-2　北京东方太阳城三期项目规划图

根据产品形态，形成了7个主要社区组团，包括中心组团（配套公建）、3个多层住宅社区、1个联排住宅社区和2个独栋别墅社区，由绿地、水体和道路连接、分隔和穿插（图6-3）。各个社区内部组织同样遵循开放空间原则：社区分解成邻里单元，围绕着绿化景观系统布置，形成了由公共领域向私密空间逐级过渡的空间体系。该社区的配套、开发周期规划特点见表6-2、表6-3。

图6-3　北京东方太阳城产品形态

北京东方太阳城社区配套　　　　　　　　　　　　　　　表6-2

	住宅数量	建筑面积
社区住宅	住宅共4736套	
社区配套	社区医院	2200m^2
	康体中心	5500m^2
	学习教室和多功能厅	8000m^2
	商业街	6400m^2
	小型服务中心	2000多m^2
	四星级酒店和酒店式公寓	2万m^2
	运动休闲绿地	75万m^2
	社区生态湖	16万m^2

开发周期规划特点　　　　　　　　　　　　　　　　　　表6-3

	一期	二期	三期
风格特点	欧式风格，塑造田园式社区	欧式风格，创造生态社区	欧式风格，延续前两期惬意、高生活品质
建筑类型	联排别墅、点式公寓、板式公寓和连廊式公寓四种	公寓、联排别墅、独栋别墅、四合院、公寓首层设私家花园	94栋板式公寓、24栋点式公寓，均为6层

06 养老地产典型项目借鉴

续表

	一期	二期	三期
规划特点	一期产品沿湖而建的，在错落方面、产品的楼座摆放方面比较自然，每户带有花园	二期产品楼座正南正北，楼座沿湖而建，错落有致，楼座两边都有景观入眼。独栋别墅设400~2400 m² 不等的超大私家花园，满足住户对私密空间的需求	整个公寓共118个楼座，共为A、B两个区，南北通透，6层北侧做退台处理，提供超大露台；每单元均设电梯，一梯两户；板式公寓包含一居、二居、三居室；点式公寓均为四居室，沿社区湖布置楼座；每个楼座单体，首层住户南侧均附赠庭院，并在主卧室南向设计有10多 m² 的阳光房；而在二层，附赠阳光房顶的超大露台；到了六层，北侧退出的露台则由六层住户独自享用；房屋采用了外保温技术，提高车位比重
户型面积	单元面积从70~230 m²不等		
配套设施	与中日友好医院合作的医疗服务中心、邮政代办中心、超市、餐厅等社区基础配套已经投入使用，设有乒乓球俱乐部、太极拳俱乐部、棋牌俱乐部、钓鱼俱乐部	商业零售中心、短期度假公寓、旅馆、康体中心、医院、社区活动中心等多种配套设施	涵盖太阳会所、东方嘉宾国际酒店与酒店式公寓、康体中心、风情商业街等多种配套设施，还专属配备一所综合性医院——东方太阳城医院

3. 运营上率先实践"第三养老模式"

借鉴国外老年住宅先进经验首次提出"第三养老模式"，即家庭养老与社会养老相结合。老年家庭以按揭或付清方式购房，交付后入住；开发商从次年起，逐年向业主回购部分产权，以解决老年家庭的养老金、医疗保健费。如果业主较早过世，子女可继承住宅部分产权；如果开发商已经全部购回产权而业主身体健康，开发商承诺业主可以无限期免费居住下去。

4. 社区环境

项目位于潮白河绿化隔离带内，若将周边环境绿化都作为基数总体计算，则项目整体容积率极低（仅0.3左右）（图6-4）。

图6-4 东方太阳城社区环境

开发商改善社区居住环境的方法和策略:

租用集体土地建设一片防护林地和约 75 万 m^2 的 18 洞高尔夫球场；利用紧邻潮白河的便利条件，社区中规划了大小不一、形态丰富的人工湖泊水系，营造出优良的亲水空间，通过人工水体实现雨水收集、防洪调蓄、改善小气候的作用（图6-5）。

社区内部还通过设置不同主题的社区公园，为住户提供多种的娱乐和社交场所，有利于增强可识别性。

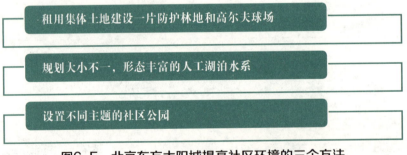

图6-5 北京东方太阳城提高社区环境的三个方法

项目社区交通系统规划：

由车行、人行、高尔夫专用球车道系统组成。主要车行道采用曲线路形以减缓车速，有利于出行的安全性，在人车混合、交叉地段设置了一定限速装置和标志。但社区并未采用人车分行的交通体系，且南北主干道减速装置数量不足，行车速度较快，对老人室外活动和出行带来了一定的干扰和交通隐患。

5. 居住建筑设计手法

项目居住建筑设计手法立面造型稳重，色彩整体采用暖色调，颜色搭配丰富。

室内建筑方面

社区内多层住宅和公共建筑均设有电梯和防滑坡道，便于老人出行，但电梯内部空间较小，对轮椅和担架出行仍有一定障碍。居室室内不起高差、高插座、低按键，采用防滑地面，方便老人使用。在联排和独立别墅中，采用了两代居的设计理念：首层设有南向双亲主卧，带独立卫生间；在楼梯、长走道处设置长明灯。

建筑设备方面

社区多层住宅的采暖方式以水源热泵为主，独立住宅中使用了地源热泵，使用中除系统运行的电能外，其余能源均从地下采集，提高了独立住宅的环境品质并降低了运营成本。

（1）建筑形式

东方太阳城根据不同的家庭类型贴身设计了不同的建筑形式。

一期工程春天开始入住，包括联排别墅、点式公寓、板式公寓和连廊式公寓四种建筑类型，单元面积从 70~230 m^2 不等。每种户型各有特色（表6-4）。

● 北京东方太阳城一期户型特点　　　　　　　　　　　　　　　　　表6-4

建筑类型	户型特点
联排别墅	独门独户； 一层40m^2的起居室，面宽6m以上，正对湖水； 多卧室的设计，适合大家庭或亲属来访
连廊式公寓	客厅主卧10m朝阳面，充分拥抱阳光； 北侧连廊设置公共活动区域，方便左邻右舍温情沟通
板式公寓	12m超长采光面，阳光充足； 步入式衣帽间，提高生活品质
点式公寓	位于湖东岸，独立塔楼，一梯两户，三面采光，尽享湖景

东方太阳城二期于2004年年底入住，建筑形式特别增加了独栋别墅和中式四合院，体现科技住宅理念，打造更广阔的生活空间。中式四合院体现京韵京味的传统民俗，复制传统的邻里亲密关系。

通过三期项目的建设,东方太阳城将形成开放式、团组式、花园式的建筑群,七个风格各异的小区,提供给业主更多的选择。

(2)室内设计

东方太阳城室内设计符合老年人生活需求,充分尊重老年人生活习惯,室内外采光充足,对生活设施做了无障碍设计。

1)采光充足

东方太阳城所有的户型,都最大限度地保证了采光。阳光透过巨大的落地窗,洒在房间的每一个角落。以中空隔热断桥铝合金喷塑的保温窗,保持屋内采光通透。超大面积的起居室,宽敞明亮。

2)无障碍设计

无障碍设计,保证了家中老人的安全。房间的每一个细节都经过了千锤百炼、深思熟虑,使人放心(图6-6)。

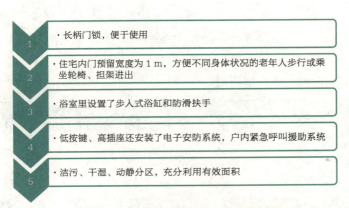

图6-6 东方太阳城无障碍设计体现

社区服务中心还为业主提供了菜单式装修服务,有200种以上的不同装修风格的室内设计供选择,专业又彰显个性。

(3)建筑技术创新

东方太阳城在设施配套方面,采用多种创新建筑技术,旨在提高老年人生活舒适度及便利度(表6-5)。

06 养老地产典型项目借鉴

东方太阳城建筑技术创新　　　　　　　　　　　　　　　　　　表6-5

建筑技术创新方面	创新内容
采用液压蝶式无机房电梯	既节省建设专门的电梯机房的投资、减低噪声,又降低了电梯的运行成本和后期维护费用
社区内自建污水处理站	实现全部生活污水的净化处理后回收利用。一方面可防止降水不充分而导致绿地灌溉水源的缺乏,另一方面使退休生活社区的生态环境更加环保,运作高效
采用绿植净化环保型雨水收集再利用技术	整个退休生活社区设计了运行成本低廉、回收效率高的雨水回收系统,将雨水通过采集、绿植、过滤、净化,储存于社区湖面,用来进行社区内绿化灌溉
采用生态水质净化系统	对社区内大面积的湖水、溪流等水系的处理进行水质净化,经过生物技术处理后的湖水,可以减少和预防出现一般水系中富营养化的问题,同时也可使社区的水系处于良好的生态群落循环中,保存了社区良好的自然面貌
水源热泵中央空调系统	为二期25万m^2的公建和居住单元确定选用水源热泵集中供暖、制冷提供了完备的第一手技术和运行资料
电磁门锁、门禁一卡通系统	为居民出行及社区的物业管理提供了极大的便利
紧急呼叫系统	布置于主卧室和起居室的固定呼叫按钮和可移动呼叫按钮保持着每单元与社区呼救援助中心的热线联系
其他	自备深井供水系统,自建的压缩天然气站等

6. 配套及服务

　　东方太阳城公建群位于社区中央,规模庞大且注重内涵,总体建筑面积约39900m^2。公建布置充分考虑人的活动规律和行为轨迹,布局配套合理,集中与分散相结合,使用功能适宜居民的生活服务要求。其中东方太阳城嘉宾国际酒店外观见图6-7。

图6-7 东方太阳城嘉宾国际酒店组图

(1) 公建配套

东方太阳城将公建分为五大部分：商业文化中心、康体医疗中心、零售中心、酒店和短期度假公寓等（图6-8）。

图6-8 东方太阳城公建配套组成

1) 商业文化中心

商业文化中心建筑面积为1.11万 m^2，地下一层为农贸市场和社区信息控制中心，首层为超市、精品店及餐厅，二至三层为老年大学。

老年大学的功能设计

旨在丰富老年人的精神、文化生活，为老人开辟一个学习、交流和增长知识的场所。其中设有多功能厅、图书馆、咖啡厅、活动室和休息室，而且课程设置形式多样且不拘一格，涉及陶艺、绘画、摄影、雕刻、京剧、酒类品鉴、文学、地理学等多种类型，让每个有兴趣和特长的业主都可以参加进来、教学相长。

2) 康体医疗中心

康体医疗中心建筑面积为0.87万 m^2，地上一层，局部区域为两层，其中包括温泉疗养浴、

06 养老地产典型项目借鉴

洗浴中心、有氧锻炼室、室内游泳馆、多功能体育场、室内跑道、体操房、保龄球馆、疗养型健身器械区等。

康体医疗中心的社区医院由东方太阳城与中日友好医院合作成立，担负整个社区的医疗卫生保健工作，聘请老年病专家定期坐诊，还开展"家庭病房"、医务人员上门服务，并配备救护车，实行全周日服务。

3）零售中心

零售中心包括地上两层和地下一层，商业功能将涵盖餐饮、零售、商业服务等与基本生活密切相关的商业配套设施和服务网点。

4）度假酒店

度假酒店包括100套标准间、8套豪华跃层套房，度假公寓建筑面积为7000m^2，一至五层为连廊式公寓，面积从50~100m^{2}不等，居住空间私人化，体现人性化服务，度假者可根据自己的喜好自由选择。

（2）社区服务

社区组织业主成立了多种类型的文体组织，开展文体活动，丰富老年人生活；还提供多项生活照料和医疗照料服务，包括24小时接待、智能化安防、钥匙卡托管、智能卡托管、电话探视、电瓶车呼叫、紧急呼叫、社区护理、康复医疗等，方便老年人生活。

案例02：上海亲和源——中、高档会员制养老社区

"亲和源"老年公寓构想于2003年，组建于2005年，坐落在上海市南汇区康桥镇，是一个以会员制为主要形式，以实现健康、快乐的老年新生活为目标，融居家养老和机构养老优化为一体的中、高档养老社区。

图6-9 上海亲和源老年公寓外观

1. 项目基本概况

上海亲和源位于上海市浦东区康桥镇,离市中心人民广场12km,浦东国际机场12km,交通便利(图6-10)。公寓基本概况见表6-6。

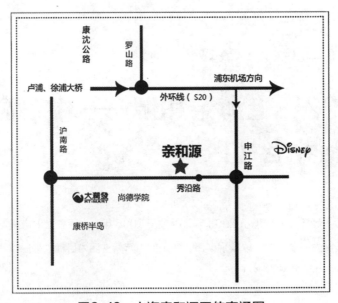

图6-10 上海亲和源区位交通图

上海亲和源老年公寓基本情况　　　　表6-6

项目名称	上海亲和源
项目地点	上海浦东新区秀沿路2999弄
占地面积	83680m²
建筑面积	106977.56m²
容积率	1.2
绿化率	51%
建筑类型	普通住宅，中高层、多层
开发商	亲和源股份有限公司
规划和景观方案设计单位	日本GLAnet公司
建筑设计单位	上海康桥公共事业投资有限公司

2. 项目总体规划概要

亲和源总共有16栋建筑，其中包括12栋公寓，会所、怡养院、配餐中心、商业街、管理及活动中心（图6-11、表6-7）。

图6-11　上海亲和源规划效果图

亲和源建筑功能组成　　　　　　　　　　　　　　　　　　　　表6-7

建筑形式	格局或房间数	面积
度假酒店	74套房间	72355.3m²
老年住宅	834套房间	
颐养院（亲和源护理院）	9层，300多床位	9736.1m²
配餐中心（南园之星养生餐厅）	2层	2574.6m²
会所（美格菲健康会所）	5层	8000m²
办公楼	——	3024m²
商业街	——	1450m²

3. 运营采取产权和使用权分开的会员制方式

亲和源经营方式采取产权和使用权分开的会员制方式，可租可售。一种是购买产权，产权50年，均价20000元/m²，总价116万/套起（入住后每年还要缴纳3万元至7万元的年费）。另一种是购买使用权，售卖A、B两种会员卡（表6-8）。

亲和源会员卡缴费价目表　　　　　　　　　　　　　　　　　　表6-8

卡种	年限	户型	会员卡缴费标准（万元）	年费缴费标准（万元）
A卡	永久（可继承、可转让）	小套	89	2.98
		中套		3.98
		大套		6.98
B卡	终身（可继承，15年内可退）	小套	45	2.98
		中套	55	
		大套	88	

入住方式：

A卡一次性缴付89万元，无使用期限，永久使用并可继承、转让，每年3万~7万元年费，B卡一次性缴付45万~89万元（根据房型大小），供个人终身使用，每年3万元年费，如果未住满15年，可以折算到月按比例退回部分入会费用。

4. 社区环境

亲和源老年公寓有 12 幢多层电梯住宅楼组成，楼与楼之间有连廊相接，老人能享受全天候、泛社区的无阻碍通道。因住宅楼选上海地区最佳朝向（正南偏东 15°左右）排列，光照充足。公寓内绿植丰富，能舒缓身心（图 6-12）。

图6-12　上海亲和源社区环境

5. 居住建筑设计手法

上海亲和源从硬性配置上满足老年人的生活需求，社区内设置风雨连廊、高低扶手栏杆、双轮椅宽大走道、无障碍通道等人性化的宜老设计（图 6-13）。

户型设计方面

项目户型面积上迎合老年人群的主流需求，各房型结构比较简单。在房型设计上考虑老人的生活习惯：客厅餐厅合二为一；厨房为 L 型设计，操作方便；卧室均

图6-13　上海亲和源楼栋

朝南，并拥有南向大阳台，适合老人平时晒太阳；房间内部设计及装修方面做特殊处理，安装紧急按钮、红外线报警等装置，全方位保障居住老人的日常生活安全。

老年公寓户型有 3 种，面积为 57～120m²，精装修，全配套，拎包即可入住（表 6-9）。

亲和源户型设计　　　　　　　　　　　　　　　　　　　　　　　表6-9

类别	面积	房屋形式
小套	58m²	一室一厅一卫一厨
中套	72m²	一室一厅一卫一厨
大套	120m²	三室一厅一卫一厨

6. 配套及服务

上海亲和源，在配套设施的运营上与专业机构合作，建立专业化的养老服务平台并对外开放，提高运营收入同时，提升项目形象及档次。

（1）公建配套里设置颐养院

项目配套设施一应俱全，有健康会所、生活广场、室内游泳池、水疗、美容美发厅、洗浴中心、超市、菜市场、咖啡吧、网吧、影视厅、老年大学等。社区内还有以老年专科为特色的颐养院，与曙光医院（三级甲等）对接，小病小痛可前往医治。若是有大病，社区有班车专人送往市区曙光医院治疗（表6-10）。

亲和源社区配套项目　　　　　　　　　　　　　　　　　　　　表6-10

配套项目	功能设置	运营管理
健康会所	健身、水疗、康复护理等	聘请上海美格菲康健管理公司进行管理，会所对外经营
商业街区	对外开放，满足周边小区居民、亲和源内老人的生活需求	商铺只租不售，主要以美容美发、饭店、超市、药店等业种为主，商铺对外经营
配餐中心	为护理和疗养人员提供送餐服务，公寓内老人需自行前往餐厅，荤素搭配，价格合理	索迪斯负责运营，按营业额与亲和源分成，员工和会员均可使用
颐养院	为需要护理照料、不宜居家养老的老人提供养老、护理、保健、医疗等服务	与上海市曙光医院（三级甲等）对接，由其派出团队进行管理
度假酒店	提供分时度假、老年旅游休闲、短期托老及亲和源老年新生活体验等服务	亲和源内老人带朋友居住享受优惠价格，自己居住优惠后抹去零头

（2）"秘书"式社区服务

上海亲和源社区内的老人可以享受健康、快乐的"秘书"式服务，内容基本涵盖老年人日常的各种需求（表6-11）。

● 亲和源社区服务内容　　　　　　　　　　　　　　　　　　　表6-11

生活服务	智能化物业系统使用、保洁维护、物品清洗、钟点服务、代买代送、代领代办、出行班车、多功能健康会所服务、专业营养配餐、亲情服务等
健康服务	健康巡检、设立健康档案、健康指导、护理照料、体格检查、疾病治疗、紧急救护、心理关爱、心理疏导等
快乐服务	举办主题活动，根据会员兴趣组建各类俱乐部、开办亲和学堂、组织度假旅游、提供义工服务、理财咨询等

操作程序

案例03：保利·西塘越——保利首个养生型养老服务项目

保利·西塘越是保利地产首创健康养生生活蓝本，以石库门建筑风格规划亲水类独栋、合院、联排别墅及创新公寓、中高层、老年公寓、康复中心、商业、会所等业态，是养生地产与旅游地产的新尝试。

1. 项目基本概况

项目北接西塘古镇，南临杭申道红旗塘，畅享四方通达，1h即达国际都市上海，20min直抵嘉善市中心（图6-14）。其基本概况见表6-12。

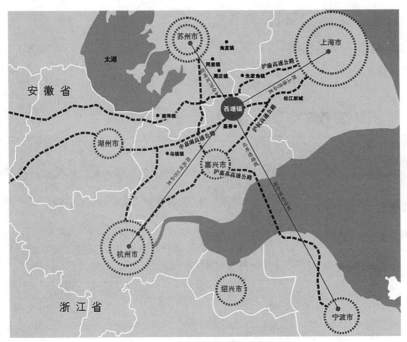

图6-14 保利·西塘越区位图

保利·西塘越项目基本情况　　　　　　　　　　　　　　　表6-12

项目名称	保利·西塘越
项目地点	浙江省嘉善县西塘镇
占地面积	270000 m^2（总体规划），99720.9m^2（一期）
建筑面积	115514 m^2（一期）
容积率	1
绿化率	35%
建筑类型	8层电梯中高层、联排别墅、四合院、独栋别墅、4栋老年公寓
开盘时间	2012年9月16日
开发商	上海保利房地产开发有限公司
设计单位	上海霍普建筑设计事务所有限公司

2. 项目总体规划设计

保利·西塘越规划有亲水类独栋、合院别墅、联排别墅级、创新公寓以及约30000m² 的养生配套，涵盖精品酒店会所、高端康复中心、商业内街等。基地为自然形成的三角形河中岛屿，一期用地面积 99720.9m²。

图6-15　保利·西塘越规划图

住宅布局做了环状模式，外低内高。在这个环形设计中，最外圈是亲水住宅，与河岸毗邻，共 39 户，中圈是合院住宅，共 36 户，内圈是联排住宅，共 77 户。小高层区包括普通住宅 348 户、老年公寓 176 户、辅老公寓 48 户。中高层区位于基地的核心区域，住宅部分布局使得更多的住户可以享受到得天独厚的河景资源（图6-16）。

基地中心处为养身会所，也是主入口进入小区后最耀眼的建筑。老年康复中心位于南侧一期小区外围，与项目二期建成的老年医疗中心共同形成整个项目新的核心，并形成第二主入口，服务于周围的老年公寓和辅老公寓，沿河绿化带进行重新整治并向公众开放。

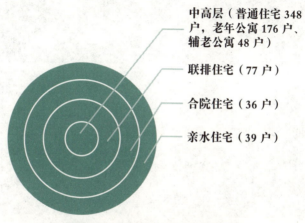

图6-16　保利·西塘越住宅布局

3. 租售并举的运营模式

"保利·西塘越"的目标客户群定位在高收入人群，运营模式采用租售并举的方式。保利开发的养老项目是以会员制模式统一经营，实现品牌连锁和异地候鸟式养老。

4. 社区环境

保利·西塘越独踞西塘古镇东南端之水上瀛洲，四面环水，呈岛状分布，从社区步行10min即可到达景区。四周田园风光能尽收眼底，独具隐贵感。

项目以低容积率、高绿地率筑造低密度岛居社区，将大面积土地用于绿化、养生等配套。临水种植多种成年植被，百余种生态花木与社区共同生长。

5. 居住建筑设计手法

保利·西塘越汲取现代建筑设计元素，将江南水乡气质和海派风格有机融合，上海新天地建筑外立面为石材面砖搭配，局部饰以仿木。这个项目以石库门建筑风格规划亲水类独栋、合院别墅、联排别墅及创新公寓，打造人文养生居住区。亲水、合院、联排别墅依水岸而建，或阶梯式、或院落式、或平行式的排布格局（图6-17、表6-13）。

图6-17 保利·西塘越建筑风格

06 养老地产典型项目借鉴

● 保利·西塘越建筑特点

表6-13

建筑形式	建筑特点
亲水类独栋别墅	6m挑高,独特玄关设计,四面采光户型方正大气,尽享受一线水景
联排别墅	入户门廊别有洞天,窗楣、门楣更是谨遵石库门建筑风格设计。八角窗的设计,古朴中透露出时尚的风韵
合院别墅	糅合江南院落精髓和欧式建筑风格,将每四栋单体别墅形成一个独立的围合,让居者感觉既围合又开放,户型南北通透,客厅6m挑空,多露台,内院活动空间丰富
创新公寓	在外形上,融合海派石库门的青红面砖与传统江南的白墙灰瓦;在色彩上,以多层次界面晕染水乡风情;石质底座、青砖墙体、纯白顶部的标准新古典三段式; 在室内空间上,入户花园提点家的礼仪,方正格局映射天地方圆,全明通透调节阴阳和谐,4.3m宽主卧尺度彰显家长权威
小高层	使用灰砖黑瓦,同时出现更多的白色元素,并且在细节处理上向西塘古镇的元素靠拢
康复中心和养生会所	以新中式的白墙灰瓦出现,在建筑群中成为亮点,拉近西塘越与西塘古镇的距离

6. 配套及服务

保利·西塘越,规划近30000m² 养生配套服务体系,涵盖高端私人会所(1000m²)(图6-18)、康复中心、养老公寓等物业。近9000m² 康复理疗中心,为业主养生养老提供健康保障。护理中心引进国际高端养疗机构和先进科技设备及技术,为业主提供完整的休闲、养生、体检及康复护理服务。

图6-18 保利·西塘越私人会所外观

操作程序

案例04：上海复星星堡中环——外资联合打造持续照料退休社区模式

星堡中环养老社区是由美国峰堡集团与复星集团合作开发的首个综合性养老社区。星堡中环养老社区采用持续照料退休社区模式，主要为老年人提供自理、介护、介助一体化的居住设施和服务。这个模式的核心价值在于，在老年人健康状况和自理能力发生变化时，依然可以在熟悉的环境中继续居住，并获得与身体状况相对应的照料服务。

1. 项目基本概况

上海复星星堡中环养老社区位于上海宝山区环镇南路，距人民广场约13km（图6-19）。项目的基本概况见表6-14。

图6-19　上海复星星堡中环区位图

06 养老地产典型项目借鉴

上海复星星堡中环养老社区基本情况　　　　表6-14

项目名称	上海复星星堡中环
项目地点	上海市宝山区环镇南路
建筑面积	18000m²
建筑类型	普通住宅，中高层、多层
开发商	上海星堡老年服务有限公司（由复星集团与美国峰堡集团合资成立）

2. 项目总体规划设计

养老社区包括150间独立生活单元，为老人提供一居室到大两居室等各种户型，同时也有50个单独居住和双人居住的协助式护理床位。按照家庭模式设计的协助生活区主要接受从老年痴呆到短期康复服务等有特殊照顾需求的老人入住。

3. "月费涵盖全包式"运营模式

星堡中环养老社区的场地和楼房并非自建而是租用，项目采取"月费涵盖全包式"收费，即除了一次性5万元左右的入住费外，自理单元每月费用从7100元到3万元不等。

月费涵盖基本服务费，包括饭店式餐饮、房间打扫，到当地购物中心的定期巴士及各式活动等费用。住户还可选择购买额外服务，如专车服务、升级保洁及相关个人护理上门服务。

4. 社区环境

星堡中环养老社区路面干净整洁，绿化成熟，社区周围建筑为独栋别墅办公楼或写字楼，环境清幽。

5. 居住建筑设计手法

复星星堡中环参照国外"持续照料退休社区"的理念，建筑大多以独立生活空间为主，兼顾协助式护理床位。户型有一室、一室一厅、两室两厅两卫、护理区房间（表6-15、图6-20）。

复星星堡中环建筑特点　　　　　　　　　　　　　　　　表6-15

户型	房间配置
一室	现代厨房，嵌入式就餐区，嵌入式衣帽间
一室一厅	带书房的宽敞卧室，舒适房间（休息区、沙发和电视），带就餐区域的全配厨房
两室两厅两卫	朝南房间（大落地窗），带独立卫生间的主卧，次卧（供客人短住），带就餐区的宽敞厨房
护理区房间	宽大居住空间，看护床

精致一室

一室一厅

两室两厅

护理房间

图6-20　上海复星星堡中环室内环境

6. 配套及服务

社区提供各种公共活动空间，包括餐厅、健身房、棋牌室、书画艺术室、教室、图书馆、茶吧、电脑房，一个提供基础门诊服务的社区诊所。

星堡社区配套服务体系包括全天候护理保健服务、24h保安物业和专业清洁服务（图6-21）。

06 养老地产典型项目借鉴

图6-21 上海复星星堡社区配套服务内容

（1）全天候护理保健服务

星堡中环养老社区引进美国家庭医生概念，聘请上海三甲医院医疗专家，为每位老人建立电子健康档案，享受由外部医疗专家团队和专业老年服务团队组成的医疗服务系统，从疾病预防、邀请外部三甲医院医生坐诊，到上门康复、居家护理等都有专人服务（表6-16）。

⬤ 星堡中环护理保健服务内容　　　　　　　　　　　　　　　　　　　　表6-16

服务明细	服务内容
服务时间	24h护士值班，应对紧急情况
医疗服务	邀请外部中、西医专家坐诊
	与医院合作提供绿色通道服务，外部三甲医院医学专家对口服务
	专家门诊代预约服务，陪同老人就诊，代住户赴医院取药服务
特殊护理	伤口护理、居家康复治疗、药物管理等

（2）24小时保安物业和专业清洁服务

星堡有24h保安物业服务、紧急情况应对系统和日常值班巡查制度，全面保障业主在社区安全、舒心、便利的居住。专业清洁服务与全职维护团队，处理清洁、修缮等琐事。

案例05：杭州万科随园嘉树——当代中国高端养老里程碑式作品

万科·随园嘉树，万科首个长者乐园。项目立足《联合国五项老年人原则》的服务体系，配备有功能齐全的生活配套体系，拥有适老住宅性能体系、优质的地理资源、无障碍园区规划。

1. 项目基本概况

随园嘉树位于良渚文化村内，万科良渚文化村位处于杭州市西北部和余杭区中部，距离武林广场约18km，紧邻新104国道、东西大道，交通出行非常便捷。随着杭州市轨道交通规划推进，良渚文化村半小时可到达杭州生活圈（图6-22）。其项目基本情况见表6-17。

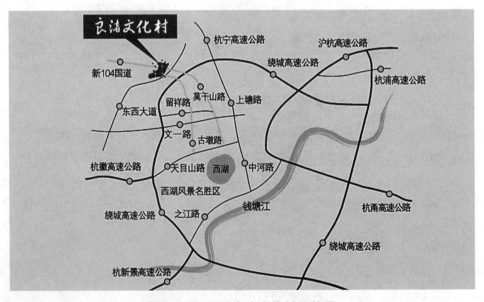

图6-22 万科良渚文化村区位图

06 养老地产典型项目借鉴

杭州万科随园嘉树项目概况　　　　表6-17

项目名称	杭州万科随园嘉树
项目地点	万科良渚文化村核心区
建筑面积	62387m²
容积率	1.0
绿化率	35%
建筑类型	多层
开盘时间	2013年5月
开发商	杭州林庐房地产开发有限公司
运营管理	万科酒店部管理

2. 项目总体规划概要

万科随园嘉树位于良渚文化村内，占地100亩，规划为8栋多层（图6-23）。

图6-23　万科随园嘉树规划图

（1）规划总原则

一，保持原有自然生态系统；

二，由村落串联的序列关系组合而成，各村落好似贯穿的珠链；

三，村镇形态与自然和谐共处、有机生长；

四，"绿色手指"从山村延伸至河滨；

五，道路及步行系统网络，果树林荫大道、花园步行小径、河滨景观道路、山地休闲便道的最佳结合；

六，开放空间、娱乐设施与村落自然融合；

七，旅游区与各城、各村相结合；

八，围绕村落中心，在五分钟步行距离内展开；

九，空间形式从隐态到互动，从绿色乡村到动态城市，从自然天成到人为细腻；

十，以文化、艺术为主题。

（2）项目布局

万科随园嘉树总占地6万多m^2，其中包含4500m^2中央金十字配套，3000m^2风雨连廊。规划有8栋多层，338个房间，700多个床位，分为75m^2、89m^2和111m^2三种户型（表6-18）。

◆ 万科随园嘉树项目布局　　　　　　　　　　　　表6-18

户型大小	配置	户数
A（75m^2）	一室两厅一卫	305户
B（89m^2）	两室两厅一卫	160户
C（111m^2）	三室两厅一卫	150户
颐养中心		60户

项目选址：

万科良渚文化村的各村落选址均避开北部山体，坐落于山林南侧的幕景之下，村落之间保留开放绿地，使各组团保持一定距离，呈现出带状结构，并由一条风情大道串起了小镇生活的全部。

为强调村落生活的完善性，村落的布局以文化中心、商业中心等多个配套组团为中心，在其中设置更全面的商业服务及公共娱乐设施，以便于各个村落可以广泛共享。

06 养老地产典型项目借鉴

（3）道路体系构建

在良渚文化村内，规划了外部道路、连接道路、内部道路、景观步行四大类道路系统。

外部道路系统是良渚文化村对外交通联系重要纽带，主要依托新104国道、老104国道和东西大道，可以便捷通往杭州新老城区、萧山机场以及周边城市。

项目的连接道路分为三级：城镇重要道路、城镇重要支路、城镇普通支路（表6-19）。

万科随园嘉树道路体系　　　　　　　　　　　　　　　　　　　　　　　表6-19

道路等级	作用
城镇重要道路	城镇重要道路与外部道路相连接，同时作为连接各村落组团间的重要道路，便于居民快捷出行和辗转于城镇内
城镇重要支路	重要道路的分流道路，连接重要道路与村落组团，使居民能够直接进入自己的村落居所
城镇普通支路	连接临近村落组团之间的道路，方便临近组团的交流和沟通

内部道路系统

承担连通本村落组团内部的道路，注重步行的功能，形成完善的路网布局和功能，既能够便捷进入村落中心，也能够满足村民的出行需求。

景观步行系统

包括滨河步行道、村落步行道、登山步行系统（表6-20）。

万科随园嘉树景观步行系统　　　　　　　　　　　　　　　　　　　　　表6-20

景观步行系统	规划线路
滨河步行道	沿良渚河设置，可以尽览七个村落
村落步行道	整合各村落内部的公园、绿带、林荫道，将其有机串联起来
登山步行系统	贯穿于良渚的山林保护区

3. 由开发者持有物业，租赁给第三方的运营模式

万科随园嘉树的健康公寓使用权转让方式出售，颐养中心物业由万科持有，租赁给第三方进行运营。

4. 社区环境

随园嘉树位于良渚文化村核心位置，5000亩原生山水环保左右，国家4A级旅游景区、1条河流、5片湖泊、6个郊野公园、25座山脉等作为生活背景。无处不在的自然气息，连绵不断的绿地与原生态环境，释放出有益身心的湿润空气与负氧离子（图6-24）。

图6-24 随园嘉树社区环境

5. 居住建筑设计手法

随园嘉树注重建筑无障碍设计，大至社区景观设计及配套设施，小至室内空间细节无不体现着对老年人人性关怀（图6-25、表6-21）。

图6-25 万科随园嘉树建筑组图

06 养老地产典型项目借鉴

随园嘉树室内空间规划设计　　　　　　　　　　　　　　　　表6-21

空间区域		规划设计细节
入户转换区域	无障碍入户门	门宽增加设计为1m，便于轮椅和担架进出
	卡式数据锁	电子门卡刷卡入户，不开门10秒钟门自动锁上，若门没有关上会发出长鸣声，提醒老人关门
	插卡取电开关系统	进门后只要插卡，即可使用照明、电视、空调等设备，让长者更加省力、省心。外出的时候，取出房门卡，房间的总电源自动延时15秒内即可断电，既可节电亦能使用电更加安全
	入户玄关收纳	玄关作为室内外转换空间，承担鞋柜、衣帽挂置、零件安放等功能
卧室	分床设计	老人睡眠较差，为减轻相互间的干扰，采用分床设置，同室不同床
	起夜地灯	专门针对长者起夜需求，设计了光质温和不刺眼的起夜地灯，有效保证长者夜间活动的安全性
	卧室应急灯	主卧应急灯，正常通电状态下保持待机，不发光，紧急断电后自动切换为工作状态，可持续发光约30分钟，便于长者寻找物品和进行后续准备
	按键的位置	照顾轮椅老人生活便利性，所有家中的按键位置都是老人坐在轮椅上直接能够着的位置
厨房	下拉式置物篮	触碰即自动下拉，充分考虑老人尤其是轮椅老人的够高不便
	直饮水龙头	直饮水龙头，不仅方便老人取、饮水，而且保障了长者的饮水健康
	270度拐角置物架	针对老年人收纳杂物较多的特点，该产品对空间的使用细节尤其关注
	高照明度操作台	老年人一般视力相对减弱，针对这一特征，在厨房操作台上方专门设置了高照明度灯光，方便老人使用
卫生间	防滑地砖和无高差地面	防滑地砖的设置，把老人滑倒的可能性降低到最小，无高差的地面设置方便老人轮椅进出
	双地漏排水	随园嘉树的卫生间和阳台，均采用双地漏排水系统，该系统可以最快捷地排净卫生间和阳台的积水，减少长者由于积水发生滑倒事故的概率
	L型扶手装置	卫浴和坐便器旁边都安装扶手，避免老人滑倒

续表

空间区域		规划设计细节
卫生间	TOTO卫洗丽马桶	TOTO卫洗丽马桶集便盖加热、温水洗净、暖风干燥、杀菌为一体，是微电脑控制、舒适卫生、人性化的现代产品，可以解除一切如厕后的不适，对生活自理能力下降的老人非常适用
	暖气架兼毛巾架功能	安装带毛巾架功能的暖气架，取暖和烘干毛巾一举两得，解决卫浴空间潮湿易生菌的问题
	带扶手厕纸架	老年人在如厕过程中，可能会由于长久的蹲坐，导致下肢无法起身站立。针对这一问题，随园嘉树首开先河，设计了带扶手厕纸架，低矮顺手，能够有效借力，让老年人更省力
	无障碍洗脸池及暖足机	洗脸池下方设计为凹进模式，凹进的宽度正好方便轮椅老人贴近洗脸池，且下方凹进处设置暖足机，考虑到老人血液循环不好、足部发凉的特征，洗脸的同时烘干湿脚，避免老人生病
	全屋地暖	随园嘉树安装了全屋地暖系统，卫生间加置暖气片，让室内始终保持最舒适的居住温度
家居智能化	一键式电话机	大按键的贴心设计，且可将家人号码设置成固定键，一键就可拨通家人电话
	玄关人体感应智能灯	玄关人体感应智能灯，具备全自动感应功能，人体接近感应器一定距离，玄关灯自动开启。当人体离开感应范围，延时一定时间后自动关闭，无需手动按动玄关灯按钮
	紧急呼叫按钮	在卧室、客厅、书房、阳台等位置，均安装了按拉一体式一键紧急呼叫按钮。一键紧急呼叫按钮如果触动，不仅门外红灯亮起，管理中心电脑将随时显示报警状况，提供应急救援
	红外检测设备	在室内安装了红外检测设备，可根据老年人在室内的活动情况，判断老人是否有意外发生，并及时救助
室内设施设备	低位晾衣架	低位阳台晾衣架只有1m左右的高度，比常规晾衣架低了至少0.5m，让老人晾衣服更方便省心
	超大阳台	随园嘉树的主卧、客厅均为南向，大面积落地玻璃窗，7.2m大开间双进深大阳台，比常规增加了15%~30%的超宽楼间距，保证了足够的自然采光面，室内的采光通风和景观效果更加良好，冬至日即使在一楼，也能享受充足的阳光

续表

空间区域		规划设计细节
室内设施设备	外开门	随园嘉树的厨房和阳台均为推拉门，同时入户门和房门均采用向外开启的方式，不仅便于老人操作，而且在意外发生的时候，能够有效防止救助人员由于开门方式不当，对老人造成第二次伤害
	中央空调	采用插卡即使用模式，中央空调的温度条件系统也减少老人自己使用的不便
	门窗系统	采用断桥隔热系统，隔音隔热效果较好，匹配老人喜静的特性
	新风系统	针对门窗的隔热隔声性能，以新风系统解决室内空气流通问题
	数字监控系统	配合电子门卡、一键报警、不活动通知等系统合成在物业管理中心，有对各户老人的数字监管系统；老人的就诊记录、生活习惯、是否在家、是否意外都可以及时了解

6. 配套及服务

（1）配套设施

万科良渚文化村配套体系由外部配套和内部配套组成。外部配套又分为旅游配套和城市配套。内部配套由浙江大学医学院附属第一医院（三等甲级）良渚门诊部、"金十字"中央配套和产品体系组成。配套涉及生活、养生、娱乐、学习、社交等类别内容。

⏺ 万科良渚文化村配套设施　　　　　　　　　　　　　　　　表6-22

配套设施			具体内容
外部配套	旅游配套	文化设施	良渚文化博物馆、美丽洲教堂、大雄寺
		商务度假	白鹭湾君澜度假酒店
	城市配套	商业配套	玉鸟流苏（良渚食街、玉鸟菜场、超市、餐厅、银行等）、白鹭郡南商业中心、社区商业中心
		休闲设施	公望会会所、户外拓展基地、五个主题公园（美丽洲公园、茶语公园、悠园、白鹭公园、白鹭湾公园）
		医疗设施	随园嘉树（浙医一院分诊部、数研院）
		教育机构	安吉路学校、玉鸟幼儿园、爱尔堡幼儿园
		交通系统	公交车、社区巴士、绕村公交、村民自行车系统、三轮车服务

配套设施			具体内容
内部配套	浙江大学医学院附属第一医院良渚门诊部		直属门诊，设置全科，满足老年人常规慢性病的治疗和取药
	"金十字"中央配套		景观餐厅、阳光阅览室、多功能厅、健身房、棋牌室、咖啡吧、老年大学"随园书院"
	产品体系	空调系统	中央空调、地暖、新风系统
		安全系统	不活动报警通知、数控卫生安全监护系统、一键紧急呼叫按钮
		设计细节	智能门锁、取电一卡通、门口搁物架、玄关智能感应灯、起夜地灯、无障碍台盆、沐浴坐凳、防滑地砖、厨房下拉式储物柜、暖足机、阳台晾衣架、无落差地面

（2）社区服务

万科随园嘉树精炼出"健康管理、智慧小区、舒适生活、尊荣享受"四大服务体系的多项服务内容（表6-23）。

万科随园嘉树服务体系　　　　　　　　　　　　　　　　　　表6-23

四大服务体系		服务内容
健康管理18项	基础服务14项	药物安全建议活动、阳光档案、健康计划、医疗优先、生理量测记录查询、周全性评估、营养评估、药事提醒、惯性病干预、定期专家问诊、定期卫教讲座、康复评估、日常辅导、适应辅导
	增值服务4项	健康体检、康复计划、康复活动、个案辅导
智慧小区13项	基础服务13项	无障碍园区环境、无障碍救护流线、无障碍通行服务、人性化电梯、智能电话、全区信息化功能、离家状态断电切换、人体感应传感器、智能门禁、温差探测器、紧急呼叫系统、不活动通知、紧急求助
舒适生活19项	基础服务8项	家属联络、节日活动实施、定期检查电器安全、入户打扫、每日问候、情绪安抚、服务专介、包裹快递服务
	增值服务11项	床上用品更换清洗、窗帘和纱窗的清洗、特别膳食服务、专属营养师配餐、精致餐点、点餐送餐、私人秘书服务、出行陪伴、租车服务、生活用品代购服务、家居、地板洁具的清洗

续表

四大服务体系		服务内容
尊荣享受36项	基础服务25项	舞林门、交友会、歌咏汇、电影院、随园运动会、活力健身、乒乓球、健康体适能课程、迷你私人花园农场、摄影社、票友会、计算机课程、美学课程、传统文化社、艺文展示、棋牌博弈、手工艺课程、书画课程、理财咨询、生命教育活动、远程视频越洋电话、健康促进预防保健、志愿服务、住院探视、个案灵性关怀
	增值服务11项	太极社、茶艺坊、烘焙工坊、厨艺课堂、温馨旅游季、欢乐下午茶、葡萄酒俱乐部、高尔夫兴趣组、瑜伽社、治疗性团体活动、慢性病支持团体

案例06：北京万科幸福汇——万科首个试点养老地产项目

万科幸福汇是万科北京首个养老地产项目，采取租售并举的经营方式。项目大部分为普通住宅，用于销售；其中一小部分采用适老设计的住宅出售，老年公寓"活跃长者之家"为万科自持出租。万科幸福汇老年住宅及公寓与普通住宅不同之处在于特别配置了无障碍及医用电梯等适老设施。

1. 项目基本概况

万科幸福汇，位居窦店主路大窦路西侧，紧邻两条轨道交通线路：燕房线与S5线，成为未来社区业主主要出行方式。燕房线为房山线西延线，分为主线和支线，自燕化产业区入房山线西延终点站，将长阳、窦店、燕山等核心区域与市中心区衔接（图6-26）。项目基本概况见表6-24。

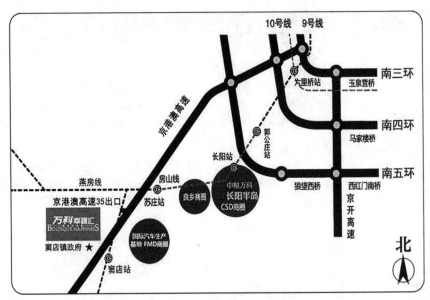

图6-26　万科幸福汇位置图

北京万科幸福汇项目基本概况　　　　　　　　　　　　　　　　　表6-24

项目名称	北京万科幸福汇
项目地点	房山区窦店政府北侧200m
占地面积	71912m²
建筑面积	163888m²
容积率	2.5
绿化率	30%
建筑类型	景观洋房
开盘时间	2014年（预计）
开发商	北京田家园新城房地产开发有限公司
设计单位	日本合川设计、周燕珉教授、盛唐设计、慈铭体检机构等

2. 项目总体规划设计

万科幸福汇占地面积7万多m²，总建筑面积16万m²，整体规划为5~15层纯板式观景电梯洋房，一梯两户，气派有度。80m²精致两居、95m²通透三居为主力户型，南北通透、动静分离。

住宅建筑高低错落：5层板楼亲切近人、邻里感强；12~15层塔楼富有都市感，围合出层次分明的组团院落，组团绿地与公共绿地共同营造社区绿化景观空间，彰显高档的居住品质，形成多层次交往空间（图6-27）。

图6-27　万科幸福汇规划图

3. 开发者自持出租的运营模式

公寓将以万科自持出租的方式运营，特聘上海亲和源集团进行服务管理。

4. 社区环境

万科幸福汇采用中国传统文化与现代时尚元素相结合的新中式风格造园。园内整体景观设计以"山水情怀结合雅居四要素"为设计理念，并以"前院后山，一轴四园"为景观结构，打造栖居于山水庭院中的幸福生活，呈现一座四季有景、移步换景的诗意园林（图6-28）。

图6-28　万科幸福汇社区环境组图

社区种植多种稀有常青植物，用绿色营造生活品位；周边遍布145公顷生态绿地和91公顷世界稀缺生态湿地，形成一个天然的净化氧吧与隔离屏障。

5. 居住建筑设计手法

万科始终坚持"为业主打造高端生活"的建造理念，在产品打造上精益求精，在建筑形态、产品设计、装修上都全方位精细考究。

（1）建筑形态

该项目养老地产有两种形态：一种为"活跃长者之家"。利用万科幸福汇商业配套用地建老年公寓，配套医疗服务站、心理咨询站、老年学校、图书馆、健身房等设施，以及24h呼叫护理服务、送餐、果蔬超市等送货上门、收费代缴等服务。

另一种为"活跃长者住宅"。该产品在户型设计上，更倾向于老年人的生理特点和生活需求，如配备电梯、防滑卫生间和其他无障碍设计，以及由专业医疗机构提供远程体检监控等设施。

（2）户型设计主打中小户型

户型主打中小户型，以 80m² 两居、95～115m² 三居为主。

95m² 主力三居户型设计方正通透，采用双轴线通风、南北通透、格局方正、户户朝阳、步入式进深等科学设计，从尺寸、布局和流线上进行全面考量，保证居住舒适度的同时，营造出了更丰富、有层次的生活空间（图6-29）。

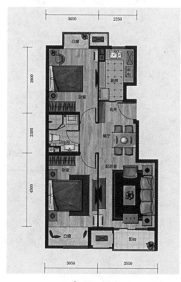

80m² 两室两厅一卫　　　95m² 三室两厅一卫

图6-29　万科幸福汇户型组图

85m² 的两居户型是老年公寓，户型方正、南北通透；厨房、卫生间、公共空间预留面积较大，方便老年人活动；房间装修材料及风格符合老年人生理生活需求，配有适老化设施（图6-30）。

（3）装修细节

装修方面，室内全部采用西门子面板、美国莱茵阳光地板等品牌材料，既保证了装修的品质，也将室内装修污染降到最低，力求绿色宜居环境。墙壁装饰以五星级酒店同规格的手绘壁布，与普通的壁布、壁纸相比，更防潮、防火、透气，保证安全与健康，同

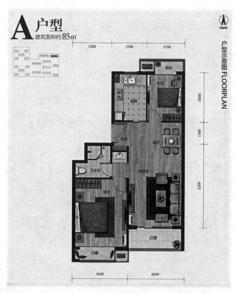

图6-30　万科幸福汇养老公寓户型

时还具有艺术价值。

6. 配套及服务

项目社区拥有成熟配套，商业、学校、医院等基础设施一应俱全。2 万 m² 生活配套能满足不同年龄层的居住者。其中养老配套设施有护理医院、健康会所、配餐中心、图书馆、文体活动室、茶憩厅。

（1）社区配套

项目周边有 1.5 万 m² 生活配套，上海华联超市、农贸市场、汇豪建材城、家居城等，满足生活所需（表6-25）。

万科幸福汇社区配套 表6-25

教育配套	窦店中心幼儿园、窦店中心小学、窦店中学，不仅为业主子女提供了方便完善的生活配套，更为实现孩子就近入学以及优质教育提供了安心保障
医疗配套	良乡医院、房山中医院、窦店中心医院

（2）社区服务

万科幸福汇聘请万科物业作为物管专家，秉承"全心全意全为您"的服务理念，为业主设计"绿色·和谐·生活"的物业服务模式。利用自身及社会服务资源，搭建物业与客户、客户与客户之间互动平台。

操作程序

案例07：沈阳蔚蓝听雨观澜林溪公馆——私人医生服务养老社区

林溪公馆位于沈阳听雨观澜项目内，该项目是中国首批绿色养老住区示范项目，内部配套"蓝卡"私人医生服务，引进三级甲等沈阳医学院沈洲医院，为业主提供医疗保障服务。

园区内设立绿色食品特供部,为业主供应无公害、绿色食品,通过对居者生活状态和身心健康关怀和服务,打造高端颐养社区。

1. 项目基本概况

沈阳蔚蓝听雨观澜林溪公馆位于奥体中心南侧,浑南新市府、全运村旁。享有大浑南"六横六纵"的高速铁路、公路、航空及地铁等多重立体式交通(图6-31)。项目基本概况见表6-26。

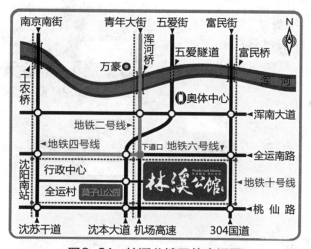

图6-31 林溪公馆区位交通图

沈阳林溪公馆项目基本情况　　　　　　　　　　表6-26

项目名称	沈阳蔚蓝听雨观澜林溪公馆
项目地点	浑南新区桃仙大街6号
占地面积	120000m²
建筑面积	190000m²
容积率	0.7
绿化率	60%
建筑类型	小高层、多层、联排
开盘时间	2012年7月
开发商	沈阳香格蔚蓝房地产开发有限公司
景观设计	加拿大DFS设计公司、深圳SED设计公司
医疗服务	蓝卡(国际)健康集团
物业管理	英国第一东方物业管理有限公司

2. 项目总体规划设计

林溪公馆总建面积 19 万 m^2，总户数 1000 户。观澜林溪公馆是对新三代同堂孝养模式的探索。项目不只针对中老年人群，而是根据老中青三代人的需求，推出洋房、别墅、公馆等级差住宅，甚至连幼儿园及儿童娱乐设施都一应俱全。一家人虽三代同堂但却各居其所，既便于相互照顾，又成全各自不同的生活习惯。养老住宅以精装修多层、小高层住宅为主，老年公寓位置见图 6-32。

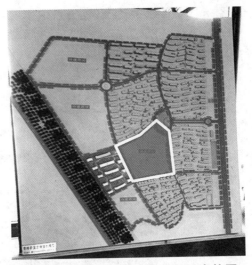

图6-32 观澜林溪公馆老年公寓位置

3. 销售式的运营模式

林溪公馆采取销售运营方式。

4. 社区环境

林溪公馆作为听雨观澜的鼎立之作，有着高绿化率、低容积率、高端奢华配套及以别墅标准规划的景观园林设计，是沈阳高端颐养住宅的精品。

社区设计

有以罗马假日广场为原型的中心湖。超大的中央水系形成各条支流贯穿园区。设有亲水木栈道、石阶，湖内有锦鲤。

景观搭配

在独立主入口的两侧，搭配了名贵乔木，中庭设有迎宾喷水池，对映的哥特式塔楼大门恢宏大气。另外，园区还搭配了由对景树、特色绿植、灌状花钵组成的多重景观，全面提高景观轴带的维度与立体感（图 6-33）。

园区景观特色

园区景观做了北方很难出现的环绕溪涧水系，溪涧和别墅花园有机融合在一起，打破了传统别墅中公共水系、公共园林等功能板块泾渭分明的习惯；听雨观澜·林溪公馆根据北

06 养老地产典型项目借鉴

图6-33 林溪公馆景观图

方四季分明的气候特点，挑选近百种乔灌木，通过落叶植物四季的姿态、色相、明度的变化，传递四季更替。

所有的公共水系、园林景观都力求还原自然生态情景，有效地实现建筑与园林环境、水系与景观线、人与建筑、人与自然的结合。

5. 居住建筑设计手法

林溪公馆的建筑形式是多种文化兼容并蓄、互相浸润渗透的结果，既有受哥特式影响的浮雕，也有地中海罗马艺术的图腾。

建筑造型方面

听雨观澜·林溪公馆整体建筑造型宏大，外墙底部采用大量色彩，统一的文化石，上半部为米调黄色墙体，采用STUCCO工艺，突出质感。屋顶造型由不对称几何图形构成，四色红陶筒瓦深浅不一。

户型设计方面

在户型设计和装修上，听雨观澜·林溪公馆采用三七钢木复合门，便于抬入室内家具等物品。采取隐厨设计,避免油烟串味,L型橱柜设计合理。

6. "蓝卡式"配套及服务

蔚蓝地产将在听雨观澜推出由大洋健康颐养管理中心提供的五大颐养体系:医疗服务、养生保健、文化娱乐、居家服务及老有所为工作体系,全面为业主提供医疗、保健、精神、生活、工作的细致服务(图6-34)。

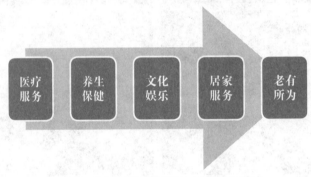

图6-34 林溪公馆五大颐养体系

蓝卡服务

蔚蓝地产打造的养老地产最大的特色就是"蓝卡"服务。"蓝卡"服务涉及医疗、保健养生等方面,包括专家级别私人医生、国内就医绿色通道、国际级抗衰老医学、绿色食品特供服务、候鸟健康养生度假、蓝卡健康管家等服务。

🌐 **蓝卡服务体系** 表6-27

蓝卡服务项目	蓝卡服务内容
专家级别私人医生	聘请全国知名医师,组建精英私人医生管理服务团队,专属健康保障
国内就医绿色通道	与国内众多知名医院、医疗机构合作建立就医绿色通道。专属蓝卡健康管家团队提供一站式贴心服务,从就诊咨询、就医方案设计,预约、挂号、就诊、交费、取药、住院、手术,有全程专员办理
国际级抗衰老医学	通过收集个人粪便、尿液、唾液、血液及毛发,围绕人体的代谢系统,内分泌系统,营养系统,免疫系统,肠胃道系统及环境毒素等六大系统全方位检测数据,辨识器官的健康程度,进而了解个人生活情形找出潜在病因及疾病发展方向,估计器官失常及导致疾病的可能性并给予适当的干预及治疗,实现防止早衰、自然衰老、延缓衰老三个阶段目标

06 养老地产典型项目借鉴

续表

蓝卡服务项目	蓝卡服务内容
绿色食品特供服务	甄选国内外绿色食品生产基地及生产厂家作为食品定点配送商
候鸟健康养生度假	推出了"异地候鸟度假游"模式：精选异地最优度假合作单位，保证旅行舒适度； ①出行旅游会有专业医护人员随行，并携带您的健康档案，提供最优就医服务； ②与途家、美国斯维顿酒店联合，住宿费用低、无强制活动、可自行做饭等。降低旅行成本、增强舒适度； ③与民航合作，提供最低价格服务，24h全球各地机票轻松预定； ④与海南众多知名楼盘合作，旅游资源丰富、可自由转换度假地点
蓝卡健康管家服务	"一对一"健康管家式服务

除了"蓝卡"特色服务之外，蔚蓝地产还推出老年人文化娱乐、老有所为等服务，园区设有老年大学、老年艺术团、夕阳红旅游团、老年健身俱乐部等机构，老人的学习、娱乐、休闲、出游可以在园区得到实现；组织退休专家和义工加入俱乐部，为"年轻"的老年人安排工作，实现老有所为。

案例 08：青岛新华锦国际颐养中心 ——国内首家日式服务高端养老项目

青岛新华锦国际颐养中心由新华锦集团和日本长乐控股株式会社共同投资建设。是目前国内首家充分引进日式颐养服务模式和理念的高端老年颐养公寓。

1. 项目基本概况

青岛新华锦国际颐养中心地处崂山余脉，紧接崂山金融商务核心区，与中国海洋大学、青岛大学等多所高等学府为邻，与大海相望。其东接青岛滨海大道和青岛国际高尔夫球场，南接青银高速，北接崂山花卉旅游观光区、即墨田横岛，距离机场、火车站车程均在30min之内（图6-35）。该项目基本概况见表6-28。

图6-35 青岛新华锦国际颐养中心位置图

青岛新华锦国际颐养中心项目基本情况　　　　　表6-28

项目名称	青岛新华锦国际颐养中心
项目地点	青岛市崂山区松岭路127号（新华锦爱丁堡国际公寓1号楼）
开盘时间	2011年
开发商	新华锦集团和日本长乐控股株式会社共同投资建设

2. 项目总体规划概要

新华锦·长乐颐养中心根据长者们的生理和心理特点，结合日本的成熟、先进、细腻的服务理念和管理体系，把满足长者的"医、食、住、行、游、学、乐、氧"作为构成中心服务和配套的八大功能板块，打造出集生活居住、休闲娱乐、养心进修、度假旅游等于一体的退休颐养中心。

3. 会员制运营模式

颐养中心经营模式为会员制。已达法定退休年龄,具有基本生活自理能力,无重大传染病、精神病的老年人才能申请入会。

(1) 终身制(会员制)(表6-29)

新华锦国际颐养中心终身制会员收费标准　　　　　　　表6-29

户型	入住人数	保证金金额(万元)	会员费标准	附注
套一户型	1人	132.8(起)	免(2)	①原则上每套户型的入住人数不能超过2人; ②会员费为一次性缴纳;会员入住后,会员费不退还,会员权限不能被继承或转让; ③会员如未住满1年(不包括1年),中心将扣除入住保证金总额的5%的手续费用后,剩余金额退还; ④以上所有退还的金额将不被计算利息; ⑤以上入住保证金的实际金额将根据会员所选择的户型、面积、楼层等不同而有一定幅度的浮动(详细标准请以中心提供的表格所列数据为准); ⑥以上价格标准为现阶段优惠活动价格,活动结束后将恢复原价格,具体情况以中心通知为准
套一户型	2人	162.8(起)	免(3)	
套二户型	1人	178(起)	免(2)	
套二户型	2人	208(起)	免(3)	

(2) 复合型(非会员制)(表6-30)

新华锦国际颐养中心复合型收费标准　　　　　　　表6-30

入住保证金	人数	20万元	30万元	50万元	60万元	80万元	100万元
服务管理费(每月)	1人	5000元	4600元	3900元	3500元	2700元	1800元
	2人	7500元	6900元	5850元	5250元	4050元	3200元

复合型（非会员制）附注：

①原则上每套户型的入住人数不能超过2人；

②长者如未住满1年（不包括1年），中心将扣除入住保证金额的5%的手续费用后，剩余金额退还；

③以上所有退还的金额将不被计算利息；

④服务管理费。须按年预交，每年调整一次。长者如在中途退出，中心扣除实际所住天数的费用，剩余费用无息退还；

⑤本入住模式仅限C/D/E户型。

（3）度假式（非会员制）（表6-31）

新华锦国际颐养中心度假式费用标准　　　　表6-31

户型	入住人数	月费
套A户型	1人	7700元
	2人	9800元（4950元/人）
套B户型	1人	6600元
	2人	9200元（4600元/人）
套C/D/E户型	1人	6000元
	2人	8600元（4300元/人）
套G户型	1人	8800元
	2人	10800元（5400元/人）

度假式（非会员制）附注：

①原则上每套户型的入住人数不能超过2人；

②选择度假式入住模式的长者无需缴纳会员费和入住保证金；

③选择度假式入住方式的长者需按预付款的方式缴纳费用；

④本入住模式不包括F户型；

⑤本价格标准仅限活动期内，如有变更以中心通知为准。

4. 社区环境

颐养中心地处崂山余脉，紧邻青岛国际高尔夫球场；1500亩高尔夫果岭、1000万m^2

午山生态公园、460万 m^2 金家岭山生态公园，三大生态公园营造出绿色"氧吧"：社区内颐居精致公园有49%超高绿地，5层垂直绿化，有138种珍稀植物相伴、345种栖息鸟类随行（图6-36）。

图6-36　青岛新华锦国际颐养中心社区环境

5. 居住建筑设计手法

中心居住硬件设施一流，所有房间全部为豪华精装修，配置全套家具，体现中西结合的装修风格。

室内设备

房间内统一为中央空调，提供24小时热水服务，配备液晶宽屏电视、洗衣机、全套家居用品、智能马桶、独立卫生间及淋浴设施等设施，拎包即可入住。

全方位智能化安全管理系统也为老人的居住生活提供了保障。

室外设计

室外全部采用无障碍设计，所有走廊、楼梯均设有扶手，可扶可握，安全可靠；民用、医用两部电梯同时运行，智能语言精确提示到达的楼层。楼梯的梯段净宽、踏面宽度、高度等也进行了科学设计。

6. 配套及服务

新华锦·长乐国际颐养中心配置有健身房、多功能演艺厅、茶室、棋牌室、卡拉OK室、影视厅、阅览室、美容美发室、乒乓球、台球等文娱场所。在颐养中心可以享受到医疗、餐饮、居家、娱乐休闲服务（表6-32）。

● 新华锦·长乐国际颐养中心配套服务　　　　　　　　　　　表6-32

配套服务	服务项目	服务内容
医疗服务	专业医疗机构定点	大型医院特设定点医疗中心，专业的医生护士随时为长者提供便利的服务和医疗保障，可提供基本医疗、护理和养生等咨询服务及按摩、拔罐等保健服务
	快速便捷绿色通道	开设专门就医"绿色通道"，快速便捷一条龙就医，妥善应对紧急突发状况
	预防·保健·护理系统	为每位长者建立健康档案，及时跟踪观察和提醒；每年为长者进行一次健康体检；不定期测量生命体征
餐饮服务	温馨就餐环境	中心设有可同时容纳百人、宽敞明亮舒适的宴会厅，为长者提供一个明亮优雅就餐环境
	专业营养搭配	聘请膳食营养专家，制定适合于老年人的各式营养菜系，提供品种多样、符合老年人生理需要的系列营养菜品
	特色餐饮服务	提供中、日式餐点，所有炊厨人员全部经过系统的专业培训。中心可以根据客户需要，提供送餐服务，也可针对特殊人群科学配餐
	双向就餐模式	宴会厅具有双向就餐模式，长者不仅可以在宴会厅集体就餐，还可利用房间内配备的冰箱、电磁炉、微波炉等基本炊厨设备，自己准备简单饮食，充分享受劳动的快乐
居家服务	贴心呵护服务	实行智能化管理，建立智能化总控中心和呼叫中心，配置闭路电视监控、红外线感应自动报警、无线定位求助、楼宇设备监控等功能系统；配备专业服务人员，为长者提供全天候日常生活服务
	温馨特色服务	定期为长者提供代购物品、代办委托事宜的服务；定期对长者住所的床上用品进行换洗；换季时协助长者进行物品整理、窗帘清洗等
	日式管家标准的贴心服务	服务管理人员均为大专以上学历，赴日经过专业、严格的颐养管理服务和护理培训，并取得专业的颐养服务资格证书

06 养老地产典型项目借鉴

续表

配套服务	服务项目	服务内容
娱乐休闲	文化娱乐活动	不定期组织开展各项丰富的文化娱乐活动,邀请专业老师教授长者各种娱乐项目,包括太极拳、音乐、书画、歌咏、舞蹈、保健操、手工艺等
		不定期举行各种健康和保健讲座,为长者提供优雅的学习环境和"活到老,学到老"的优良修养理念
		中心经常不定期组织采风活动、集体娱乐活动、郊游活动,每年还赠送一次国内或国外旅游
	康体健身	中心健身房设按摩椅、椭圆机、立式自行车等器材和设施。另外还设有游泳池、独立泡澡间等

操作程序

案例09：北京燕达国际健康城——集医、护、养、学、研一体高端养老项目

中国燕达国际健康城是一座集合了优质管家服务资源的超大规模、国际化、现代化的绿色生态医疗健康和老年养护基地,由燕达实业集团开发。以国际医疗服务、健康养护服务为核心业务,以医学科研、医学教育为技术和人才支撑,以国际化、集团化、标准化、信息化为运营模式,集医、护、养、学、研为一体的高端养老项目(图6-37)。

图6-37 燕达国际健康城外观

1. 项目基本概况

燕达国际健康城位于北京东燕郊，距北京天安门 30km，距北京国际机场 25km（图 6-38）。其项目基本概况见表 6-33。

图6-38　北京燕达国际健康城位置图

北京燕达国际健康城项目基本情况　　　　　　　　　　　　　表6-33

项目名称	燕达国际健康城
项目地点	北京燕郊开发区
占地面积	50万m^2
绿化率	38%
建筑类型	110万m^2
开盘时间	2011年8月
开发商	河北三河燕达实业集团有限公司

2. 项目总体规划概要

燕达国际健康城，占地面积 50 万 m^2（不含附属用地），总投资约 150 亿人民币，分两期建设。健康城由六大板块组成，即燕达国际医院、燕达金色年华健康养护中心、医学研究院、医护培训学院、国际会议中心、燕达国际医学院（图 6-39、图 6-40）。

06 养老地产典型项目借鉴

图6-39 燕达国际养护中心

图6-40 燕达国际医院

● 燕达国际健康城板块　　　　　　　　　　　　　　　　表6-34

健康城板块	建设标准	建筑面积	建筑构成	设置
燕达国际医院	三甲综合医院规划建设	52万m²	由门诊楼、医技楼、5栋住院楼和1栋宿舍楼	具有VIP床位3千张，扩张床位6千张，分两期投资建设
养护中心	——	64万m²	8栋养护楼和相关附属工程建设	设置床位1万2千张，分别按自理、半自理和非自理设置养护区域。分两期投资建设
燕达国宾大酒店	五星级宾馆的标准建造	4.7万m²	酒店单体	可容纳千余人的同声传译报告厅和燕达厅；还设有200余套客房
燕达医学院	——	50万m²	医学院、医学研究院和医护培训学院	

3. 运营模式

燕达国际健康城采取收费制运营，入住燕达国际健康城需要交纳一定的费用，根据养护不同程度收取一定费用。收费标准如表6-35所示。

🌐 **燕达国际健康城收费标准**　　　　　　　　　　　　表6-35

不同类型养护区	金额
自理型养护区	4500元/月起
半自理型	4000元/月起
非自理型	6800元/月起

4. 社区环境

养护中心位于潮白河畔，河两岸有大片树林和果园，周边无工厂和其他污染源，生态环境优越（图6-41）。

图6-41　燕达国际健康城水系公园

在自然景观方面，在医院与养护中心之间修建了一条平均宽约60m、长约700m，总面积4万余m²的水系带状公园，既形成了宜人的景观，又提高了健康城区域空气的湿度，起到改变周边环境的作用。

5. 居住建筑设计手法

燕达养护中心建有两种类型的养护楼，即家居式花园洋房养护楼和星级宾馆式养护楼。这些养护楼根据不同护理程度分为自理区、半自理区、非自理区三种养护区，在各养护楼之间还设置有护理站，提供服务。

（1）自理区

每个自理养护区均由一栋独立的护理站和两栋家居式花园洋房养护楼围合而成。每栋家居式花园洋房养护楼均为12层，分3个单元。

医护配备

每栋楼为一个独立的健康养护区域,设有1个医护组,配有专职全科医师和专职护士,负责本单元入住宾客的诊疗康复和健康管理工作;每层楼设有1个养护组,配有从国外引进的护理主管、助理护士和护理员,负责本单元入住宾客的生活养护服务。

医生、护士、助理护士和护理员均实行24小时值班制,不间断地为入住宾客提供服务。

户型设置

自理养护区宾客居所的户型有一居室、二居室、三居室三大类(表6-36)。居所按不同国籍入住者的习惯,设有中式、韩式、日式、欧式、美式等不同风格。

燕达国际健康城自理区户型　　　　　　　　　　　　　表6-36

户型	面积
一室一厅一厨一卫	$66m^2$、$70m^2$
二室一厅一厨一卫	$86m^2$
二室一厅一厨二卫	$108m^2$
三室一厅一厨二卫	$123m^2$

房间配备

自理养护区家居式花园洋房居所内,各种家具、家电、床上用品、厨具、洁具及其他生活设施一应俱全。

在每一套宾客居室的客厅、床头和卫生间装有呼叫对讲仪,宾客有需要时可直接呼叫服务人员提供服务。

在厨房和卫生间均装有紧急呼叫按钮,宾客在紧急情况下可随手按下紧急呼叫按钮,服务人员会及时赶到宾客身边提供帮助。

养护中心还将温泉直接引入每一位宾客浴室的浴缸中,宾客足不出户即可享受泡温泉的乐趣。

(2)半自理区

每个半自理养护区均为一栋星级宾馆式养护楼。每栋星级宾馆式养护楼均为12层,其中地下一层为厨房,一层为护理站,二层以上为宾客居室。

医护配备

每栋楼为一个独立的健康养护区域,每栋宾馆式养护楼均设有 1 个医护站,配有专职正副主任医师、全科医师和专职护士,负责本层入住宾客的诊疗康复和健康管理工作;每一层设有 1 个养护组,配有从国外引进的护理主管、助理护士和护理员,负责本层入住宾客的生活养护服务。在二层以上的宾客居室区域,每一层均设有护理服务台、诊疗室、药房、宾客接待区、休息区、配餐室、宾客餐厅、洗衣房。

医生、护士、助理护士和护理员均实行 24h 值班制,不间断地为入住宾客提供服务。

户型设置

半自理养护区宾客居所的户型以一居、二居为主(表 6-37)。

燕达国际健康城半自理区户型 表6-37

户型	面积
单间一卫	36m²
一间一厅二卫(两套间)	72m²
二间一厅二卫(三套间)	108m²

房间配备

半自理养护区星级宾馆式居所内,家具家电、床上用品、卫生洁具及其他生活设施均按照星级宾馆的房间配置,护理用床为特制加宽的电动三摇医疗护理床。

在每一套宾客居室的床头装有呼叫对讲仪和氧气装置,宾客有需要时可直接呼叫服务人员提供服务和吸氧治疗。

在卫生间的座便器和浴缸边均装有紧急呼叫按钮,宾客在紧急情况下可随手按下紧急呼叫按钮,服务人员会及时赶到宾客身边提供帮助。

养护中心还将温泉直接引入每一位宾客的浴室,宾客足不出户即可享受泡温泉的乐趣。

半自理养护区配置的生活辅助和康复设备:在半自理每个楼层,均配置了移位机、站立及提升移位机、步行训练器等。

(3)非自理区

半自理区与非自理区医护配备、户型设置和房间配备都一致,只是非自理养护区配置的生活辅助康复设备有区别。在非自理每个楼层,均设置了公共浴室,配置了先进的洗浴和水疗设备;在部分楼层的全层配置了全套无轨移位系统(将宾客房间、卫生间、走廊、餐厅、公共活动区、诊疗室、公共浴室等连接为一个整体)。

6. 配套及服务

燕达国际健康城有六大服务板块,提供医、护、养、学、研于一体的综合服务。燕达国际健康城有十大服务:

全程服务

自理型、半自理型、非自理型养护服务全部都有涉及。

养护专业

医生、护士、康复师、心理咨询师、营养师、营养厨师、护理员等组成专业、全面的一线服务团队,贴身服务人员拥有专业学历,可第一时间发现和及时处理安全意外发生;护理团队提供专业化的照护服务,包括进餐(含鼻饲)、口腔清洁、洗脸、刷牙、洗发、洗脚、更衣、沐浴、如厕、会阴清洁;防褥疮、定时翻身、叩背、按摩受压部位;科学服药等;燕达全力打造的康复中心,对于老年宾客生活自理能力的逆向改善,提供了重要的技术保障;

先进设备

养护中心提供温泉入室,配建有游泳池、理发室、康体中心、康复中心、健心园、宗教场所,提供移位机、心电遥感监测、24h 呼叫系统、品牌家电、高档家居等;

活动多样

健康城内的老年大学安排丰富多彩的文化生活,组织看电影、舞会、书法、绘画、太极拳、八段锦、健康讲座;

功能强大

健康城有医院、养护中心、医护培训学院、医学研究院、医学院、大酒店六位一体的综合服务功能群,全面满足入住宾客现在和未来的健康需求。

操作程序

案例10：宜兴中大九如城——国内首个养老综合体项目

无锡宜兴中大九如城项目住宅全部采用适老化设计，并通过联合运行康复护理中心、医疗体检中心、研究培训中心、运营服务中心、数据信息中心、中央厨房中心，满足退休老人从健康养生到临终关怀各种阶段、各层次需求。

1. 项目基本概况

无锡宜兴中大九如城地处江苏南部、太湖西岸，苏浙皖三省交界处，沪、宁、杭地理中心。项目基本概况见表6-38。

无锡宜兴中大九如城项目基本情况　　　　　　　　　　表6-38

项目名称	宜兴中大九如城
项目地点	宜兴东氿新城区域宜城街道沧浦村
占地面积	533000m²
建筑面积	480000m²
容积率	1.0
建筑类型	多层
开盘时间	2013年
开发商	无锡九如城养老产业发展有限公司

2. 项目总体规划设计

宜兴九如城将建成六大中心，包括康复护理中心、研究培训中心、医疗培训中心、运营服务中心、数据信息中心、中央厨房中心（图6-42、图6-43）。这些中心的运行是引进国外机构，体检中心由韩国第三大医学院负责，康复医院和老年护理中心引进的是英国品牌，能为老年人提供健康干预、康复训练、食疗、运动、兴趣爱好、养生等各项服务。

06 养老地产典型项目借鉴

图6-42　宜兴九如城规划图

图6-43　宜兴九如城六大服务中心

同时修建了养老院、医院、购物中心、绿色食品基地、酒店、学校、公园、公寓等相关配套，高度集合养老养生需求。整个项目覆盖五大功能区，独立生活区、协助生活区、专业护理区、老年痴呆照顾区和临终关怀区等，满足养老全生命周期。

3. 运营模式

由无锡九如城养老产业集团开发,韩国顶级养老机构负责运营的全产业链"养老综合体"。

宜兴九如城依靠销售适老化住宅、租赁养老公寓持有物业、输出居家养老服务来获取收入、支持整个"养老综合体"的运营。收入比重最大的是居家养老服务。

4. 社区环境

宜兴九如城占地800亩,建筑面积达48万 m^2,与宜兴最高层建筑东氿大厦近在咫尺,有成片舒缓的山坡地及山林、流泉沟壑。

5. 居住建筑设计手法

九如城居住区分为三大类:一是康复护理中心;二是集中养老公寓,主要面向健康老人;三是家庭式养生住宅,老人可和子孙在一起生活居住。

6. 配套及服务

宜兴九如城提供医疗、护理、生活、教育服务配套(表6-39)。

宜兴九如城配套服务 表6-39

配套服务	服务特色
医疗服务	宜兴九如城在医疗方面与韩国专业医院合作,引进韩国专业医疗设备及技术,建立健全健康管理体系,实现健康管理数字化。由韩国顶尖特色的BOBATH康复医院运营医院,由韩国最好的公立医院——延世医院运营SEVERANCE体检中心。 九如城的每个老人都拥有一份数字化健康档案,根据各自身体状况进行配餐,盐、糖、脂肪、蛋白质等摄入量都有严格控制
护理服务	为需要进行全护理、半护理和健康老人提供服务,综合体内有养护院和颐养院,为不同需求老人提供护理服务
生活服务	全区配备无障碍设施,符合老年人居住最佳条件
	打造600亩食品种植基地"CSA农场",按需生产各类有机食品,供应给中央厨房
	依托自然环境建造300亩生态公园,通过绕山建慢跑道和登山道,提供最贴近大自然的享受
教育服务	研究中心内设老年大学,对所有综合体内居住者开放

06 养老地产典型项目借鉴

操作程序

案例12：长沙康乃馨国际老年生活示范区——湖南综合性高端养老社区

康乃馨国际老年生活示范城项目是由湖南省教育厅直属的湖南教育报刊社和湘教集团共同投资建设的综合性大型高端老年社区，也是目前湖南唯一的综合性高端养老社区，集医疗、养老、护理、娱乐、养生、康复等多元为一体，专为老年人开启一种全新的生活方式。

1. 项目基本概况

长沙康乃馨国际老年生活示范区位于长沙市河西银星路段，西临雷锋大道，东接金星大道，距长沙市政府约5km，距市中心五一广场约20min车程（图6-44）。其项目基本概况见表6-40。

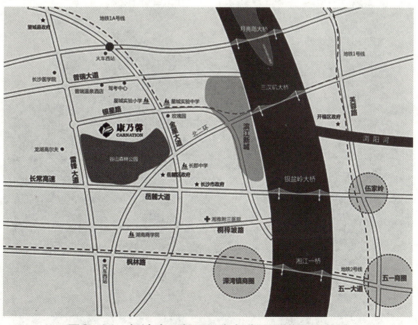

图6-44　长沙康乃馨国际老年生活示范区区位图

长沙康乃馨国际老年生活示范区项目概况　　　　表6-40

项目名称	长沙康乃馨国际老年生活示范区
项目地点	望城区金星北路向西转银星路4km处
占地面积	20000m²
建筑面积	106399m²
容积率	3
绿化率	44.07%
建筑类型	中高层
开盘时间	2011年12月
开发商	湖南书香名邸房地产有限公司
运营商	康乃馨养老社区综合运营有限公司

2. 项目总体规划概要

康乃馨老年城包括康乃馨老年病医院、老年呵护中心、翠湖山庄，总占地350亩，床位5000张，总投资10亿，有"疗养型公寓"+"养生型住宅"两种物业形态（图6-45）。

图6-45　长沙康乃馨规划图

园区内配有老年大学、蔬菜种植园、垂钓园、健康生态动植物园林区、休闲运动场所等功能齐备的设施。特设的二级甲等老年病医院配备了CT机、彩超、500mAX光机、全自动生化仪、中心供氧等先进的医疗设备设施,设有心血管内科、呼吸内科、神经内科、老年病科、康复科、临终关怀科等特色科室。

项目分三期开发建设,一期由康乃馨老年病医院、康乃馨住院部、康乃馨国际老年呵护中心组成,实现真正意义上的养老医养结合模式。

一期康乃馨国际老年呵护中心养老床位200余张,于2010年12月正式收住老人,2012年8月实现入住老人数突破100位,2013年2月开创养老床位基本满员的局面;

二期工程于2013年3月逐步投入运营,分"疗养型公寓"+"养生型住宅"两种物业形态,完全进入运营状态后,园区养老床位数目将速增至2000余张,届时将衍生出商业、文化、健康、教育、娱乐、旅游等配套设施与服务;

三期工程将于2014年开工建设,完全建成后,可以为5000名老年人提供高品质、全方位的养老服务。

3. 板块化的综合运营模式

康乃馨养老社区综合运营模式由三大标准化模块组成,通过各模块有机互补、相互提升,形成完整、独特的"康乃馨模式"(表6-41)。

康乃馨养老社区综合运营模式 表6-41

运营模块	服务特色
老年护理运营	提供专业、人性化老年护理服务:标准化宜老设计,高标准的硬件设施,社区专设二级甲等以上医院
商业配套运营	增值:建设完整社区商业服务配套
文化运营	差异化:依托投资方教育出版背景,康乃馨自办各类媒体,生产养老养生系列文化产品,打造丰富的文化娱乐活动,形成独特的"文化养老"体系

康乃馨养老社区实行月费和年费两种收费标准(表6-42)。

康乃馨养老社区收费标准 表6-42

收费标准	不同程度老人	费用
月费制	完全自理老人	2000元/月左右
	半自理老人	3000元/月左右
	完全不能自理老人	4000元/月左右
	痴呆老人	3000~4000元/月
年费制	2年期/5年期/10年（终身）期	3万~20万

4. 社区环境

康乃馨背倚6450亩谷山森林公园，园区内有8000m^2秀山园林、10000m^2翠湖美景。

图6-46　康乃馨国际老年生活示范区社区环境

5. 居住建筑设计手法

康乃馨在每个细节上，都针对老人的特点进行设计和建设。康乃馨创造性地引入国内首例中心供氧入户，配备24h中央空调、中央热水、紧急呼叫、GPS定位和宽大医梯等先进设施，全园设置风雨连廊和无障碍通道，每楼层设置护理工作站，营养餐厅由专业营养师配餐。

建筑设计

康乃馨的房间都是精装房，楼房从外部到内部都做得非常细致。每层楼都做了色彩区分，帮助老人来找到自己的楼层；各个楼层的走廊上都设有扶手杆；电梯内楼层按键设有两个，

06　养老地产典型项目借鉴

有一个为行动不方便的老人特设电梯按钮；每个房间内床头和卫生间都设有紧急呼叫按钮，按钮直通楼下保卫室，出现紧急情况按下按钮立刻就会有护工做出应答；所有入住老人都享有独立的卧室空间和专属的卫生间；同时享受阳台、厨房和客厅带来的生活乐趣；全屋配置宜老品牌家具家电、生活用品和床上用品，集中的热水配备和中央空调。

建筑户型

康乃馨户型面积从 38～108m² 不等，户型格局有独立单人间、独立双人间和独立三人间不同的类型（图6-47）。

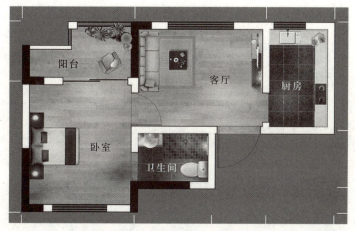

豪华单人间（一室一厅一厨一卫一阳台）（一）

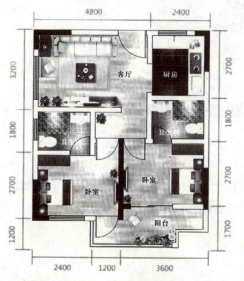

豪华双人间（两室一厅一厨两卫两阳台）（二）

豪华三人间（三室一厅一厨三卫三阳台）（三）

图6-47　康乃馨国际老年生活示范区户型

6. 配套及服务

康乃馨国际老年生活示范区是综合性养老项目,有其完备的服务体系。服务内容包括医疗服务、护理服务、生活服务、文化服务等(图6-48)。

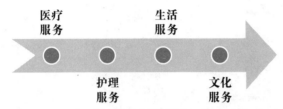

图6-48 康乃馨国际老年生活示范区服务体系

(1)医疗服务

社区建有湘雅康乃馨医院,由湘雅三医院派出专业团队与医疗专家全面运营管理医院,并形成"12345"的全新医疗发展格局(图6-49)。

1	2	3	4	5
·一流的专家技术	·两个湖南省重点研究所: ·中南大学疼痛研究所和湖南省中医肿瘤研究所	·三大重点专科: ·中医肿瘤科、综合内科、综合外科	·四大诊疗中心: ·疼痛与康复医学中心、血透中心、高压氧治疗中心、湘雅专家门诊部	·五星医疗环境

图6-49 湘雅康乃馨医院医疗发展格局

医院各科室骨干均由湘雅三医院经验丰富的专家担任,特设"湘雅专家门诊部",门诊由湘雅三医院临床经验丰富的主任医师全天坐诊。医院硬件设施一流,院区完全采用国际医疗服务JCI标准以及国内三甲医院标准建设,先后引进国际一流的医疗设备,配备中央空调、中心供氧系统等高端设施(表6-43)。

06 养老地产典型项目借鉴

康乃馨老年社区医疗服务 表6-43

医疗服务项目	服务特色
健康档案管理	在会员ERP管理系统中建立会员健康档案，详细记录入住人员的既往病史、用药记录、体检报告及巡诊记录
日常健康检测	家庭医生入户巡检，提供健康咨询，追踪会员健康状况，制定健康管理及服务方案，指导会员进行康复保健
健康体检服务	由医院相关部门每年为会员进行一次全面健康体检。体检内容包括：B超、X光、心电图、血脂、肝功能、肾功能、身高、体重、视力、听力等。可自费参与其他体检项目
定期健康讲座	由养生研究中心专家定期为入住人员进行健康知识讲座，指导老人在日常生活中进行养生
医疗绿色通道	依托社区医疗机构，为重症老人、突发病老人建立急救转诊绿色通道
专业医疗科室	社区内的康乃馨医院针对老年人特点，特设心脑血管科、骨科、呼吸内科等科室

（2）护理服务

康乃馨国际老年呵护中心是湖南省规模最大的老年呵护中心，也是湖南省唯一养老示范社区。目前提供分区服务，包括养老护理区、各社区分点老年养护区、失智痴呆区等，重点收住半自理、不能自理以及痴呆老人，同时也接收完全能自理老人。呵护中心的医资力量配备见图6-50。

图6-50 康乃馨国际老年呵护中心医资力量配备

康乃馨专业护理服务体系，为活跃老者、半自理老者、不能自理老者提供专业护理服务、生活助理服务，针对活跃老者，提供适度的生活助理服务（表6-44）。

康乃馨老年社区护理服务 表6-44

护理服务类型	服务特色
半介入护理服务	针对半自理老者，提供半介入护理服务，除生活助理服务外，提供饮食起居护理、康复护理指导服务等
全介入护理服务	针对不能自理老者，提供全介入护理服务，除半介入护理服务内容外，提供二十四小时监护、个人卫生全程护理、医疗康复护理服务等
个性化护理服务	根据老人个人意愿及医疗体系检测报告，提供订制的个性化护理服务

（3）生活服务

康乃馨独有的商务服务平台，采取自有经营、委托经营、承包经营的形式，经营社区商业物业，以严格的遴选方式和监控体系，为社区会员提供周到的商业服务（表6-45）。

康乃馨老年社区生活服务 表6-45

生活服务项目	服务特色
老年康复健身	以健康会所模式经营，结合社区健康档案，为社区会员提供康复建设服务
老年餐饮	专属绿色食品基地，提供专业的老年个性化配餐，为来访亲属及客人提供中高档餐饮服务
家政服务	专业服务人员为社区会员提供家政服务
设备设施维修	为社区会员提供家电、设备维修和维护服务，24h上门服务
其他商业配套	为社区会员提供生活便利，包括大型综合超市、银行、邮政、美容美发、娱乐、药店等

（4）文化服务

依托投资方教育出版背景，康乃馨建立了自身的媒体平台，通过多渠道、多手段的文娱服务，为社区会员提供高档次、提升性的文化服务（表6-46）。

06 养老地产典型项目借鉴

康乃馨老年社区文化服务

表6-46

文化服务项目	服务特色
康乃馨报	《康乃馨报》是康乃馨社区文化展示、会员交流的平台
康乃馨杂志	《康乃馨》杂志是一本以亲情、孝道为主题，面向社会发行的生活情感类杂志，积极探索老年人与家庭、与社会、与时代和谐共处的生活之道
养生图书	依托自由医疗专家资源和文化出版资源，在康乃馨养生研究中心长期研究成果基础上，编辑出版了康乃馨养老系列丛书，弘扬养生之道，传播文化养老
文化活动	组织大型老年活动，传播康乃馨品牌。组织老人进行旅游、文艺演出等活动。每年不同时段举办不同主题的社区文化节，鼓励老人参与，营造社区大家庭氛围
老年大学	康乃馨老年大学是康乃馨内部主办的为老年人服务的教育文化机构，康乃馨老年大学的老年教育师资队伍采取专兼职相结合的方式，一部分教师来自于外部聘请，一部分教师来自于康乃馨内部会员
义工联盟	康乃馨义工联盟由康乃馨社区会员及其他社会人士自愿组成，面向康乃馨社区及社会，从事义诊、教育培训、慈善募捐等公益活动
亲情服务	协助或帮助老人定期联系亲属、朋友，举办各种亲情活动，联络家庭亲情

操作程序

案例13：天津永泰红磡阳光幸福村——中国式CCRC养老社区

阳光幸福村是首个中国式CCRC社区——"持续照料退休社区" + "一站式养老社区"。项目定位为城市中高档退休老年人，借助开发商自有养老产业资源、社区医疗配套规划、适老化设计产品以及大型居住区自身配套，为老年人提供预防、医疗、护理、康复、休闲、娱乐等多种医疗及生活服务。

1. 项目基本概况

天津永泰红磡阳光幸福村位于津南友谊南路与外环线交口东行三公里处领世郡版块内（图6-51）。本项目基本概况见表6-47。

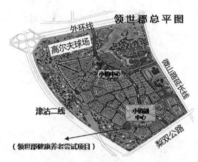

图6-51　天津永泰红磡阳光幸福村位置图

天津永泰红磡阳光幸福村项目基本情况　　　　　　　　　　　表6-47

项目名称	天津永泰红磡阳光幸福村
项目地点	天津市津南区领世郡项目内
占地面积	53333m²
建筑类型	低层、中高层
开盘时间	2013年年底
运营管理	永泰红磡养老产业集团

2. 项目总体规划概要

"阳光幸福村"占地面积达80多亩。以低层和小高层为主，大中小户型齐全。

3. 持有经营并收取费用的运营模式

阳光幸福村采取持有经营，收取租金和服务费，租金价位属中高档水平。

4. 居住建筑设计手法

阳光幸福村住宅适老化设计体现在细节上（表6-48）。

阳光幸福村设计细节

表6-48

居住空间	设计细节
门厅区域	照明开关靠近门口、距地1m，墙壁底端设置防撞板，集生活、安全于一体的智能化设备
厨房区域	地面材质防滑耐污易清洁，不设明火，大手柄龙头，可升降橱柜、吊柜，洗池和灶台下内凹
客厅区域	配置创维云健康电视，可为业主提供远程体检及健康管理服务
卧室区域	床头紧急呼叫器、内衣柜设置可升降衣杆及照明、设置阳光窗、分床休息、避免狭窄拐角等
卫生间区域	加设电话及报警按钮、设淋浴凳、地面防滑防水、设置尼龙扶手、软质隔断、浅水池等

5. 配套及服务

阳光幸福村借助开发商自有养老产业资源、社区医疗配套规划、适老化设计产品以及大型居住区自身配套，为老年人提供预防、医疗、护理、康复、休闲、娱乐等多种医疗及生活服务。

医疗方面，在项目内配建失智老人护理中心，采取怀旧疗法、音乐疗法、农艺、园林和宠物疗法等多种先进康复疗法，缓解老人失智恶化程度；同时建设一座"护理之家"医院，可提供预防、医疗、护理和康复等多种医疗服务，配有经验丰富的老年专科医生坐诊；整合资源，与三甲医院直接"链接"，为村内老年人就医提供直通通道，"阳光幸福村"还负责为老人垫付医疗费用。

操作程序

案例14：天津滨海云杉镇——分时度假养老公寓项目

滨海公司整合自身优质资源、联合国内外强势合作伙伴，有机融合轮转式老年公寓与居家式养老公寓，构建集住、医、乐、学等于一体的养老项目。

轮转式养老是该项目的一大亮点，不同区域、不同时段相互轮转的养老方式，不仅让入住的老人享受到不同地域、不同城市的风土人情，同步实现其旅游和养老的需求。

在每一年的特定时间，云杉镇会组织老人进行几个区域的"云杉镇"轮转居住，如果老人不喜欢北方的冬天，就可以轮转到广西钦州，享受南方四季如春的气候，宜老社区会提供一套和之前居住时相同标准的设施和服务。在路途中会为老人配备医护人员、管家和保安，保证老人的健康、安全和生活质量。

1. 项目基本概况

天津滨海云杉镇位于宝坻区牛道口镇，距北京约72km、天津约80km、唐山约80km，独享三大城市资源配套和复合式交通路网（图6-52）。其项目基本概况见表6-49。

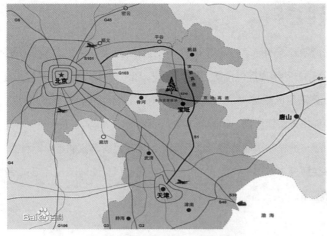

图6-52　滨海云杉镇区位图

● 天津滨海云杉镇项目基本概况　　　　　　　　　　　　表6-49

项目名称	天津滨海云杉镇
项目地点	天津市宝坻区宝平公路与京沈高速交口
占地面积	993333m²
容积率	2
绿化率	35%
建筑类型	独栋别墅、高层
开盘时间	2012年6月
开发商	天津滨海资产管理有限公司

2. 项目总体规划设计

云杉镇宜老社区是本市首个正式开业的老年社区,位于宝坻区牛道口镇,总占地面积 1490 亩,有 24.5 万 m^2 的轮转式老年公寓、35 万 m^2 居家式养老公寓、10 万 m^2 自助式养老公寓,还有约 490 亩的设施农业大棚、约 13 万 m^2 的自助型农庄。在社区中心地带,还建设了 6 万 m^2 左右的高端酒店会所,社区医院、宜老餐厅、老年课堂等多种休闲设施设备分设在 4 层会所内。

图6-53 云杉镇规划图

3. 会员制运营模式

云杉镇老年公寓,实行会员制,购买会员卡后享有永久使用权,可继承、可转让、可退。购卡人年龄不受限制,购卡人提名会员入住社区,入住会员男性须年满五十五周岁,女性须年满五十周岁;无传染病、精神病等妨碍他人或可能妨碍他人的疾病,且具有完全民事行为能力的自然人。

云杉镇的会员制收费模式是:会籍卡卡费 + 年费的方式。会籍卡费也就是购买老年公寓使用权的价格,是根据建设成本核算的;年费的价格是根据运营成本核算的。根据户型大小不同,收费不同(表6-50)。

云杉镇会员制收费标准　　　　　　　　　　　　　　表6-50

分类	户型	会费	年费	特点
云杉卡	57m²	50万	3万/3.5万（2人）	可继承、转让；年费包含通信月租、取暖制冷、定额水电费、每年1份人身意外伤害险，其余餐费、医疗费等服务费用自理；永久使用权
	68m²	55万	3万/3.5万（2人）	
	83～87m²	70万	3万/3.5万（2人）	
	112m²	90万	3万/3.5万（2人）	
吉杉卡	大套	80万	——	可转让、可继承、可无限次提名；0年费，餐费自理
	中套	100万	——	
	小套	120万	——	

4. 居住建筑设计手法

云杉镇老年住宅呈围合式建筑组团，内有自成一体的中庭花园，户户朝南提升室内明亮度，便于冬日老人在家晒太阳；沿河布局点式公寓扩大居室的视野范围；每栋楼宇中在不同角度和高度设有空中休闲室，满足老人休憩、阅读等需要，室内外迥然不同的景色，愉悦了身心（图6-54）。住宅户型分为大、中、小户型，小户型60 m²左右，中户型90 m²左右，大户型112 m²。

图6-54　云杉镇社区环境

云杉镇的老年公寓采取了侧廊的平面布局，便利了老年人的出行及有突发情况的疏散，这样的布局还使居室全部朝阳。老年公寓建筑形态有单廊式公寓、点式公寓、酒店式公寓，单廊式和点式公寓呈组团围合式建筑布局，营造出家庭般的居住氛围（表6-51）。

云杉镇建筑特点

表6-51

建筑形态	特点
单廊式公寓	楼体采用单边走廊式室内设计，从而使得每居室均享受到充足阳光的同时也便于社区服务人员及时照顾。同时并行双轮椅的走廊采用防滑材质设计，保障老人行走安全舒适
点式公寓	该建筑产品紧邻鲍丘河南岸及社区亲水广场，风景秀丽宜人，居住环境安静舒适。宜老化设施除保证老年业主居住的舒适性和安全性之外，更为健康老人打造了全方位的生活体验
酒店式公寓	公寓内部全部做了宜老化精装修，可携带私人物品直接入住： ①卫生间：放大设计方便坐轮椅的老人行动、洗手台下露空、助浴凳、紧急呼叫按钮、安全扶手等 ②厨房：采用电磁炉，避免使用燃气带来危害。厨房配有厨宝和净水器，接触的自来水可直接饮用。 ③紧急呼叫按钮：在入住老人频繁活动的区域设有固定式紧急呼叫按钮 ④空中花园：每栋楼设有两个大型的空中花园，避免天气原因阻碍老年人社交、游玩

5. 配套及服务

滨海公司对云杉镇社区居者提供双重服务——生活保障和精神慰藉，服务系统、全面、特点不一。精神慰藉体现在社区配套方面，生活保障体现在社区服务上。

（1）社区配套

项目社区配套有高档会所、农业设施、老年大学等（表6-52）。

云杉镇社区配套

表6-52

社区配套	配套服务
酒店会所	设有专门的会员管家组织各种有益身心的娱乐活动，可以让老人享受传统洗浴、健身、理疗、棋牌、影视、阅读等乐趣
农业设施	公寓南侧配套建设的13万m^2的设施农业大棚，可让老人不受季节、天气影响地在恒温恒湿的生态餐厅里欣赏江南美景，品尝生态美食，还可以在种植区域的快乐农庄里享受躬耕田园的乐趣
老年大学	社区老年大学教老人"说学逗唱"，培养乐器、歌剧、舞蹈、烹饪、美术、书法、计算机、养生、手工艺等方面爱好，如果老人有一技之长，还可受聘于老年大学，不但可以发挥特长，还可以实现再就业

（2）社区服务

入住云杉镇养老公寓除了能获得一套精装修、全配置、宜老化的酒店式公寓的使用权外，还能享受到医疗、管家、饮食、智能化服务（表6-53）。

云杉镇社区服务　　　　　　　　　　　　　　　　　　　　　　表6-53

社区服务内容	具体表现
医疗护理	社区医院约1300m²，同三级甲等医院武警医学院附属医院合作，有专家全天坐诊，涵盖医疗中心、体验中心、诊疗室、医护值班室、药房、输液室、推拿按摩室、中医保健等医疗及护理职能，还能提供健康体检、健康咨询、健康管理、健康评估等各类健康服务
管家服务	专业管家打理日常生活，提供星级酒店式服务，有专人打扫房间、清洗衣物
饮食服务	宜老餐厅提供中西、南北食疗养生菜品，既可以自己在公寓厨房烹制，或可享受专业送餐服务
智能化服务	紧急呼叫系统、电视监控系统、一卡通系统、车库子系统、食堂刷卡售饭系统、电子巡更系统、无线定位呼叫系统

附录：国内进入养老地产领域的企业开发名录表

企业	项目信息	运营模式
万科地产	涉及北京、青岛、武汉、广东等地项目，在中粮万科·长阳半岛、五矿万科·北京欢庆城项目中配备养老地产产品。作为万科进军老年地产领域的首个项目——"万科幸福汇"项目已落户北京房山，并将于2012年竣工，被称作"活跃长者之家"，定位是"面向活跃、高知、长者的服务式公寓"。杭州万科良渚文化村的老年公寓"随缘嘉树"项目正在规划中，广东清远北部万科城项目养老地产组团的前期规划亦在进行中	严格限定于产品层面，计划建更多更好的"长者住宅"（已纳入公司发展战略），服务上除引入亲和源外，亦会与水博克合作
保利地产	已成立"善居养老研究中心"，并与北京安平投资有限公司共同合作成立养老产业专业管理公司，上海"西塘安平老年健康生活社区"是保利首个养老公寓项目	拟引入日本模式，但合作方式尚在规划设计中
花样年地产	6月底收购深圳南山区TCL项目地块兴建第一个养老地产项目。定位于健康产业园，并与其他产业实现组合，涉及老年人的健康体检、运动、体育训练、健康理疗等具体项目	公司称在养老地产领域的经营模式研究已完成
北京太阳城房地产开发有限公司	北京太阳城坐落于京城北郊昌平区小汤山镇，社区建有：北京太阳城医院、国医堂、文化宫、购物中心、家政服务中心、假日酒店、温泉会馆七大公建设施，让业主不出社区，即可享受全方位的周到服务	以地产开发模式进行运营，仅象征性拿出规划中12%的产品做养老公寓

06 养老地产典型项目借鉴

续表

企业	项目信息	运营模式
东方太阳城	中科院下属一家房地产公司,已转制为民营企业。旗舰项目位于在北京顺义潮白河畔,已开发十年,社区已成熟,在山东、海南等地正在筹建东方太阳城连锁品牌项目	以地产开发模式进行运营,产权销售型,象征性拿出三栋楼做养老公寓
燕达房地产	旗下项目燕达国际健康城位于北京东燕郊开发区,北京天安门30公里。是一座超大规模、国际化、信息化的绿色生态医疗健康和老年养护基地	其中组团金色年华老年护理中心以会员制方式经营
亲和源股份有限公司	在上海市浦东新区康桥镇投资近6亿元,建成中国第一个老年人会员制养老社区——亲和源会员制社区。社区占地面积8.4公顷,建筑面积10万m^2	土地性质为政府划拨,运营模式均较为成熟
首创集团业与河北建设集团	联手投资70亿元,开发一个位于河北香河的养老项目,该项目总建筑面积近200万m^2	——
新华锦集团	联合日本长乐控股株式会社投资3亿元启动的"长乐国际颐养中心"在崂山区投入运营,揭开高端养老产业的面纱。非会员入住每月收费1万元,常住养老三年以上至几十年,根据房型不同,需要缴纳199万至300万元的押金	日本模式
世纪爱晚	在全国7省市大面积圈地规划建设养老地产项目,但至今除了投资金额最少的海南兴隆项目接近完工,其他地区均无进展。世纪爱晚亦是新华锦阳光城投资方之一	——
今典集团	正加大对养老地产的投入力度,正在开发酒店式的养老地产	——
丽水松坪农林开发有限公司	8月13日,与浙江大学生态规划与景观设计研究所正式签署项目合同,《丽水市松坪民族特色养老示范区概念性规划》正式启动。将打造独具畲族民族特色的"民族特色养老基地",成为旅游度假、生态农业观光区、养生、养老管护培训为一体的省级养老示范区	——
香树湾养老社区	位于浦东新区南汇宣桥镇,占地约100亩,总建筑面积约11万m^2,规划有300个福利性养老床位与532套老年公寓。2013年投入使用	从社区养老到养老社区
路劲地产	正在筹建上海养老地产项目,很有可能选择自持,选择长线投资,但对于土地定位、设计、质量控制、服务以及后期运营,要求比较高	与日本马森集团合作
海沧人寿健康科技产业园项目	厦门首个养生养老基地——海沧人寿健康科技产业园项目花落海沧天竺山片区。该基地规划养老养生居住区和区域配套设施,涵盖旅游度假、体育运动、养生居住和养生产业总部四大板块,总投资230亿元,总占地约4.2km^2	——

新手知识总结与自我测验

总分：100 分

第一题：北京东方太阳城的配套服务都有哪些？（25 分）

第二题：保利开发养老地产在建筑形式上有哪些特点？（20 分）

第三题：北京燕达国际健康城在建筑设计上进行哪几个功能分区？（15 分）

思考题：本章哪个案例对你的启发最大？为什么？（40 分）

得分：　　　　　　　　　　　签名：